多层次资本市场系列课题

新三板市场规范发展研究

总编：贺　强　施金佑

主编：王汀汀　杜惠芬　常　远

中国经济出版社
CHINA ECONOMIC PUBLISHING HOUSE
北京

图书在版编目（CIP）数据

新三板市场规范发展研究 / 王汀汀，杜惠芬，常远主编. -- 北京：中国经济出版社，2018.10

ISBN 978-7-5136-5397-8

Ⅰ. ①新… Ⅱ. ①王…②杜…③常… Ⅲ. ①中小企业-企业融资-研究-中国 Ⅳ. ①F279.243

中国版本图书馆 CIP 数据核字（2018）第 229971 号

责任编辑　贺　静
责任印制　马小宾
封面设计　华子设计

出版发行　中国经济出版社
印 刷 者　北京力信诚印刷有限公司
经 销 者　各地新华书店
开　　本　710mm×1000mm　1/16
印　　张　20
字　　数　253 千字
版　　次　2018 年 10 月第 1 版
印　　次　2018 年 10 月第 1 次
定　　价　59.00 元
广告经营许可证　京西工商广字第 8179 号

中国经济出版社　**网址** www.economyph.com　**社址** 北京市西城区百万庄北街 3 号　**邮编** 100037
本版图书如存在印装质量问题，请与本社发行中心联系调换（联系电话：010-68330607）

《新三板市场规范发展研究》
编委会

主编 王汀汀 杜惠芬 常 远

参编 贺 强 杨宇杰 丁功民

于 水 黄锐光 张玉良

吴庆念 李奇泽 李家骐

罗苑玮 李恒城 马三羊

刘彤彤 徐洪志 刘梦遥

沈臻之 杨 子 王丹辉

PREFACE

序

新三板是中国多层次资本市场建设的重要组成部分，自成立以来，新三板挂牌企业逐年增长，目前已经突破万家，实现了行业、地域的全面覆盖，为挂牌企业融资累计已突破4000亿元。但随着超高增长速度的回归，新三板已经进入存量博弈的时代。作为一个新兴的市场，新三板也面临着很多类似市场发展中出现过的问题，包括定增融资效率低下、市场投机气氛浓厚、市场活跃度下降、优秀企业流失、企业挂牌意愿下降、黑天鹅事件频发等，这些都是新三板市场可持续发展面临的挑战。

在本书中，我们回溯历史，总结梳理了新三板市场发展中的成果、在多层次资本市场的作用和对经济发展的贡献；我们展望未来，关注新三板市场的可持续健康发展。因此，课题团队尝试从规范发展的角度，对新三板市场目前存在和潜在的问题进行研究和分析。课题组认为，新三板的市场功能未得到很好的发挥与市场流动性不足有着不可分割的关系，而新三板市场挂牌企业自身的特点决定了公司具有很高的风险性，从而对专业性的市场服务机构提出了很高的要求，同时还需要建立适合新三板企业和新三板定位的监管体系。

在本书即将出版之际，2018年8月31日，中国证监会于官网刊登了针对2018年政协相关提案的回复，关于不同市场的定位和准入标准方面，提出“坚持新三板主要为创新型、创业型、成长型中小微企业服务的市场定位”。而对于如何完善新三板相关制度，证监会就“引入公开发行机制”“丰富投资者类型”“实施差异化制度安排”“对创新层主办券商持续督导要求进行调整”等四个方面作了针对性的回应，与本书的观点不谋而合。

本书是中央财经大学证券期货研究所“多层次资本市场系列课题”的最新成果。研究所在贺强教授的带领下，一直关注中国多层次资本市场的建设与发展。作为资深政协委员，贺强教授多次提交与资本市场以及金融运行相关的政协提案。研究所从2016年开始与中国网“财经频道”合作推出新三板市场发展报告，成果受到了市场和监管部门的广泛关注。

感谢天弘基金在写作过程中为课题团队提供的数据资料支持以及业界观点分享，让我们能够从不同视角审视新三板市场发展中的重要问题。还要感谢中国经济出版社的贺静女士，她的耐心和专业让本书能够最大限度地展现课题研究的主要成果，她细致的编辑工作也让本书增色不少。

2018年是贯彻党的十九大精神的开局之年，也是改革开放40周年，年轻的新三板市场同样站在了深化改革的新起点。我们相信，新三板市场会成为资本市场支持中小微企业、践行金融服务实体经济宗旨的重要支撑。中央财经大学证券期货研究所也希望能够为包括新三板市场在内的中国多层次资本市场体系的健康发展建言献策，出智出力。

编者

2018年9月于中央财经大学证券期货研究所

CONTENTS

目录

第一章

新三板市场的发展历程

第一节 我国新三板市场的设立

新三板市场顺应时代的需求而产生，是中国多层次资本市场建设的重要组成部分。新三板市场的建立和发展立足于中国市场经济特点，借鉴西方资本市场经验，经历了尝试和探索阶段，走上了快速成长之路。经过十余年的发展，新三板市场在我国资本市场体系中的地位日益重要，展望未来，如何进一步完善我国场外市场的层次结构建设和制度建设，对于推进新三板市场的良性健康发展，以及对我国多层次资本市场体系的建设具有非常重要的意义。

一、新三板产生的背景

新三板市场是在我国改革开放、经济高速增长、创新创业蓬勃发展，进而催生出巨大社会融资需求的大背景下应运而生的。新三板市场的产生是我国多层次资本市场发展的必然结果。20 世纪 90 年代初期，上海和深圳两大证券交易所的建立，奠定了中国资本市场发展的基础。1999 年 7 月《证券法》正式实施，标志着资本市场步入法制化、规范化发展阶段。2001 年，中国正式加入 WTO，中国经济加快了国际化进程，对资本市场的发展提出了更进一步的要求。2005 年 5 月 17 日，中国证监会正式核准建立中小板，2009 年 10 月 23 日，创业板市场正式启动，多层次资本市场体系的基本框架初步形成，资本市场的融资功能得到进一步提升。与此同时，经济的快速增长和国家的高科技引领战略，催生了巨大的创业创新热情，也产生了巨大的融资需求缺口。在既有的金融体系下，中小企业融资难的问题始终得不到根本性的解决。中小企业融资渠道单一、融资成本高、融资效率低下的问题，成为中小企业特别是科技型中小企业创业发展、做大做强的巨大约束。为了拓宽中小企业的融资渠道，支持中小企业参与股权融资；同时，为了解决因“两网”系统关闭而停止交易的股票的流通问题，以及满足非上市公司的股权流转需要，场外股权交易市场在多方面因素的推动下开始逐步发展起来。

二、新三板的发展历程

三板市场的产生可以追溯到 20 世纪末 21 世纪初产权市场兴起之时。为了解决主板市场退市公司和承接“两网”公司的股权转让问题，2001 年 7 月，中国证监会出台了《关于未上市股份公司股票托管问题的意见》，对股权托管与转让模式进行法律层面的支持和规范，并由中国证券行业协会出面协调部分证券公司设立了代办股份转让系统，称之为“三板”。三板市场的发展大致经历了四个阶段，实现了由“旧三板”向“新三板”量的突变和质的跨越。

1. 萌芽期

2001 年 6 月 12 日，经中国证监会批准，中国证券业协会发布《证券公司代办股份转让服务业务试点办法》，代办股份转让工作正式启动。2001 年 7 月 16 日，代办股份转让系统正式成立，第一家股份转让公司挂牌，这就是后来所谓的“老三板”。首批交易的公司是原 NET 和 STAQ 市场的挂牌企业，为解决历史遗留问题提供了出路。进入三板市场交易的另一类企业是主板的退市公司，2002 年 8 月 29 日起退市公司纳入代办股份转让试点范围，对化解市场系统性风险、弥补市场结构性缺陷起到了重要作用。但“老三板”挂牌股票品种少、质量低、流动性差。伴随着国家对高新技术产业的政策支持及证监会对场外市场扩容的积极探索，2006 年 1 月，《证券公司代办股份转让系统中关村科技园区非上市股份有限公司股份报价转让试点办法》颁布，中关村科技园区非上市股份有限公司股份报价转让进入代办股份转让系统。由于与原代办股份转让系统在交易制度、参与主体、信息披露等方面存在区别，中关村股份报价转让系统被称为“新三板”。新三板市场创设的主要目的是探索我国多层次资本市场体系中场外市场的建设模式，探索利用资本市场为更多高科技成长型企业提供股份流动和融资的具体途径。

2. 全国公开转让市场的建立

2012 年 8 月，新三板迎来首次扩容，按照“总体规划，分步推进，稳妥实施”的原则，在上海张江高新产业开发区、武汉东湖新技术产业开发区和天津滨海高新区设立全国中小企业股份转让系统。这一时期，新三板的融资功能有限，属小额定向融资。从 2006 年起的 6 年时间，挂牌企业 100 多家，定向增资总额 17.29 亿元，单次融资规模也只有几千万，二级市场流动性不高，2011 年平均换手率为 2.93%，进入市场的资金量极为有限。2012 年 9 月 28 日，中国证监会第 85 号令公布了《非上市公众公司监督管理办法》，非上市公众公司正式作为“入法”对象，被纳入证券监管体系。2013 年 1 月 16 日，全国股份转让系统正式揭牌运营，对原证券公司代办股份转让系统挂牌公司全部承接，并由此开始形成非上市股份转让的全国性证券交易场所。同年 6 月 19 日，国务院第 13 次常务会议决定将全国股份转让系统试点扩容至全国，鼓励创新、创业型中小企业融资发展。2013年12月13日，国务院发布了《关于全国中小企业股份转让系统有关问题的决定》（国发〔2013〕49号，以下简称《决定》），明确了全国股份转让系统的性质、功能和定位。证监会就落实《决定》有关事宜指出，全国股份转让系统是继沪深交易所后第三家全国性证券交易场所，在场所性质和法律地位上给予其明确定位。从挂牌公司性质、交易等关键制度、市场功能等维度看，全国股份转让系统相对试点期间的新三板，已发生了“脱胎换骨”的变化，我国多层次资本市场发展驶入“快车道”。

3. 快速发展期

新三板从2013年起扩容，到2014年开始真正进入快速增长期。2014年8月新三板开启做市转让制度。在这一年里，无论是融资金额、成交金额、估值水平，还是挂牌数量，新三板都实现了量的突破。2014年整个年度新三板挂牌数为1222家，挂牌公司数平均每月增加102家。截至2015年12月底，新三板总体挂牌企业达到5129家，新三板企业总市值达到1.5万亿元，同比2014年增长545%，其中信息传输、软件和信息技术服务业、制造业和金融业的行业市值最高。到2017年年末，新三板挂牌家数达到11630家，比2016年年末增加1467家，增幅为14.4%。新三板的总市值在2017年年末增加到了4.94万亿元，比2016年年末增长了21.81%，几乎达到了创业板的市值水平。相比2014年年末，3年时间总市值翻了10倍。短短几年内，新三板实现了跨越式发展。市场的挂牌准入、发行融资和并购行为也不断从制度上得到完善，新三板也在不断加强规范发展，通过对股东占用资金的清理等多项举措，进一步规范了市场，使新三板市场的规范发展意识得到了显著的提升。新三板在促进实业发展，尤其是在促进先进制造业、信息技术、生物医药发展方面发挥了重要的功能。

4. 休整期

经历了2015年和2016年的高速扩张后，新三板市场进入到了一个

“休整期”。2017 年，真实挂牌的公司有 2176 家，但同时又有 709 家公司终止挂牌。从融资情况看，2017 年新三板累计完成股票发行 2725 次，融资金额 1336.25 亿元，两项数据同比 2016 年分别下降了 7.31% 和 3.93%。可以认为，新三板现在已经进入到一个“瓶颈期”，面临挑战和困境，包括定增融资效率低下、市场投机气氛浓厚、市场活跃度下降、优秀企业流失、企业挂牌意愿下降、黑天鹅事件频发等，这些都是新三板市场可持续发展面临的挑战。

第二节 我国新三板市场的定位与作用

一、新三板的市场定位

新三板创设初期是为非上市的中小型成长、创新企业提供融资和股权转让平台。《关于全国中小企业股份转让系统有关问题的决定》（以下简称《决定》）中明确了新三板的定位：新三板是为创新型、创业型、成长型的中小微企业提供服务，以机构投资者为主体的全国性证券交易场所。2015年11月20日证监会公布的《关于进一步推进全国中小企业股份转让系统发展的若干意见》中又明确指出，新三板将“坚持独立的市场地位，公司挂牌不是转板上市的过渡安排”。证监会主席刘士余在2017年2月10日的监管工作会议上谈及多层次资本市场建设时曾指出，新三板既要有苗圃功能，又要发挥土壤功能。让一批创新能力强、诚实守信、市场前景好的企业“能够转板的就转板，不愿意转板的就在新三板里面绽放”。对新三板的市场参与主体，《决定》中也有明确说明：积极培育和发展机构投资者队伍，鼓励证券公司、保险公司、证券投资基金、私募股权投资基金、风险投资基金、合格境外机构投资者、企业年金等机构投资者参与市场，逐步将全国股份转让系统建成以机构投资者为主体的证券交易场所。

新三板的定位有三点是明确的：第一，新三板的基本功能是为具有成长性和创新能力的中小微企业服务；第二，投资主体是机构投资者；第三，新三板定位于一个独立的交易场所。关于新三板未来的发展方向，就是要在坚持市场化、法制化与独立市场设计的原则下，致力于为创新型、创业型、成长型中小微企业服务，构建一套符合中小微企业特性的持续融资机制，建立起以机构投资者为主体的投资市场，实现金融支持实体经济发展的目的。

二、新三板市场的特点

与主板市场相比，新三板不设财务门槛，要求股权结构清晰、合法经营、公司治理健全、主业突出并履行信息披露义务。具体来说，新三板具有如下特点：

（1）挂牌门槛低，无硬性财务指标要求。主板、创业板市场对公司上市有硬性指标要求，对于公司财务指标、资本状况、净资产规模等都有具体要求。新三板市场的融资主体是创新型、创业型、成长型的企业，处于成长初期的创新型企业可能不具备显著的营利性，但可能具有良好的发展前景，新三板市场为这些企业提供了融资、股权并购、风险投资进入和退出的平台。

（2）挂牌程序简单，审核发行时间短。新三板市场挂牌采用备案制，由主办推荐券商负责尽职调查和内部审核，经推荐后由证券业协会备案即可挂牌。挂牌企业大多结构简单，改制相对容易，最快4~6个月即可完成新三板挂牌的全部工作。而主板、中小板和创业板上市采取核准制，一般上市过程长达1~2年，时间成本极高。

（3）挂牌费用低。与主板、中小板和创业板相比，企业申请在新三板挂牌转让的费用要低得多。新三板上市业务费用分两部分：一部分是交易所收取的费用；另一部分是各中介机构收取的费用。各地政府对新三板挂牌企业都有财政奖励政策，几乎可以实现零成本挂牌。

（4）信息披露事项简单。新三板信息披露要求低于主板、中小板和创业板。新三板的信息披露遵循重要性原则，实行自主披露，并引入豁免披露。新三板仅需半年报和年报，季报不强制披露，且披露事项和披露流程简化。

（5）投资门槛较高。新三板是一个以机构投资者为主的市场，实行较为严格的投资者适当性制度，对自然人和机构都有具体要求，比如法人注册资本金1000万元以上，个人金融资产500万元以上，以确保新三板市场的投资者是具备足够的风险识别和承受能力的投资人。因此，新三板市场的风险外溢性比较小，普通社会公众基本上没有参与其中。

表1－1　新三板市场与主板（含中小板）、创业板市场的总体比较

		主板市场	创业板市场	新三板市场
主体资格		依法设立且合法存续的股份有限公司	依法设立且合法存续的股份有限公司	非上市股份公司
挂牌/上市条件	财务指标	最近3年净利润3000万元； 最近3年经营活动产生的现金流量净额累计超5000万元，或最近3年营业收入累计超3亿元； 最近一期末不存在未弥补亏损	最近2年连续盈利，净利润不少于1000万元，且持续增长；或最近1年盈利，且净利润不少于500万元，最近1年营业收入不少于5000万元，最近2年营业收入增长率均不低于30%	无明确的财务指标要求
	资产要求	最近一期末无形资产占净资产的比例不高于20%，且不存在未弥补亏损	最近一期末净资产不少于2000万元，且不存在未弥补亏损	无限制
	股本规模	公司股本总额不低于5000万元	发行后股本总额不低于3000万元	挂牌前股本总额不少于500万元

续表

		主板市场	创业板市场	新三板市场
挂牌/上市条件	经营规范	严格	严格	规范
	合法合规	最近3年内无重大违法违规行为	最近3年内无重大违法违规行为	最近2年内无重大违法违规行为
审核	审核部门	证监会	证监会	证监会（实质由股转公司负责）
	审核方式	实质性审核	实质性审核	简易核准（形式审核）
	审核周期	6个月以上	6个月以上	2个月左右
挂牌/上市作用	融资功能	强	强	较强
	股权流通	流通，股东人数不限	流通，股东人数不限	流通，股东可以超过200人
	股权激励	强	强	较强
	广告效应	强	强	较强
发行周期	所需时间	1~2年	1~2年	6个月
监管	监管机构	证监会	证监会	证监会
	适用法规	《中华人民共和国公司法》《中华人民共和国证券法》《首次公开发行股票并上市管理办法》《上海证券交易所股票上市规则》《深圳证券交易所股票上市规则》	《中华人民共和国公司法》《中华人民共和国证券法》《首次公开发行股票并上市管理办法》《深圳证券交易所股票上市规则》	《中华人民共和国公司法》《中华人民共和国证券法》《非上市公众公司监督管理办法》《全国中小企业股份转让系统有限责任公司管理暂行办法》《全国中小企业股份转让系统业务规则（试行）》
	信息披露场所	证监会指定媒体	证监会指定媒体	指定网站

三、企业在新三板挂牌的意义

新三板市场的建立为符合条件的中小企业提供了一个可以转让股权和

定向增资的平台。新三板与中小企业的风险特征更加匹配，无法在主板和中小创上市的中小企业甚至是微型企业，可以通过在新三板挂牌这一渠道进入资本市场进行股权融资交易。大力发展场外市场、促进资本市场结构合理化是我国多层次资本市场发展的主要内容，新三板市场是场外市场最核心的组成部分，弥补了主板市场、中小板市场和创业板市场的缺失，对我国多层次资本市场体系的建设和微观企业融资能力的提升具有重要意义。新三板市场对微观企业的意义体现在以下方面。

（1）规范公司治理。企业要挂牌新三板，必须优化内部治理结构，进行股份制改造。企业挂牌新三板的过程，也是其风险释放、内部运作机制规范的过程，有利于树立良好的公司形象、提升公司品牌和知名度。

（2）提高融资能力。企业登陆新三板之后，通过信息披露，提高透明度，同时在一定程度上会获取包括券商、银行、会计师等在内的隐性信誉保证，银行也会提升对该企业增加授信、提供贷款的意愿。通过新三板这个平台融资，企业还可以通过定向增发、优先股等方式进行股权融资，有利于实现融资来源多元化。

（3）企业价值发现。新三板企业到底值多少钱，在挂牌之前是很难确定的，而在新三板挂牌之后市场就会给出一个估值水平。换句话说，企业在挂牌新三板之后，价值就得到了重新评估，这种评估着眼于企业未来的成长能力，企业也因此获得了更大的成长动能。

四、新三板对完善多层次资本市场的意义

新三板市场的建立和发展对于我国多层次资本市场的完善也具有重要意义。

首先，新三板有助于提升金融资源的优化配置能力。以银行体系为主导的间接融资体系与中小微企业的融资需求并不匹配，银行融资倾向于资

本雄厚、财务状况好、风险较小的大企业。中小企业的资本规模小、风险高，从银行体系获得融资较为困难。主板市场 IPO 发行对资本规模、股本规模都存在较高的要求，中小微企业很难达到上市标准。新三板市场可以提高中小微企业发展前期对小额、快速、多次融资需求的满足程度，推动和引导资金流向高新技术产业，促进整体金融结构的调整和优化。

其次，新三板市场的发展有助于资本市场转板制度的建设。新三板市场在为高新企业提供融通资金途径的同时，还可以提供转板的机会。当新三板市场挂牌的企业在有转板需求且满足转板条件的时候，可以向证监会申请转板。同时，新三板市场还可以接受从主板、创业板市场退市的企业，促进资本市场各个层级之间的联通。

最后，新三板市场有很强的示范效应。新三板市场倡导的是风险共担、收益共享的股权融资模式，有利于企业采用股权激励的方式来吸引人才，使更多的专业人才服务于企业发展。随着新三板市场挂牌企业数量的增加，越来越多的中小微企业会被吸引，这有利于增强企业文化，提高企业的自律意识、合规意识等，给未挂牌的中小微企业提供参考。

第三节　新三板的制度建设回顾

新三板市场的发展历程，也是新三板制度体系建立和完善的过程。新三板制度建设主要分成两块内容：监管制度建设和市场相关制度建设。探求新三板市场制度建设的脉络，对我们了解新三板背后的运作机制以及探寻新三板的未来发展路径具有非常重要的意义。

一、新三板监管制度建设

新三板监管的法律规则体系主要有三个层面：第一层是法律法规，包括《公司法》和《证券法》；第二层是规章和规范性文件，包括《非上市公众公司管理办法》《收购管理办法》《重大资产重组管理办法》等；第三层是“股转系统”颁布的业务规则，包括挂牌、定向发行、交易、转让以及自律监管、纪律处分等，法律法规、证监会部门规章和行业自律规则共同组成自上而下的多层次监管法规体系。

2001 年，《证券公司代办股份转让服务业务试点方法》明确了证券业协会的自律监管地位，该代办系统实行的是证监会间接监管下的证券业协会自律监管，并通过代办券商进行日常监管。2006 年 1 月，《证券公司代办股份转让系统中关村科技园区非上市股份有限公司股份报价转让试点办法》颁布，中关村科技园区非上市股份有限公司股份报价转让进入代办股份转让系统。证券业协会吸取代办转让公司建设经验，防止股价暴涨暴跌，抑制过度投机行为，在交易规则设计上采取了诸多限制，对信息披露制度也提出了进一步的要求。本着提高市场效率、满足市场需求、有效控制风险的原则，2009 年 6 月 12 日，中国证券业协会对中关村科技园区非上市股份有限公司股份报价转让试点现行制度进行了调整，发布了《证券公司代办股份转让系统中关村科技园区非上市股份有限公司股份报价转让试点办法（暂行）》。中国证监会对中关村代办试点制度进行了以下几个方面的调整，如试行投资者适当性制度，调整公司挂牌条件、完善转让结算制度，提高股份转让效率、完善信息披露制度，改进股份限售安排、建立股东分类限售的制度。这一时期是新老三板制度酝酿巨大变革的时期。2012 年 9 月中国证监会发布《非上市公众公司监督管理办法》（以下简称《办法》），以法规形式将非上市公众公司涵盖进证券市场的监管范围。

伴随着国家对高新技术产业的政策支持及证监会对场外市场扩容的积极探索，2013 年全国中小企业股份转让系统即新三板市场正式形成，证监会出台了一系列的监管指引，这一时期是新三板监管体系的构建期。2013 年 2 月 8 日公布《全国中小企业股份转让系统业务规则（试行）》《全国中小企业股份转让系统主办券商推荐业务规定（试行）》《全国中小企业股份转让系统挂牌公司信息披露细则（试行）》《全国中小企业股份转让系统主办券商管理细则（试行）》和《全国中小企业股份转让系统投资者适当性管理细则（试行）》；2013 年 12 月 30 日发布《全国中小企业股份转让系统股票发行业务细则（试行）》和《全国中小企业股份转让系统股票转让细则（试行）》。各项市场制度的颁布与实施，从挂牌业务、信息披露、中介结构、增发交易和投资门槛等，多角度、全方位地为之后新三板的健康发展保驾护航。2013 年 12 月 26 日颁布修改的《非上市公众公司监督管理办法》完善了公司治理、信息披露和股份转让等方面的规定，为非上市公众公司股份转让提供了法律依据和保障。2013 年 12 月 13 日，国务院正式发布《国务院关于全国中小企业股份转让系统有关问题的决定》，明确了全国股份转让系统的性质、功能和定位。证监会就落实国务院决定有关事宜时指出，全国股份转让系统是继沪、深交易所后第三家全国性证券交易场所，在场所性质和法律定位上，与证券交易所相同，都是多层次资本市场体系的重要组成部分。2014 年 6 月 5 日，《全国中小企业股份转让系统做市商做市业务管理规定（试行）》颁布，并于同年 8 月 25 日开始实施，对挂牌公司股份流动性问题的解决起到了极大的推动作用。2014 年，新三板市场迎来了井喷式发展，吸引了大批民营企业挂牌。2015 年，新三板市场成交活跃，行业覆盖度越来越广，机构参与热情越来越高，融资功能凸显。

在市场火热的背后，有些挂牌企业逾越新三板监管和交易相关法律法规，内幕交易、操纵股价、信息披露不及时、违规担保、任性定增、违规使用募集资金等乱象时有发生，这给现有的监管和交易制度带来了挑战。为了加强非上市公众公司监管，推动资本市场改革和监管转型，2015 年 5 月 15 日，中国证监会发布《关于加强非上市公众公司监管工作的指导意见》（以下简称《意见》）。《意见》强调行政监管机构和自律组织要归位尽责，依照法律法规对非上市公众公司履行行政执法和自律监管职责；对非上市公众公司、中介机构、自律组织等市场主体提出了规范要求，强化各类市场主体的合规意识和法律责任；《意见》强调了市场主体之间的权责边界，也对做好非上市公众公司投资者保护和风险揭示工作等作出安排。

随着新三板市场的发展，越来越多的市场参与主体进入新三板市场，从严监管是市场发展的必然趋势。2016 年新三板市场迎来了监管年，标志着新三板进入制度建设的强化期。2016 年 1 月 29 日，全国股转公司发布《全国中小企业股份转让系统主办券商执业质量评价办法（试行）》；同年 4 月 29 日公布《全国中小企业股份转让系统自律监管措施和纪律处分实施办法（试行）》；同年 6 月 8 日，发布《全国中小企业股份转让系统主办券商内核工作指引（试行）》。监管条例的密集推出，凸显了监管层全面规范市场的决心。2016 年 5 月 27 日，股转系统公司发布《新三板分层管理办法》，对挂牌公司实施分层管理，并着手搭建专门针对创新层的监管体系。创新层聚集了一大批优质企业，市场对创新层企业信息披露质量的要求逐渐提高。2017 年 12 月 22 日，全国股转公司发布了《全国中小企业股份转让系统挂牌公司信息披露细则》，并于发布之日起正式实施。全国股转公司对新三板信息披露制度进行了新一轮改革，以满足不同市场主体的差异化需求。第一，提高了创新层公司的信息披露频次，在原规则要求披露年度、半年报的基础上又增加了披露季报的要求，新增业绩快报和业绩预告制度。第二，审计从严。要求创新层公司需配合会计师事务所执行相关规定，并要求注册会计师定期轮换。第三，创新层公司实现行业信息披露，提高披露的针对性。第四，创新层必须设立董事会秘书的准入考核机制，提高披露事务管理人员素质。调整后的创新层公司的披露强度明显高于基础层公司，但是和上市公司相比还有差距。

二、新三板市场相关制度建设

新三板自建立以来一直致力于市场制度的建设和完善。2013 年 2 月 2 日，证监会出台《全国中小企业股份转让系统股份有限公司管理暂行办法》（以下简称《暂行办法》），该《暂行办法》按照市场优先和社会自治的总体思路，充分授权全国股份转让系统公司自主制定挂牌条件、转让方式、主办券商管理等各项基本业务规则。以持续督导为核心的主办券商制度正式出台，主办券商制度的核心是持续督导制度，即主办券商为挂牌后的企业提供终身持续性的监督和指导，涉及企业的基本管理、信息披露、公司内部治理。因此，主办券商制度的出台使券商成为挂牌企业成长中重要的市场外部力量。主办券商制度是全国股份转让系统的基本制度安排之一。更重要的是，《暂行办法》确立了新三板及挂牌公司的法律地位、职能和自律监管职责，确立了全国股份转让系统的基本监管框架，规定中国证监会依法实行统一监管。

2013 年 2 月 8 日，股转系统公司发布施行《全国中小企业股份转让系统业务规则（试行)》（股转系统公告〔2013〕2 号)，涉及股票挂牌、股票转让、挂牌公司、主办券商、监督措施与违规处分等具体规定。2013 年 12 月 30 日，股转系统公司公布并实施《新三板股票发行业务细则（试行)》(以下简称《细则》)，该《细则》是针对新三板股票发行的详细规定，其中主要内容包括新三板发行要求与认购规定、董事会与股东大会决议、发行与备案和信息披露等。与上市公司股票发行相比，新三板的发行制度具有较强的制度创新。储架发行制度契合了中小微企业成长和融资难的特征，可以避免挂牌公司由于融资额过大而产生资金使用效率低下或者股权过度稀释的问题。股票发行阶段财务指标约束标准的降低，提高了挂牌公司定向增发的便利性，股票发行时间相对灵活，避免了企业过度投资而导致资金利用效率低下的情况。

2014 年 6 月 5 日，股转系统公司发布《全国中小企业股份转让系统做市商做市业务管理规定（试行)》，7 月 3 日，新三板发布《全国中小企业股份转让系统股票转让方式确定及变更指引（试行)》的公告，做市商制度正式落地。新三板公司可根据自身实际情况，自由选择股票转让方式，包括协议转让与做市转让。做市商制度的确立使新三板公司的定价基础、交易价格及市值等要素在资产重组中发挥了重要的作用。做市商制度是目前我国新三板市场的核心交易制度，竞争型的做市商制度为新三板公司的合理估值、流动性改善和减少价格过度波动做出了一定的贡献。2017 年 12 月 22 日，全国股转公司对新三板交易制度进行了改革，以交易所市场的集合竞价交易方式代替了场外市场特有的盘中协议转让，并且引入了盘后大宗交易机制。盘中时段交易方式为集合竞价与做市转让两种，供挂牌企业自主选择，基础层采取每日收盘时段一次集合竞价。最新的新三板交易制度改革的目的是促进价格机制形成的完善，改善市场流动性，并进一步带动一级市场的发行。最新引入的盘后大宗交易机制一直是市场的诉求，改革之前，不少采用做市转让的公司都遇到过需要大宗交易转让却无法实现目标的情况，现在相关的障碍基本已被扫除。

2016 年 5 月 27 日，股转系统公司发布《新三板分层管理办法》，按照“多层次、分步走”的思路，对挂牌公司实施分层管理。市场分层有助于降低投资人的信息收集成本，方便投资者对企业的优劣或风险有更好的把握，且分层管理可以更好地留住好的企业，使“创新层”挂牌公司的投资价值得到充分的挖掘。为了真正发挥市场分层在新三板改革发展中的基础性作用，全国股转公司针对分层制度实施过程中存在的问题进行分层制度的进一步改革。2017 年 12 月 22 日，全国股转公司发布了《全国中小企业股份转让系统挂牌公司分层管理办法》，在保持现有市场分层基本架构、基本逻辑不变的前提下，调整创新层的部分准入和维持标准，以促进更多优质企业向创新层聚集，提高创新层公司的公众化水平，与实施差异化的股票交易和信息披露制度相匹配，为进一步完善新三板市场功能的后续改革措施奠定了市场基础。

2013 年 12 月 14 日，国务院发布了《关于中小企业股份转让系统有关问题的决定》，提出在全国中小企业股份转让系统挂牌的公司，达到股票上市条件的，可以直接向证券交易所申请上市交易。2014 年 8 月 1 日，证监会提出支持尚未盈利的互联网、高新企业在新三板挂牌一年后到创业板上市。但是，新三板市场完善的挂牌公司转板制度尚未推出，挂牌企业只能通过先退市后申请 IPO 的路径上市，这是一个单向的概念。2016 年 10 月 10 日，国务院发布《关于积极稳妥降低企业杠杆率的意见》（国发〔2016〕54 号）（以下简称《意见》）。该《意见》强调，要加快完善全国中小企业股份转让系统，健全小额、快速、灵活、多元的投融资体制。目前，全国中小企业股份转让系统挂牌公司转板创业板的相关制度研究依然在谨慎推进，但转板制度需要相关制度配合，谨防政策套利，也需要新三板退市机制和信息披露等制度的保障。

资本市场要想保持活力和持续的发展，就必须“有进有出”，既有完善的市场主体准入制度，也应该建立严格且合理的退出机制，退市制度是市场优胜劣汰、去伪存真的内在需求。2013 年 2 月 8 日实施的《全国中小企业股份转让系统业务规则（试行）》，规定了新三板公司终止挂牌的几种情形。2016 年 10 月 21 日，全国股转系统发布《全国中小企业股份转让系统挂牌公司股票终止挂牌实施细则（征求意见稿）》。明确了新三板挂牌公司“退市制度”，并对于未能披露定期报告、信息披露不可信、持续经营能力存疑等 11 种情况作了详尽说明。新三板建立合理的摘牌制度，解决市场优胜劣汰的问题，有利于净化企业群体。好企业进入创新层，享受制度红利，不好的企业退市。强制退市和主动退市双管齐下，为今后出台和完善新三板退市制度奠定了很好的基础。

信息披露制度是保护投资者根本权益、实现风险规避的有效形式，也是维护市场公平和效率的一项基础性制度。全国股转公司于 2013 年 2 月 8 日发布了《全国中小企业股份转让系统挂牌公司信息披露细则（试行）》，针对新三板挂牌公司的信息披露提出要求，主要内容是新三板挂牌公司要定期披露年度报告、临时报告，规定了对信息披露的监管措施和违规处分等。为了配合新三板市场分层制度的实施和完善，提升服务创新型、创业型、成长型中小微企业的能力，全国股转公司按照证监会关于新三板市场改革发展的工作部署，制定了《全国中小企业股份转让系统挂牌公司信息披露细则》（股转系统公告〔2017〕664 号），在坚持信息披露真实、准确、完整、及时和公平的基础上，探索实施创新层企业与基础层企业差异化的信息披露制度。对创新层公司信息披露从严要求，基础层公司继续执行现有信息披露规则。但对其中要求过严、不合理的个别规定作出了修改。三板市场准入门槛低，交易环境相对宽松，更容易滋生信息不对称、内部交易等问题，完善的信息披露制度是一种相对有效的风险规避方式，对投资者资格的限制仅是一种入口的监管，持续的信息披露才可以实现对过程的监管，也为降低投资者入市资格限制做好了基础性准备。

第二章

新三板市场发展现状

自2013年全国中小企业股份转让系统正式挂牌运营以来，挂牌公司不断增加，2015年后新三板市场发展势头迅猛，挂牌数量一路走高，总股本和流通股本不断增加，在促进多层次资本市场发展、服务中小微企业方面发挥了重要作用。2017年新三板首次被写入政府工作报告，在全国金融监管加强、新三板市场改革路径逐渐明晰的情况下，其运行状况值得关注。

第一节 挂牌数量持续增长，行业、地域全面覆盖

一、新三板市场公司挂牌概况

1. 新三板市场挂牌公司数量增长渐趋平缓

自2014年开始，新三板市场挂牌公司数量出现快速增长。截至2017年年末，全国中小企业股份转让系统总计挂牌公司数量已达11630家，相比2013年年末，增加了32倍。由表2－1中数据可知，2016年以后，新三板市场挂牌公司扩张速度明显慢于2014年、2015年。主要原因在于前两年增速过快，市场基数已经较大。此外，2016年10月以来A股IPO加速，一些拟挂牌新三板的企业转排IPO，还有一些企业摘牌转板。同时，随着监管的加强，不合规的公司被强制摘牌的情况也逐渐增多。2017年全年共有709家企业被摘牌，是各年摘牌总量的7倍之多。受摘牌因素影响，2018年第一季度末，公司挂牌数相比2017年年底有所下降。

表2－1 新三板企业挂牌情况

时间	挂牌公司数量/家	新增挂牌公司数量/家	增速
2012	200	—	—

续表

时间	挂牌公司数量/家	新增挂牌公司数量/家	增速
2013	356	156	78%
2014	1572	1216	341.57%
2015	5129	3557	226.27%
2016	10163	5034	98.15%
2017	11630	1467	14.43%

资料来源：全国中小企业股份转让系统。

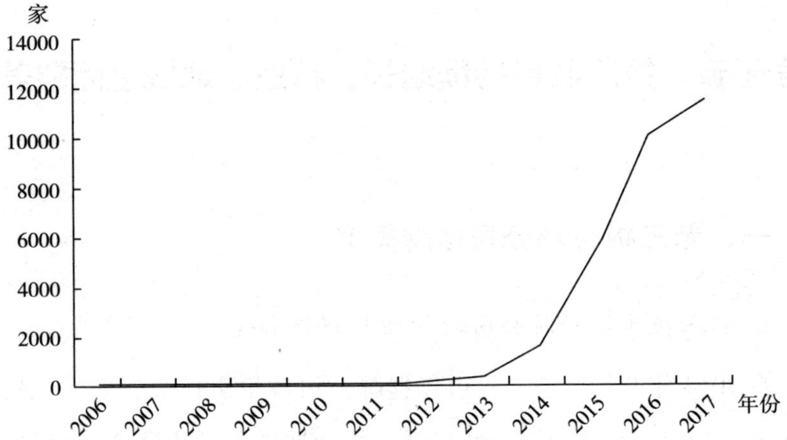

图2-1　新三板市场公司挂牌数

资料来源：Wind资讯。

分层来看，截至2017年年底，创新层共有企业1353家，占总数的11.63%；基础层共有企业10277家，占总数的88.37%。

2. 挂牌企业股本情况

2014—2017年，新三板市场总股本数不断增加，如图2-2所示，2016年总股本数是2015年的近两倍，截至2017年年末，总股本数达6756.73亿股，为2016年的1.15倍，增长速度也呈放缓趋势。在股本规模不断扩大的同时，流通股本数也在不断增加，2017年年末达3416.92亿股，是2016年年末2380.25亿股的1.44倍，增长速度快于总股本。

从股本分布来看，新三板市场挂牌企业股本规模总体偏小。2014—2017年，股本在1000万~5000万股的公司占所有公司比例均保持在50%以上，可见新三板市场挂牌企业的主体是股本数中等偏低的企业。另外，股本数在10000万股以上的企业占比不断增加，说明新三板市场吸引较大规模企业的能力也在不断增强。

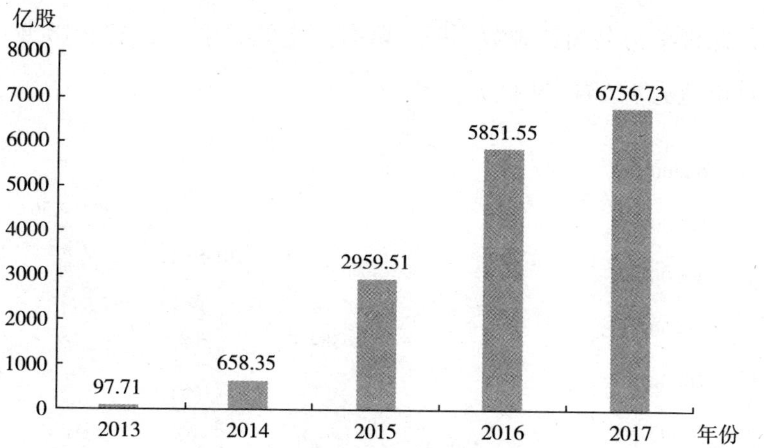

图2-2　新三板市场总股本数

资料来源：全国中小企业股份转让系统。

表2-2　新三板市场挂牌企业股本规模

股本/万股	2017年年末		2016年年末		2015年年末		2014年年末	
	公司家数	占比	公司家数	占比	公司家数	占比	公司家数	占比
<500	78	0.67%	71	0.70%	25	0.49%	1	0.06%
≥500~1000	844	7.26%	808	7.95%	447	8.72%	214	13.61%
>1000~≤5000	6844	58.85%	5948	58.52%	2916	56.85%	944	60.05%
>5000~<10000	2627	22.59%	2275	22.39%	1209	23.57%	324	20.61%
≥10000	1237	10.64%	1061	10.44%	532	10.37%	89	5.66%
合计	11630	100.00%	10163	100.00%	5129	100.00%	1572	100.00%

资料来源：全国中小企业股份转让系统。

3. 新三板市场挂牌企业市值情况

随着新三板市场规模的扩大，挂牌公司的总市值也在不断增加。如图2－3所示，从2013年总市值不到600亿元，到2017年年底总市值达49404.56亿元。如图2－4所示，从月度数据来看，自2016年以来，新三板市值每月保持上升态势，并于2017年9月达到顶峰，之后总市值呈下降态势，此现象与公司挂牌数不断下降有一定的关系，截至2018年第一季度末，总市值为42604.79亿元。

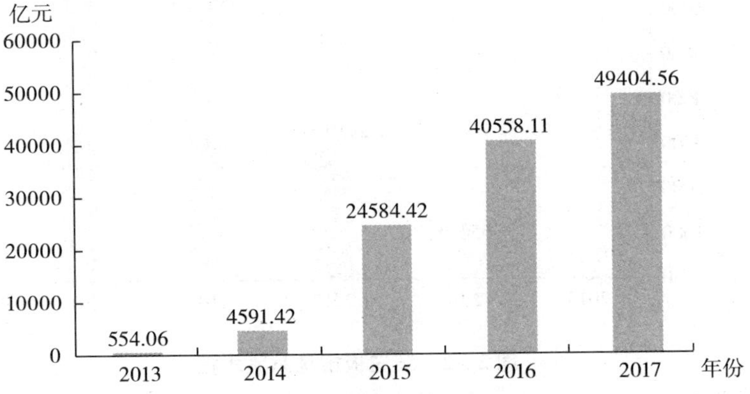

图2－3　新三板市场挂牌企业总市值情况

资料来源：全国中小企业股份转让系统。

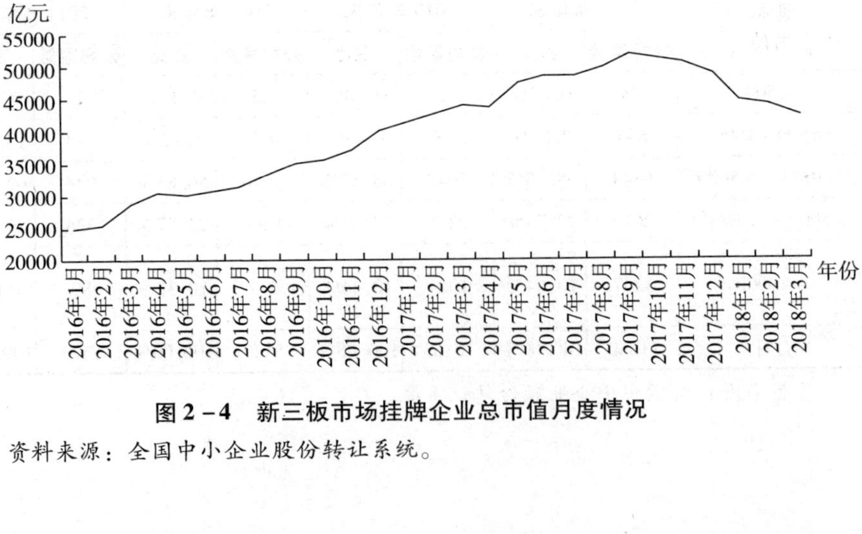

图2－4　新三板市场挂牌企业总市值月度情况

资料来源：全国中小企业股份转让系统。

二、挂牌企业实现行业全面覆盖

从新三板市场挂牌公司行业分布情况来看，新三板市场已经覆盖了全部18个行业。自2013年以来，新三板市场挂牌数前两位的行业均为“制造业”和“信息传输、软件和信息技术服务业”。从表2－3中可以看出，2017年“制造业”和“信息传输、软件和信息技术服务业”这两个行业的总体占比已达到近70%。沪、深A股市场同样也是“制造业”占主导地位。制造业为社会高速稳定发展提供了必要的物质支撑，同时，制造业也是一个非常庞杂和广泛的行业，涉及企业最多。随着互联网的发展与普及，企业信息化已经成为“必修课”，与之相应的信息技术与软件服务业也获得了发展机遇，加上经济转型、第三产业的推进，服务行业创业数量占比也较高。从企业的年增长率来看，除水利、环境和公共设施管理业外，大多数行业都保持了10%～30%的稳步增长，2016年处于“风口”的教育行业在2017年也保持了22%的增速。

表2－3　新三板市场挂牌公司行业分布

行业分类	2017年年末		2016年年末	
	公司家数	占比	公司家数	占比
制造业	5804	49.91%	5153	50.70%
信息传输、软件和信息技术服务业	2284	19.64%	2003	19.71%
租赁和商务服务业	607	5.22%	507	4.99%
批发和零售业	531	4.57%	436	4.29%
科学研究和技术服务业	509	4.38%	459	4.52%
建筑业	379	3.26%	330	3.25%
文化、体育和娱乐业	261	2.24%	228	2.24%
农、林、牧、渔业	223	1.92%	173	1.70%
水利、环境和公共设施管理业	198	1.70%	199	1.96%
交通运输、仓储和邮政业	197	1.69%	163	1.60%
金融业	144	1.24%	126	1.24%

续表

行业分类	2017 年年末		2016 年年末	
	公司家数	占比	公司家数	占比
电力、热力、燃气及水生产和供应业	130	1.12%	101	0.99%
房地产业	97	0.83%	67	0.66%
教育	88	0.76%	72	0.71%
卫生和社会工作	55	0.47%	47	0.46%
居民服务、修理和其他服务业	44	0.38%	40	0.39%
采矿业	42	0.36%	30	0.30%
住宿和餐饮业	37	0.32%	29	0.29%
合计	11630	100.00%	10163	100.00%

资料来源：全国中小企业股份转让系统。

三、挂牌企业区域分布体现出地方经济活力

从挂牌公司的区域分布情况来看，2013 年新三板公司挂牌分布在 4 个省份，到 2017 年已覆盖到 31 个省份。广东、北京和江苏的挂牌企业数连续 4 年位列前 3 位，其中，广东地区挂牌公司数量突破 1800 家，自 2016 年始取代北京成为在新三板拥有最多挂牌公司的省份后持续增加；北京则以总计 1618 家的数量位居次位；江苏省挂牌公司数量增加至 1246 家。新三板挂牌公司大多集中于珠三角地区、长三角地区，以及京津冀这三个经济发达、高新技术产业聚集的区域，这与 A 股上市公司基本相同，但新三板区域分布的不均匀程度远高于 A 股市场。新三板市场上挂牌数最多的广东省与最少的青海省相比，相差近 400 倍，而 A 股市场上数量最多的广东省是数量最少的青海、宁夏的 40 倍左右。

珠三角、长三角以及京津冀地区是我国经济最发达、资源和人才最集中的地区，经济结构比其他地方更加优化；而西部地区资源较多集中于省会城市，且本身资源总量不如这几个地区丰富。

值得一提的是，在股转系统和创业板中，北京地区的挂牌企业家数都

排第2位，而在主板和中小企业板中，北京上市企业家数都排第5位，这说明相比主板和中小板企业而言，北京地区容纳了更多的股转系统和创业板企业。而在上海地区，除主板企业数排名第1位外，其余各板块企业数皆相对靠后。不同板块的企业在各个地区的集中程度不尽相同，各个地区作为各板块企业成长的土壤也有着各自不同的侧重。

表2-4　2013年挂牌公司区域分布

省份	2013年年末	
	公司家数	占比
北京	243	70.64%
上海	44	12.79%
湖北	35	10.17%
天津	22	6.40%

资料来源：Wind资讯。

表2-5　2014—2017年挂牌公司区域分布

省份	2017年年末		2016年年末		2015年年末		2014年年末	
	公司家数	占比	公司家数	占比	公司家数	占比	公司家数	占比
广东	1878	16.15%	1586	15.61%	684	13.34%	149	9.48%
北京	1618	13.91%	1477	14.53%	763	14.88%	362	23.03%
江苏	1390	11.95%	1246	12.26%	651	12.69%	171	10.88%
浙江	1032	8.87%	901	8.87%	410	7.99%	69	4.39%
上海	989	8.50%	890	8.76%	440	8.58%	166	10.56%
山东	636	5.47%	570	5.61%	336	6.55%	98	6.23%
福建	405	3.48%	332	3.27%	139	2.71%	41	2.61%
湖北	404	3.47%	348	3.42%	204	3.98%	93	5.92%
河南	378	3.25%	342	3.37%	195	3.80%	55	3.50%
安徽	358	3.08%	302	2.97%	162	3.16%	45	2.86%
四川	332	2.85%	294	2.89%	137	2.67%	31	1.97%
河北	241	2.07%	195	1.92%	98	1.91%	23	1.46%
湖南	239	2.06%	205	2.02%	110	2.14%	33	2.10%

续表

省份	2017年年末		2016年年末		2015年年末		2014年年末	
	公司家数	占比	公司家数	占比	公司家数	占比	公司家数	占比
辽宁	234	2.01%	205	2.02%	114	2.22%	41	2.61%
天津	205	1.76%	171	1.68%	92	1.79%	41	2.61%
陕西	164	1.41%	141	1.39%	64	1.25%	22	1.40%
江西	161	1.38%	135	1.33%	62	1.21%	13	0.83%
重庆	142	1.22%	116	1.14%	59	1.15%	22	1.40%
新疆	98	0.84%	97	0.95%	63	1.23%	17	1.08%
黑龙江	97	0.83%	90	0.89%	51	0.99%	14	0.89%
云南	92	0.79%	76	0.75%	55	1.07%	13	0.83%
吉林	88	0.76%	78	0.77%	41	0.80%	7	0.45%
山西	83	0.71%	65	0.64%	32	0.62%	4	0.25%
广西	72	0.62%	60	0.59%	31	0.60%	5	0.32%
内蒙古	66	0.57%	60	0.59%	26	0.51%	3	0.19%
宁夏	66	0.57%	54	0.53%	36	0.70%	14	0.89%
贵州	59	0.51%	51	0.50%	36	0.70%	13	0.83%
海南	43	0.37%	30	0.30%	16	0.31%	3	0.19%
甘肃	34	0.29%	31	0.31%	17	0.33%	3	0.19%
西藏	21	0.18%	11	0.11%	2	0.04%	—	—
青海	5	0.04%	4	0.04%	3	0.06%	1	0.06%
合计	11630	100.00%	10163	100.00%	5129	100.00%	1572	100.00%

资料来源：全国中小企业股份转让系统。

第二节　股权融资助力企业发展

一、新三板股票定向增发概况

自2013年“股转系统”正式运营以来，新三板市场公司挂牌数逐渐增多，2014年和2015年这两年出现了急剧增长，到2016年增速放缓。发行股票次数在2015年出现了“井喷”，股票发行规模也在2015年出现暴涨，是2014年股票发行规模数的近十倍。2015—2017年三年的股权融资额均保持在1000亿元以上，新三板市场已经逐步成为中小微企业融资的重要平台。

表2－6　新三板股票定向增发概况

年度	发行次数	发行金额/亿元	发行股数/亿股
2013	60	10. 02	2. 92
2014	330	134. 08	26. 6
2015	2565	1216. 17	230. 79
2016	2940	1390. 89	294. 61
2017	2725	1336. 25	239. 26
合计	8620	4087. 42	794. 18

资料来源：全国中小企业股份转让系统。

2017 年共有 2501 家公司进行了定向增发，占挂牌公司总数的 21.5%，相比 2016 年的 2581 家有所下降。由于市场交易低迷，资本认购缴款意愿不强，新三板企业定增延期现象自 2015 年 6 月的股灾开始频繁出现，使得 2015 年之后的股权融资总规模甚至出现负增长。2018 年第一季度共募集资金 197.45 亿元，相比 2017 年第一季度的 288.78 亿元也有相当大的下降。新三板市场定增融资能力持续走弱，定增预案金额远超实际募集资金总额，定增次数也达不到拟发行次数，融资供需矛盾越发明显。企业实际完成定增发行次数和募集金额总体呈下降趋势，与企业数量的增长趋势明显不一致，市场存在明显的金融资源错配问题。融资功能未得到很好的体现，在一定程度上影响了新三板市场支持实体经济发展、推动经济结构转型升级作用的发挥。

二、定向增发行业分布与挂牌分布一致

从新三板市场定向增发行业所属行业分布情况来看（见表 2－7），自 2014 年以来，募集资金数额最多、次数最多的是“制造业”，其次是“信息传输、软件和信息技术服务业”，和行业挂牌数相一致。2014—2016 年，定向发行次数逐年增加，而 2017 年，募集次数总体有了下降，大部分行业募集次数均呈现出下降趋势。这与 2016 年以来监管的不断加强有关。2016 年先后发布了《全国中小企业股份转让系统主办券商执业质量评价办法（试行）》《全国中小企业股份转让系统自律监管措施和纪律处分实施办法（试行）》等通知，以及关于私募准入的“新八条”等制度措施。2016 年 8 月 8 日，“股转系统”发出最严募资新规，规定挂牌公司应当建立募集资金存储、使用、监管和责任追究的内部控制制度，明确募集资金使用的分级审批权限、决策程序、风险控制措施及信息披露要求。2017 年，监管层对上市公司定增作出一系列的限制。这些政策对新三板市场的定向增发产

生了很重要的影响，抑制了某些行业（如金融业）的融资冲动。

表 2－7　新三板市场定向增发行业分布　　单位：亿元

行业门类	2017		2016		2015		2014	
	金额	次数	金额	次数	金额	次数	金额	次数
制造业	570.29	1334	494.74	1368	359.46	1306	31.26	157
信息传输、软件和信息技术服务业	281.83	563	315.53	689	183.85	584	18.82	99
金融业	102.59	18	169.62	20	390.68	42	67.87	3
批发和零售业	57.78	121	65.56	139	22.40	87	0.50	5
文化、体育和娱乐业	54.65	70	76.75	85	24.13	48	1.76	7
科学研究和技术服务业	49.85	123	34.9	121	24.42	102	1.06	8
租赁和商务服务业	47.25	127	91.11	143	70.15	100	2.02	4
农、林、牧、渔业	45.05	63	26.85	69	28.74	65	1.88	9
建筑业	33.24	84	35.82	108	34.77	99	1.45	14
水利、环境和公共设施管理业	28.16	50	27.42	60	11.48	37	2.11	6
电力、热力、燃气及水生产和供应业	20.15	36	14.06	28	8.63	19	0.082	1
交通运输、仓储和邮政业	13.96	44	7.66	32	43.09	30	0.32	5
教育	12.72	26	13.25	20	2.59	6	0.23	1
卫生和社会工作	6.91	19	7.89	20	3.70	18	0.64	5
房地产业	4.64	26	6.34	19	3.81	8	—	—
居民服务、修理和其他服务业	3.57	10	1.76	10	1.02	4	—	—
住宿和餐饮业	2.34	8	0.87	5	0.80	1	—	—
采矿业	1.26	3	0.75	4	2.45	9	0.48	4
综合	—	—	—	—	—	—	1.60	1
合计	1336.25	2725	1390.89	2940	1216.17	2565	132.09	329

资料来源：全国中小企业股份转让系统。

三、定增融资北京、广东、江苏居前

2013 年，新三板股票发行仅限于极少数省份的企业，增发次数也仅有 57 次。到 2017 年，新三板股票发行的区域涉及 31 个省份，基本实现了地域的全面覆盖，其中，北京、广东和江苏的发行金额位列前三（见表 2-8）。值得一提的是，自 2014 年以来，北京地区挂牌企业的发行金额一直处于第 1 位。北京地区新三板企业融资规模较高的主要归因于中关村高新科技园，园区的新三板挂牌企业多、质量好，公司治理结构、融资能力也较为突出。

表 2-8　新三板股票发行区域　　单位：亿元

省份	2017		2016		2015		2014	
	金额	次数	金额	次数	金额	次数	金额	次数
北京	276.1	419	343.06	511	331.23	436	81.79	92
湖北	33.87	86	22.85	86	26.42	101	3.36	19
上海	97.91	240	125.84	281	103.56	259	8.37	47
天津	16.21	46	12.06	36	9.54	36	1.71	12
贵州	11.56	13	5.51	13	7.24	14	0.65	4
安徽	33.4	72	51.23	93	20.69	86	1.38	12
广东	203.54	523	184.88	507	293.63	382	16.82	30
河南	33.7	87	22.96	79	38.32	112	0.52	6
山东	105.15	139	46.32	156	61.19	170	3.22	17
陕西	41.62	45	24.2	37	9.75	33	0.03	1
江西	22.59	39	9.19	34	8.55	30	1.30	1
江苏	120.81	308	90.09	302	105.34	259	3.88	32
浙江	97.05	207	145.11	260	48.44	160	2.03	10
湖南	36.14	45	19.79	47	13.40	59	0.36	4
黑龙江	8.16	22	6.37	22	8.57	25	1.85	2
辽宁	9.32	38	10.71	44	11.64	46	0.68	6
福建	39.47	95	27.89	107	21.23	88	0.45	5

续表

省　份	2017		2016		2015		2014	
	金额	次数	金额	次数	金额	次数	金额	次数
四　川	23.76	66	19.47	87	12.34	63	0.98	13
重　庆	26.6	39	7.88	32	7.81	22	0.05	1
广　西	4.21	15	8.86	14	22.52	20	—	—
新　疆	5.75	16	4.58	19	9.59	19	0.38	2
云　南	2.83	14	8.41	24	3.96	24	0.31	2
山　西	19.33	13	3.51	14	4.73	15	—	—
宁　夏	7.42	12	7.61	20	9.69	23	0.34	3
海　南	2.39	9	43.9	10	5.76	12	—	—
河　北	24.71	63	16.65	50	12.98	43	1.53	7
甘　肃	4.12	7	109.85	9	3.43	11	—	—
吉　林	11.06	22	3.96	22	3.38	12	0.13	1
内蒙古	13.39	16	7.55	21	0.91	4	—	—
西　藏	3.86	8	0.59	3	0.30	1	—	—
青　海	0.21	1	0	0	—	—	—	—
合　计	1336.25	2725	1390.89	2940	1216.71	2565	132.1	329

资料来源：全国中小企业股份转让系统。

第三节 市场流动性不足，板块区间差异显著

一、新三板股票交易概述

2015年，新三板成交数量、成交金额、成交笔数显著增长。如表2－9及图2－5所示，首先，挂牌企业数和企业定向增发股票数在2015年出现了大幅增长，主要是因为在2015年上半年流动性宽松的大环境和A股大牛市的带动下，新三板市场的交易量巨大；而后同年6月份的股灾造成了市场低迷，新三板市场交易受到影响；同年11月《全国股转系统挂牌公司分层方案（征求意见稿）》的出台，给市场带来了利好消息，新三板市场交易量又有所回升。2016年，新三板市场成交量达363.63亿股，但是成交金额只比2015年增加了2亿元。一方面，2015年新三板市场的增长超过正常预期，增长呈现出非理性态势，2016年得到一定的矫正；另一方面，受限于投资者结构和交易制度，流动性并没有得到根本的改变。2017年，新三板市场成交数量和金额都在缓慢增长，但总成交笔数有所下降。

从换手率角度来看，2015年有了很大的提升，市场整体换手率超过50%，但2017年换手率又回落到20%以下，交易低迷、流动性下降。

表 2-9　新三板市场股票交易情况

年度	成交数量/亿股	成交金额/亿元	成交笔数	换手率*（%）
2012	1.15	5.84	638	4.47
2013	2.02	8.14	989	4.47
2014	22.82	130.36	9.27 万	19.67
2015	278.91	1910.62	282.13 万	53.88
2016	363.63	1912.29	308.81 万	20.74
2017	433.22	2271.80	282.99 万	13.47

注：*换手率为全年成交额/月均市值。
资料来源：全国中小企业股份转让系统。

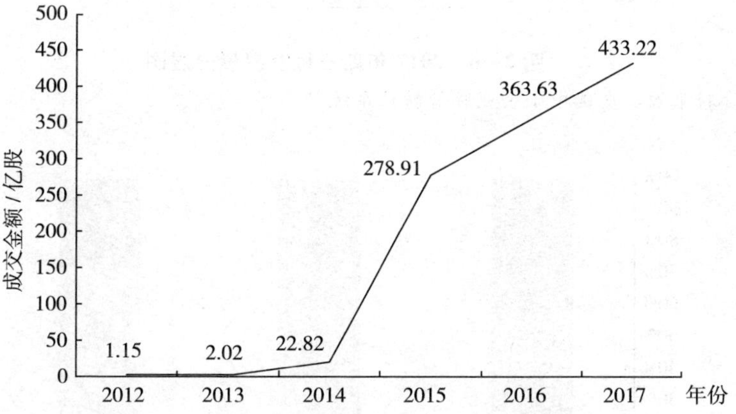

图 2-5　新三板成交量

资料来源：全国中小企业股份转让系统。

二、市场流动性存在结构性差异

2016 年新三板市场分层制度正式落地后，分为创新层和基础层。如图 2-6、图 2-7 所示，2017 年，从成交数量来看，基础层是创新层的 1.5 倍，对比而言，基础层挂牌数是创新层的近 10 倍。总体而言，创新层的股票交易情况要好于基础层，主要原因在于创新层的进入门槛较高、公司质量较好，更能吸引投资者。但是，2017 年相比 2016 年情况并没有太大的变化，所以，分层制度在提升市场流动性方面还未能很好地发挥其作用。

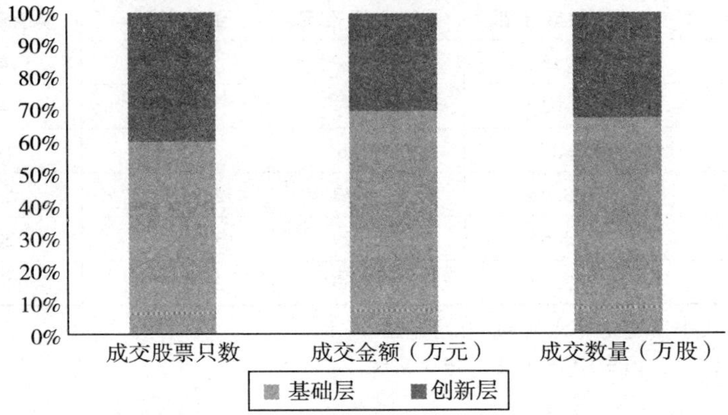

图 2－6　2017 年新三板交易量分层图

资料来源：全国中小企业股份转让系统。

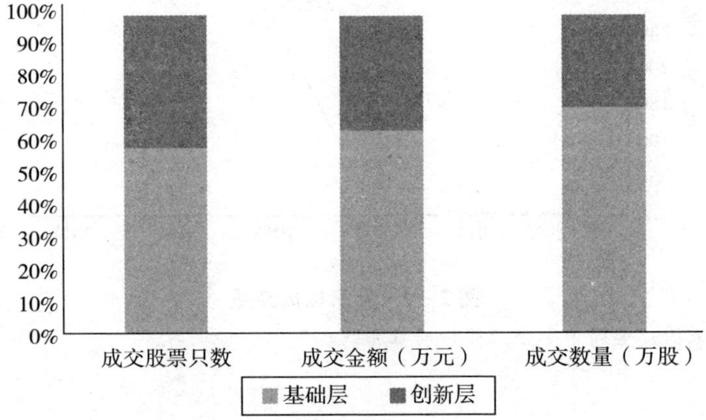

图 2－7　2016 年新三板交易量分层图

资料来源：全国中小企业股份转让系统。

另外，截至 2017 年 12 月 31 日，股转系统的 11630 家挂牌企业中，有 5264 家企业自挂牌以来没有交易记录，占全部挂牌企业的 45.26%，既没有交易记录也没有融资记录的企业共 4121 家，占比为 35.43%，这些企业自挂牌以来因为没有融资和成交记录而成为“僵尸股”。

同时，新三板呈现出明显的结构性流动性充裕特征。2017 年成交额排名前 100 的企业，累计成交额达 802.63 亿元，以不到 1% 的企业数量占总成交额 2271.80 亿元的 35.33%。成交额排名前 500 的企业，累计成交金额达到 1479.41 亿元，占全部成交额的 65.12%，与 2016 年 78.05% 以及 2015 年 97.20% 的比重相比，股转系统流动性集中化的特征有所减弱，但流动性在企业间的分布仍然存在较大差异。如表 2－10 所示，2017 年成交额排名前 10 名的企业中，有 4 家企业属于金融企业，3 家企业属于信息传输、软件和信息技术服务业，金融业挂牌公司在股转系统中交易活跃，成交额位于行业前列。

表 2－10　股转系统成交额前 10 名的企业（2017 年）

排名	证券名称	全年成交额/亿元	所属行业
1	东海证券	88.09	金融业
2	联讯证券	42.93	金融业
3	安达科技	34.71	制造业
4	英雄互娱	22.43	信息传输、软件和信息技术服务业
5	圣泉集团	22.30	制造业
6	信中利	16.50	金融业
7	致生联发	15.34	信息传输、软件和信息技术服务业
8	国都证券	14.73	金融业
9	汇量科技	13.58	信息传输、软件和信息技术服务业
10	华强方特	13.06	文化、体育和娱乐业

资料来源：根据 Wind 资讯各板块 2017 企业交易情况整理。

三、多样化交易制度的优势尚未体现

表 2－11　新三板市场股票交易方式与成交量的关系

项目	2017		2016		2015	
	做市	协议转让	做市	协议转让	做市	协议转让
挂牌公司家数	1343	10287	1654	8509	1107	3997
成交金额/万元	434861.62	1952389.81	1024980.62	1760248.05	1460505.45	921694.91

续表

项目	2017		2016		2015	
	做市	协议转让	做市	协议转让	做市	协议转让
成交数量/万股	100224.55	458059.81	187740.14	317096.09	229655.53	234159.74

资料来源：Wind 资讯。

如表 2－11 所示，2017 年年末，新三板市场挂牌公司数共 11630 家，采用做市转让的公司有 1343 家，占总数的 11.55%；采用协议转让的公司有 10287 家，占总数的 88.45%。对比 2016 年和 2015 年的数据可以看出，采用协议转让的公司占比在不断增加，选择做市转让的公司占比在不断减少。2018 年第一季度，采用做市转让的公司有 1303 家，采用协议转让的公司有 10256 家，做市占比继续下降。协议转让方式不设涨跌幅限制，价格变动会较大，流动性并不强，但为何大部分公司采用此方式？一方面，新三板市场对交易的资本利得税没有统一的计量标准，协议转让方式可以提供一种避税的灰色地带，并且，协议转让方式能够清楚地看到买卖双方的信息和买卖的报单，对交易双方而言信息更为透明；另一方面，做市转让的方式下股票交易依赖于做市商，企业的控制权削弱，并且，企业股东数不可控，股东数超过 200 人之后在挂牌时要等待证监会审核，与新三板市场融资快速高效的目的相悖。

从做市转让和协议转让的成交规模来看，从 2016 年 8 月起，截至 2017 年 12 月底，各月做市转让成交金额皆低于协议转让成交金额。2017 年 12 月，协议转让的成交金额更是占到全部成交金额的 81.78%，做市商制度在改善挂牌企业流动性方面的作用并没有得到充分的发挥。

第四节　并购重组助力跨市场产业整合

并购重组作为帮助企业发展壮大、延伸产业链或推动产业整合的工具，也逐渐成为 A 股市场和新三板公司联系的重要纽带。经过几年的发展，新三板市场挂牌数现已达 11630 家，面临存量规模“大而不优”的现状，并购重组能够优化新三板的市场结构。同时，政策制度也逐渐完善，2016 年 3 月和 6 月股转公司分别发布了《挂牌公司并购重组业务问答（一）》《挂牌公司并购重组业务问答（二）》，为企业并购重组提供了标准，在政策上支持新三板并购重组行为。纵向并购能够形成产业链，优化资源配置；横向并购能够争夺市场份额，达到垄断地位。并且，新三板市场并购机会成本较低，可以降低上市公司并购成本。

2016 年，上市公司并购新三板挂牌企业 149 起[①]，并购已完成的有 69 起。披露交易金额的 130 起并购重组中，累计交易金额达 344.62 亿元。2016 年发生的 149 起并购案例中，有 68 起并购案例明确公布了其并购目的。这其中，52 起并购案例起因于横向整合，占比 76.5%，另外 13 起并

① 2016 年和 2017 年上市公司并购新三板企业的数据为课题组根据公开资料整理。

购案例为多元化发展战略或战略合作，占比合计达 15.7%。

2017 年，上市公司并购新三板挂牌企业 109 起，并购已完成的有 57 起。披露交易金额的 91 起并购重组案例中，累计交易金额达 155.41 亿元。如图 2－8 所示，2017 年发生的 109 起并购案例中，有 71 起明确公布了并购目的，其中，42 起并购案例起因为横向整合，占比 59.15%；另外 15 起并购案例为多元化战略或战略合作，占比合计 21.13%。从近两年的数据来看，产业整合是上市公司并购新三板公司的主因。

图 2－8 上市公司并购新三板公司并购目的占比（2017 年）

资料来源：Wind 资讯。

第五节 新三板市场运行中存在的问题

2017年，新三板市场挂牌企业主动摘牌数量明显增加，2017年6月以来，新增挂牌企业数量仅为43家，摘牌及拟摘牌企业数量反超新增挂牌企业数量。三板做市指数和成分指数一直“跌跌不休”，已跌至基点；新三板整体市场日均成交金额长期徘徊在10亿元以下，存在大量“僵尸企业”和“僵尸股”，市场交投清淡，交易规模小；券商等中介机构的责任和风险都在加大，与其收益极不匹配，做市商独木难支，越来越多的券商被迫收缩战线。三板市场发展正面临困境和挑战。作为一个新兴的市场，新三板市场仍然处于发展的初级阶段，还存在一定的制度缺陷。

1. 市场交易制度有待进一步优化

在新三板市场，我国对做市商的准入监管采用备案制，审查重点是证券公司申请材料的完备性、规范性，并不对做市商实施实质性审查。引入做市商制度，有利于主板券商对新三板市场中挂牌公司的市值进行合理估算，发现股票价值。但是，现阶段关于做市商的一些法律法规并不完善，并不能对做市商在实际交易中遇到的问题进行指导。并且，做市商存在自营账户炒自己做市股等违规行为或者因流动性不足而做市消极的情况。应加快新三板市场具体法规的出台，使之发挥做市商价格发现、稳定市场的功能。

2017年12月22日，《全国中小企业股份转让系统股票转让方式确定及变更指引》正式发布，提出了引入集合竞价、优化协议转让、巩固做市转让等旨在持续改善市场流动性的措施。但从目前的情况看，交易制度改革对流动性的提升作用并不明显。

2. 中介机构管理制度有待完善

在新三板发展过程中，主办券商、做市商、会计师事务所、律师事务所等中介机构为企业挂牌推荐、转让交易、兼并重组等业务活动提供了大量服务，为新三板市场的发展做出了重大贡献。目前我国新三板市场面临着一系列问题：市场顶层设计和制度安排有待完善和稳定；做市商等交易制度和业务规则有待改革和健全，须改进市场的价格发现、价格传导机制功能，以解决市场流动性不足等问题；信息披露制度有待加强执行，以解决挂牌公司、中介机构与投资者之间的信息不对称问题，须提高市场信息透明度，维护市场各方参与者的信心，保护投资者合法权益。在新三板市场继续深化发展的进程中，上述问题的解决需要有稳定、专业、负责的中介机构队伍的支持。因此，有必要借鉴国际成熟市场的先进经验，并结合我国国情的实际情况，通过建设合理的中介机构管理制度，推动新三板中介机构的发展，打造符合新时代要求的有中国特色的新三板市场。

3. 监管规则体系尚不健全

《意见》搭建了新三板监管的总体框架，《决定》和《办法》是对非上市公众公司监管的重要法律依据，提出了对非上市公众公司的监管要求，但是仍需要在《证券法》中进一步确立新三板的公开市场地位，同时需要强化和细化监管执法的各项依据，对挂牌公司、中介机构的信息披露、执法、处罚等规定进行细化，制定中介机构监管、分类信息披露要求、监管执法的依据和规程等。对于协议、做市转让方式下的内幕交易、市场操纵等行为的认定处理存在法律规章适用性等问题。同时，行政监管和自律监管的职责边界仍然模糊，需要形成制度化的对接安排。此外，还需要加强现有政策和措施的落地和不折不扣地执行。

第三章

新三板市场交易制度分析

第一节　新三板市场交易方式

一、成立之初的协议转让交易制度

新三板在成立时，采用的是协议转让交易制度。2013 年 2 月 8 日，股转系统发布了《全国中小企业股份转让系统过渡期股票转让暂行办法》（已失效），对协议转让的交易流程和委托单形式作出了详细规定。在协议转让方式下，股转系统更多的是提供了一个交易信息的发布平台，主办券商在其中起到的作用主要是执行已达成协议的买卖双方的交易指令。

二、引入做市商交易制度与后期发展

2013 年 12 月 30 日，股转系统发布了《全国中小企业股份转让系统业务规则（试行）》（以下简称《业务规则》），该《业务规则》规定，股票转让可以采取协议转让方式、做市转让方式、竞价转让方式或其他中国证监会批准的转让方式，如表 3 – 1 所示。

表 3 – 1　股转系统股票转让方式

协议转让方式	买卖双方在场外协商，并确定买卖意向，再回到报价转让系统，委托主办券商办理申报、确认成交及结算

续表

做市转让方式	由具备一定实力和信誉等资格条件的证券经营机构持续向公众投资者公开发布某证券的双向交易报价，并在其报出的价位和数量范围内，以自有资金和证券与投资者进行交易
竞价转让方式	竞价转让方式包括集合竞价和连续竞价两种方式

关于挂牌企业申请做市转让需满足的条件，有如下不同的规定。

股票挂牌时拟采取做市转让方式的，应当具备以下条件：

（1）2家以上做市商同意为申请挂牌公司股票提供做市报价，且其中一家做市商为推荐该股票挂牌的主办券商或该主办券商的母（子）公司。

（2）做市商合计取得不低于申请挂牌公司总股本5%或100万股（以孰低为准），且每家做市商不低于10万股的做市库存股票。

（3）全国股转公司规定的其他条件。做市商应当在全国股份转让系统持续发布买卖双向报价，并在报价价位和数量范围内履行与投资者的成交义务。做市转让方式下，投资者之间不能成交。全国股份转让系统公司另有规定的除外。

采取集合竞价转让方式的股票，挂牌公司申请变更为做市转让方式的，应当符合以下条件：

（1）2家以上做市商同意为该股票提供做市报价服务，并且每家做市商已取得不低于10万股的做市库存股票。

（2）全国股转公司规定的其他条件。

采取协议转让方式的股票，挂牌公司申请变更为做市转让方式的，应当符合以下条件：

（1）2家以上做市商同意为该股票提供做市报价服务，并且每家做市商已取得不低于10万股的做市库存股票。

（2）全国股份转让系统公司规定的其他条件。

挂牌时采取做市转让方式的股票，拟后续加入的做市商须在该股票挂牌满 3 个月后经申请同意后方可为该股票提供做市报价服务。做市商退出做市后，1 个月内不得申请再次为该股票做市。

挂牌时采取做市转让方式的股票和由集合竞价转让方式变更为做市转让方式的股票，其初始做市商为股票做市不满 6 个月的，不得申请退出为该股票做市。后续加入的做市商为相关股票做市不满 3 个月的，不得申请退出为该股票做市。

新三板、中国结算北京分公司联合组织有关各方进行了实施做市转让方式相关技术测试和业务准备工作，正式实施做市转让方式的条件基本成熟，2014 年 8 月 25 日，全国中小企业股份转让系统做市转让方式正式实施，新三板正式进入协议转让和做市转让并行的双交易制度时代。当日，新三板的挂牌股票共成交 2879 笔、1398 万股、8036 万元；其中，采用做市转让方式的股票达到 2733 笔、480 万股、3889 万元，分别占全部挂牌股票的 93%、35%、49%。2014 年 8 月份开始，市场成交量和成交额均明显放大，12 月成交量和成交额最高，分别为 6.04 亿股和 33.04 亿元。2014 年年末新三板挂牌企业数量是 1572 家，一年后，新三板挂牌数量达到 5129 家，总市值达 24584.42 亿元，换手率为 53.88%。在这一阶段，做市转让方式正式明显提高了新三板市场的活跃程度，达到了预期的效果。但从 2016 年开始，随着上市公司数量的进一步扩容，以及做市商制度自身存在的缺陷，市场交易量逐渐萎缩，陷入流动性困境。

三、竞价交易制度的引入

2017 年 12 月 22 日，全国股转公司发布了新制定的《全国中小企业股份转让系统挂牌公司分层管理办法》《全国中小企业股份转让系统股票转让方式确定及变更指引》和《全国中小企业股份转让系统股票转让细则》，如表 3 - 2 所示。全国股转系统推出交易制度、分层优化等重大改革。本次改革主要包括引入集合竞价、优化分层制度、实施差异化信披制度等内容。引入竞价机制有助于完善市场价格形成机制，也为持续改善流动性奠定了基础。分层后，创新层企业单个交易日中将会有5次集合竞价转让的时段，而基础层全天仅有1次集合竞价撮合（下午3点）。

表3-2　三个法规的主要内容

法规	主要内容
《分层管理办法》	将新三板上市公司分为创新层与基础层，全国股转公司制定客观、公开的分层标准和维持标准，并据此定期调整挂牌公司所属市场层级，创新层挂牌公司和基础层挂牌公司实行差异化的股票转让方式与信息披露制度
《股票转让方式确定及变更指引》	明确全国股转系统申请挂牌公司、挂牌公司股票转让方式的确定、变更以及做市商加入、退出等相关事宜
《转让细则》	明确规定了全国股份转让系统挂牌股票的转让相关事宜，规定股票可以采取做市转让方式、竞价转让方式、协议转让方式进行转让。 有2家以上做市商为其提供做市报价服务的股票，可以采取做市转让方式；除采取做市转让方式的股票外，其他股票采取竞价转让方式。 单笔申报数量或转让金额符合全国股份转让系统规定标准的股票转让，可以进行协议转让。 采取集合竞价方式的股票，全国股份转让系统根据挂牌公司所属市场层级为其提供相应的撮合频次。采取连续竞价方式的具体条件由全国股份转让系统公司另行制定

其中，原采取协议转让方式的股票盘中交易方式将统一调整为集合竞价，盘中时段的交易方式为集合竞价与做市转让两种，供挂牌企业自主选择。为了与市场分层配套，全国股转系统将对采取集合竞价转让方式的股票实施差异化的撮合频次如表3-3所示。

表3-3　大宗交易、做市转让、竞价转让的相关要求

大宗交易	在盘后交易，单笔申报数量不低于10万股，或者转让金额不低于100万元人民币
做市转让	做市商每次提交做市申报应当同时包含买入价格与卖出价格，且相对买卖价差不得超过5%

续表

集合竞价转让方式	采取集合竞价转让方式的基础层股票，交易主机于每个转让日的15：00，对接受的买卖申报进行集中撮合。采取集合竞价转让方式的创新层股票，交易主机于每个转让日的9：30、10：30、11：30、14：00、15：00，对接受的买卖申报进行集中撮合
连续竞价转让方式	具体条件由全国股份转让系统公司另行制定

新三板新交易制度自2018年年初上线以来，在减少误操作、提升股价公允性等方面成效显著，市场上1分钱股、乌龙指股销声匿迹，中介股、老千股等市值管理股股价大多回归真实水平。新交易制度改革落地近4个月，有五个方面的积极影响：一是集合竞价推出后，新三板二级市场交易逐渐回归“公开、公平、公正”的三公本源；二是盘中采取集合竞价和做市转让的方式，促进了二级市场价格回归公允性；三是尾盘15分钟均价作为收盘价的新规，使市场股价操纵成本更高、更难；四是原协议转让中的中介股、老千股等市值维持股的价格迅速回归真实水平，保护了更多对交易不熟悉的投资者；五是盘后协议转让的推出，有效解决了做市交易中无法进行大宗交易的致命弱点，减少了原协议转让中“手拉手”交易产生的乌龙。

但不连续的集合竞价交易方式在流动性困境一直未得到改善的新三板上也存在一些不足。其一，创新层股票全天集合竞价交易5次，基础层只有1次，在交易连续性上明显存在不足。其二，在流动性困境面前，这种集合竞价在一定程度上影响到了市场交易的活跃度、投资者的交易欲望以及成交的可能性。究其根本原因在于集合竞价制度的“不连续性”。不连续集合竞价制度会加重新三板流动性困局。市场数据也反映了这一点：新三板日均股票成交量在新制度开始实施之前曾出现过峰值，正式实施之后明显下降，尽管3月下旬以来，包括九鼎集团等多只长期停牌股陆续复牌，但市场总成交量还是不如峰值之前。当然，这是众多因素影响的结果，比如摘牌企业数量激增、市场持续下行等，但新交易制度的影响同样不可忽视。

第二节 新三板市场流动性困境

一、流动性对资本市场的重要性

在建设新三板市场的过程中，能否顺利解决流动性问题备受关注，良好的流动性是保证市场投融资功能和价格发现功能的重要前提。一般而言，股票流动性是指投资人花费极少的成本、最优的价格和最快速度完成交易大量证券的容易程度，流动性对于资本市场的健康发展至关重要。

美国的纳斯达克股票市场是世界上主要股票市场中成长速度最快的市场，是美国乃至全球高科技企业成长的摇篮，其市场交易规模不断扩大，流动性不断提高，2017 年其成交金额已突破 20 万亿美元，市值为11.44 万亿美元。与此同时，中国的 A 股市场在较短时间内也取得了较为显著的发展，近年来，每年的成交金额皆是万亿元的级别。正是巨大的交易规模以及活跃的市场交易使得股票市场具有良好的流动性，良好的流动性使得资本市场能够发挥大浪淘沙的功能，为具有发展潜力的企业提供资金，同时也为投资者提供了良好的投资选择机会。缺乏流动性将使得资本市场如无源之水，失去存在的意义。因此，流动性是纳斯达克市场、沪深股票市场等健康发展的基础，对新三板市场也不例外。

以纳斯达克市场为例。NASDAQ 于 1971 年 2 月 8 日正式开始交易。1971—2000 年可谓是纳斯达克从初创到快速成长的时期。从纳斯萨克指数表现来看，1971 年只有 100 点，1971—1990 年约 20 年的时间中，纳斯达克指数在 100 ~ 500 点之间上下波动，呈缓慢向上的趋势，经过漫长的 9 年时间才涨到 200 点。从 20 世纪 90 年代起，NASDAQ 指数开启了明显的升势，2000 年突破 5000 点，创造了当时的历史高点。根据 NASDAQ 指数的波动，这一时期市场有三波段明显的上升行情。

第一波段从 1990 年 10 月到 1994 年 3 月，NASDAQ 指数从 320 点左右开始攀升至 800 点左右，1994 年纳斯达克市场全年股票成交量超过纽交所。

第二波段从 1994 年 6 月到 1998 年 7 月，指数从 690 点攀升至 2030 点左右。1998 年 10 月，亚洲金融风暴扩散到美国，使得指数回落至 1360 点左右。1998 年年末，指数以 2192. 69 点收盘。

第三波段从 1998 年 10 月到 2000 年 3 月，指数从低位 1360 点开始，上升直到突破 5000 点，创造了当时的历史高点。

从纳斯达克的交易制度演进历史，我们同样可以看到三个阶段的明显特点。

1971—1983 年，市场处于电话交易为主的时期。1984 年以前，纳斯达克只是一个报价系统，市场参与者想要达成交易就需要根据报价与做市商联系。在电话交易的方式下，经纪公司通过电话与做市商联系，执行客户订单。

1984—1996 年，NASDAQ 引入自动交易系统。1984 年，纳斯达克引入了小额报价系统（Small Order Execution System，简称 SOES），是纳斯达克全国市场小于 1000 股的专门交易系统，也是纳斯达克的第一个自动化交易系统。全国市场的股票在 SOES 系统的最大交易量根据不同股票分为 200

股、500 股和 1000 股三种情况，在小资本市场的股票，最大交易量分为 100 股和 500 股两种情况。它对市价委托的股票提供自动执行功能，成交价格是所有做市商中报价最高的买入价或报价最低的卖出价。

纳斯达克另一个重要的交易系统是 1990 年启用的大额交易系统，它是一个议价与执行的服务系统。与小额系统只能输入客户订单不同，大额系统的限制较少，客户订单与做市商自营订单皆可进入。通过该系统，市场参与者可以将订单传送给一名做市商，也可以传送给整个市场。大额交易系统还提供交易者谈判和自动执行的功能，通过屏幕，买卖双方能够讨价还价。该系统仅适用于全国市场的股票，最大订单执行规模为 99 万股。

1997—1999 年，NASDAQ 引入电子通信网络（ECNs），传统做市商模式被改变，进入了连续的混合竞价交易模式。1997 年，NASDAQ 市场引入了电子自动对盘系统（Electronic Communication Networks，简称 ECNs）并实行了 SEC 的《交易指令处理规则》（Order Handling Rook）。也就是从这时开始，纳斯达克引入竞价交易制度，从 1997 年以前的纯粹竞争性做市商制度逐渐演变到混合交易制度。电子通信网络不同于做市商，做市商必须为证券提供固定的、双边的、持续的报价，从开盘直到收盘。而电子通信网络作为市场参与者，不要求提供买卖双边报价，有执行订单和发送订单的功能。电子通信网络的引入实际上使 NASDAQ 市场由单纯的“指令驱动”演变为一个具有报价驱动机制与委托驱动机制的市场，使 NASDAQ 逐渐朝着“混合市场”的方向发展。电子通信网络有三大优点：一是做市商与机构投资者的交易以匿名方式进行，机构投资者很乐意接受；二是增大了市场竞争，使得市场流动性提高；三是降低了市场的交易成本。

在 1997 年前后，NASDAQ 市场股票的成交量有明显变化。苹果公司的成交量在 1997 年以前平均年成交 3 亿 ~ 4 亿股，1997 年之后有了明显飞升，年均成交量达 10 亿股以上。

表 3－4　2014—2017 年纳斯达克股票市场交易规模与换手率统计

年份	上市企业数量	成交数量/亿股	成交金额/万亿美元	市值/万亿美元	换手率*（%）
2017	2542	4805.44	20.87	11.44	135.51%
2016	2492	4789.32	17.95	8.70	222.42%
2015	2517	4756.19	18.96	8.14	237.38%
2014	2445	4906.69	17.80	7.68	247.03%

注：＊换手率为全年成交额/月均市值。

资料来源：CEIC 数据库。

表 3－5　2014—2017 年中国沪深 A 股市场交易规模与换手率统计

年份	上市企业数量	成交数量/亿股	成交金额/万亿元	换手率（%）
2017	3485	87096.42	111.76	194.69
2016	3052	93949.39	126.51	230.05
2015	2827	169725.76	253.30	461.65
2014	2613	72797.52	73.77	226.47

资料来源：Wind 资讯。

新三板与全球大多数创业板市场一样，都是定位于服务中小型创新企业。尽管全球各个创业板设立方式不同，但不管是独立模式还是“一所两板”的平行模式均有成功和失败的典型，如韩国科斯达克市场与德国新市场。科斯达克市场在发展前期均采用独立模式，定位于中小型、创新型企业，初期吸收的企业大多数为中小企业，根据企业发展程度适度调低上市标准。待发展成熟后，再对上市标准进行提升，配合罚分制摘牌或降层等制度，持续促进市场的良性循环，而韩交所则另建立 KONEX 市场作为支持中小微企业的平台。交易制度方面，科斯达克市场根据市场成熟度逐步放宽涨跌幅限制并进行相关交易制度改革。德国新市场的失败是由诸多原因共同导致的：德国新市场上市标准过低且不设盈利要求，大量包装和概念公司进入创业板；同时，监管部门上市审核程序不够严格，保荐机构基于利益驱动也放松了保荐责任。另外，部分上市公司造假丑闻严重败坏了德国新市场声誉，使投资者丧失了信心，新市场最终被迫关闭。

新三板市场挂牌过企业已经超过万家，但挂牌企业质量参差不齐。虽然在分层后，创新层企业质量有明显的提升，但创新层内的流动性并没有迎来明显的提升，说明投资者对创新层的估值提升以及流动性改善预期并没有随着分层而得到改善。因此，在分层后对创新层和基础层的不同定位以及监管、信批要求的重新部署对于打造新三板市场形象十分重要。

流动性是新三板市场的基础，新三板市场不仅是中小企业融资的平台，也是投资者价值投资的平台，其能够持续发展的前提之一，就是能向投资者提供获得与转让股票的机会，这需要充足流动性的支持。流动性也是金融资产定价的核心，良好的流动性可以实现新三板市场的价格发现功能，买卖双方通过不断交易形成的成交价格，是不同交易者对市场供求关系的认识和对未来市场预期的综合反映。在流动性良好的情况下，交易过程中形成的价格能够反映股票的真实价值，有助于资源的合理配置，使投资者作出合理的决策。流动性能够提高投资者对于市场与价格稳定的信心，增强抵抗外部冲击的能力，降低市场的系统性风险，保障经济的稳定发展。

市场流动性的提升会改善市场价格的不确定性，这种不确定性会使得市场价格无法充分反映出所有的信息，从而使得市场的成交价格偏离市场出清的均衡价格，影响市场的效率。在具有较强流动性的市场中，交易成本与交易的不对称将大大降低，能及时反映市场信息，市场变得更为有效，提高了市场的整体效率与质量。与此同时，较高的市场流动性也为收购提供了更为便利的机会与条件，降低了收购的成本，有助于公司的内部治理和业务发展。

二、新三板市场流动性困境

本章通过成交金额与换手率两个指标来粗略地衡量新三板市场的流动

性。2014 年 8 月 25 日，新三板做市制度正式上线，做市商制度实施后市场流动性逐渐改善，每年的成交数量和成交金额都在不断上升，如表 3－6 所示，2017 年全年新三板成交量为 433.22 亿股，与 2016 年相比上升 19.14%，成交金额为 2271.80 亿元，与 2016 年相比上升 18.80%。

表 3－6　2014—2017 年股转系统挂牌公司交易规模与换手率统计

年份	上市企业数量	成交数量/亿股	成交金额/亿元	换手率（%）
2017	11630	433.22	2271.80	13.47
2016	10163	363.63	1912.29	20.74
2015	5129	278.91	1910.62	53.88
2014	1572	22.82	130.36	19.67

资料来源：《全国中小企业股份转让系统 2017 年市场统计快报》。

虽然做市制度的引入使得近年来的成交数量和成交金额不断上升，但是通过表 3－6 与表 3－4、表 3－5 的对比可以发现，新三板市场的交易规模与纳斯达克股票市场相比几乎微不足道，而新三板市场股票交易的换手率与沪深 A 股市场相比也差距甚远，不及其 1/10。

如图 3－1、图 3－2、图 3－3 所示，2017 年的月度换手率均不足 2%，

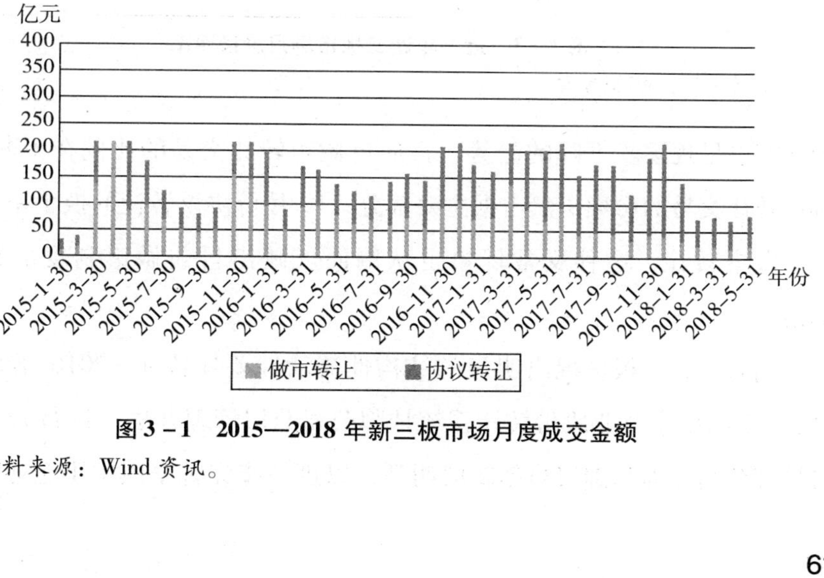

图 3－1　2015—2018 年新三板市场月度成交金额

资料来源：Wind 资讯。

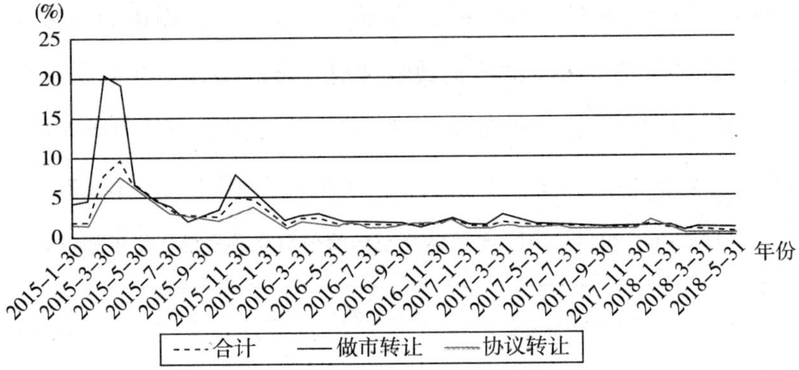

图 3-2　2015—2018 年新三板市场月度换手率

资料来源：Wind 资讯。

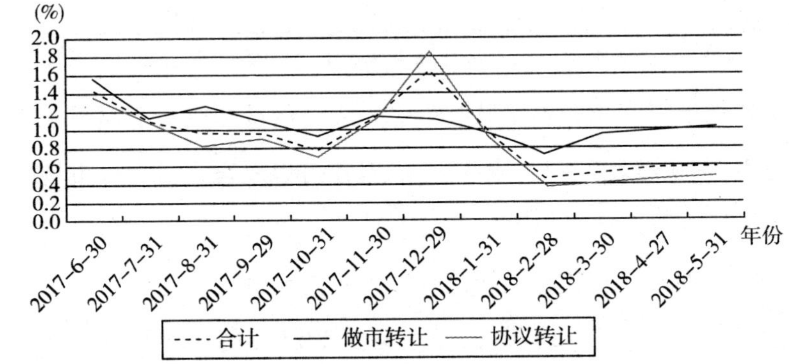

图 3-3　近一年新三板市场月度换手率

资料来源：Wind 资讯。

成交额也呈现逐步下降的趋势，且通过做市转让交易的比例在不断减少，协议转让交易的份额仍然占据主要部分，12 月份协议转让的换手率甚至超过了做市转让，这种反常现象也从侧面反映出目前做市制度的缺陷与不足。

同时，新三板呈现出明显的结构性流动性差异特征。2016 年 5 月 27 日，《全国中小企业股份转让系统挂牌公司分层管理办法（试行）》发布，将挂牌公司分为基础层与创新层两类，以进一步完善全国中小企业股份转让系统市场功能，降低投资人信息收集成本，提高风险控制能力，审慎推进市场创新。2016 年 6 月 27 日，被市场寄予厚望的改善新三板流动性的分层制度推出后，两大新三板指数均未改变下跌走势，但交易量呈现出分化，创新层企业的交易量有所改善，基础层的流动性则相对下降，分层并未带来市场明显的活跃，只是呈现出一定的分流。创新层和基础层公司在交易额、估值和融资额等方面两级分化情况进一步加剧。2017 年 12 月 22 日，《全国中小企业股份转让系统挂牌公司分层管理办法》正式发布，以进一步完善新三板市场功能，提升服务创新型、创业型、成长型中小微企业的能力。创新层与基础层相比，在盈利情况、营业收入增长、公司治理等方面要求更加严格。基础层与创新层股票的流动性存在差异，个股换手率的分布差距如表 3－7 所示。

表 3－7　2017 年度新三板市场基础层与创新层个股换手率分布占比情况

单位：只

换手率区间	基础层	创新层
0	5392	198
0% ~10%	2388	470
10% ~50%	1625	539
50% ~100%	380	118
100% 以上	177	28
合计	9962	1353

注：为了更好地分析新三板市场流动性的结构，表中将基础层与创新层分开考虑，为了排除由于上市时间短而造成换手率低的情况，在此考虑于 2017 年 9 月 30 日之前挂牌上市的股票。截至 2017 年 12 月 31 日，基础层有 10269 只股票上市，其中 2017 年 9 月 30 日之前上市的有 9962 只；创新层有 1353 只股票上市，皆在 2017 年 9 月 30 日之前上市。其中换手率为 0 的股票相当于“僵尸股”。

资料来源：Wind 资讯。

在整个新三板市场中，位于基础层的股票数量众多，约占整体的 90% 左右，但是在个股换手率方面，基础层远远落后于创新层。位于基础层的股票中，有超过 50% 的股票在整个 2017 年度区间完全没有交易

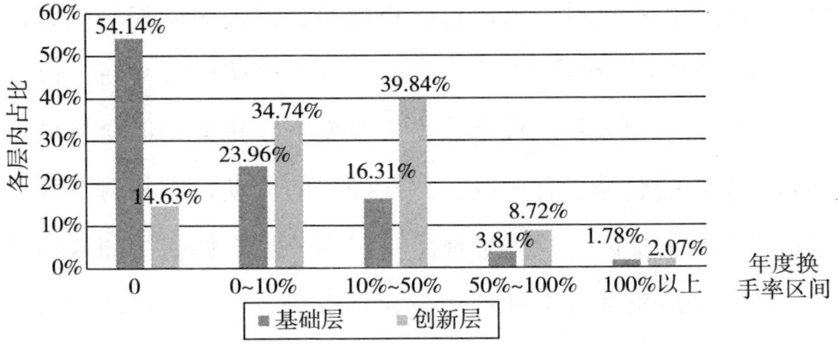

图3－4　2017年新三板市场基础层、创新层个股换手率分布占比情况

资料来源：Wind资讯。

记录，成为“僵尸股”，而创新层中只有14.63%。基础层中超过3/4的股票换手率不足10%，而创新层中较多股票的换手率都位于10%～50%之间。但是基础层与创新层中，换手率超过100%的股票占比都非常少，分别为1.78%和2.07%，可见基础层与创新层的换手率整体上都处于较低水平，流动性皆存在一定的困境。与新三板市场一样，创业板同样是专为暂时无法在主板上市的创业型企业、中小企业和高科技产业企业等需要进行融资和发展的企业提供融资途径和成长空间的证券交易市场，是对主板市场的重要补充，在资本市场有着重要的位置。创业板市场又称为二板市场，其在上市门槛、监管制度、信息披露、交易者条件、投资风险等方面和主板市场也有较大的区别。即便如此，在交易规模与流动性方面，新三板市场也与创业板市场存在较大的差距。如表3－8至表3－11所示，虽然创业板挂牌上市的股票数量远远少于新三板市场，然而其交易规模是整个新三板市场的10倍之多。此外，创业板个股的换手率极高，大部分股票的换手率皆位于100%～1000%之间，不存在换手率低于50%的股票，市场交易非常活跃，流动性较好。即便是仅将新三板中质量较高的创新层单独与创业板相比较，在换手率方面也是相形见绌。

表 3－8　2014—2017 年创业板成交金额及股数

年份	成交金额/亿元	成交数量/亿股
2017	165521. 59	8829. 88
2016	216831. 62	9509. 90
2015	285352. 81	9938. 88
2014	78041. 35	4035. 31

资料来源：《深圳证券交易所市场统计年鉴（2017）》。

表 3－9　2014—2017 年新三板成交金额及股数

年份	成交金额/亿元	成交数量/亿股
2017	2271. 80	433. 22
2016	1912. 29	363. 63
2015	1910. 62	278. 91
2014	130. 36	22. 82

资料来源：《全国中小企业股份转让系统 2017 年市场统计快报》。

表 3－10　2017 年度创业板个股换手率分布占比情况

换手率区间	个数	占比
0%～50%	0	0
50%～100%	11	0. 80%
100%～1000%	1056	76. 80%
1000%～2000%	263	19. 13%
2000%以上	45	3. 27%

注：截至 2017 年 12 月 31 日，创业板共有 1401 只股票上市，为避免上市时间太短造成换手率过低的情况，在此考虑其中于 9 月 30 日前上市的 1375 只股票。

资料来源：Wind 资讯。

表 3－11　2017 年度新三板个股换手率分布占比情况

换手率区间	个数	占比
0%～50%	10638	94. 14%
50%～100%	471	4. 17%
100%～1000%	190	1. 68%

续表

换手率区间	个数	占比
1000%～2000%	1	0.00%
2000%以上	0	0

资料来源：Wind资讯。

新三板市场的流动性不仅在内部的基础层与创新层中有高低之分，从行业分类的角度来观察，各行业之间也存在差异。如表3－12所示，2017年新三板市场交易额在各行业之间差异仍然较大，根据证监会行业分类标准，制造业、信息传输、软件和信息技术服务业、金融业三大主要产业占据了市场总交易的76.03%，住宿与餐饮业的交易额最低，为1.16亿元，占整个市场交易的0.05%。如表3－13所示，通过观察2017年股转系统成交额前10名的企业，可以发现前9名企业都来自前文提到的三大主要行业，其中金融业有4家之多，只有第10名来自于文化、体育和娱乐业。

表3－12　2017年股转系统各行业交易额

排名	行业名称	交易额/亿元	占比
1	制造业	927.68	43.23%
2	信息传输、软件和信息技术服务业	481.66	22.44%
3	金融业	222.26	10.36%
4	批发和零售业	77.73	3.62%
5	农、林、牧、渔业	69.60	3.24%
6	租赁和商务服务业	67.05	3.12%
7	文化、体育和娱乐业	64.40	3.00%
8	建筑业	50.71	2.36%
9	科学研究和技术服务业	47.44	2.21%
10	水利、环境和公共设施管理业	38.31	1.79%
11	交通运输、仓储和邮政业	25.12	1.17%
12	教育	25.08	1.17%
13	电力、热力、燃气及水生产和供应业	22.93	1.07%
14	卫生和社会工作	9.97	0.46%

续表

排名	行业名称	交易额/亿元	占比
15	房地产业	5.79	0.27%
16	居民服务、修理和其他服务业	4.94	0.23%
17	采矿业	4.14	0.19%
18	住宿和餐饮业	1.16	0.05%

资料来源：Wind 资讯。

表 3－13　2017 年股转系统成交额前 10 名的企业

排名	证券名称	全年成交额/亿元	所属行业	是否做市
1	东海证券	88.09	金融业	否
2	联讯证券	42.93	金融业	是
3	安达科技	34.71	制造业	是
4	英雄互娱	22.43	信息传输、软件和信息技术服务业	否
5	圣泉集团	22.30	制造业	是
6	信中利	16.50	金融业	否
7	致生联发	15.34	信息传输、软件和信息技术服务业	是
8	国都证券	14.73	金融业	否
9	汇量科技	13.58	信息传输、软件和信息技术服务业	否
10	华强方特	13.06	文化、体育和娱乐业	是

资料来源：Wind 资讯。

表 3－14　2017 年区间各行业无交易记录“僵尸股”比例

占比排名	行业	僵尸股企业数	挂牌企业数	行业内部占比
1	住宿和餐饮业	22	35	62.86%
2	采矿业	26	43	60.47%
3	房地产业	54	90	60.00%
4	科学研究和技术服务业	278	491	56.62%
5	租赁和商务服务业	320	591	54.15%
6	居民服务、修理和其他服务业	24	45	53.33%
7	建筑业	191	365	52.33%
8	批发和零售业	270	528	51.14%

续表

占比排名	行业	僵尸股企业数	挂牌企业数	行业内部占比
9	交通运输、仓储和邮政业	96	188	51.06%
10	水利、环境和公共设施管理业	99	195	50.77%
11	制造业	2819	5643	49.96%
12	电力、热力、燃气及水生产和供应业	62	126	49.21%
13	文化、体育和娱乐业	118	255	46.27%
14	教育	42	91	46.15%
15	信息传输、软件和信息技术服务业	1010	2222	45.45%
16	卫生和社会工作	24	55	43.64%
17	金融业	56	142	39.44%
18	农、林、牧、渔业	79	210	37.62%
	合计	5590	11315	49.40%

资料来源：Wind 资讯。

根据前文的分析，2017 年新三板市场制造业的交易规模最大，行业内企业数最多，高达 5643 家，成交金额为 927.68 亿元，然而其行业内“僵尸股”企业数也是最多的，高达 2819 家，占比为 49.96%，如表 3－14 所示。“僵尸股”企业占比最高的三个产业分别为住宿和餐饮业、采矿业、房地产业，这三个产业也是交易规模最低的几个产业。“僵尸股”企业的存在，一方面反映出股转系统的流动性困境，没有实现其融资和股份流通的功能以及服务于成长型企业的定位；另一方面反映出新三板上市企业质量参差不齐，难以获得融资、股票难以交易的现状。

2017 年 12 月 22 日，新三板市场推出交易制度改革，主要包括引入集合竞价、优化协议转让、巩固做市转让等具体措施，旨在解决现行协议转让方式定价不公允、市场不认可、监管难度大等问题，完善新三板市场的价格发现机制，为持续改善市场流动性奠定基础。

三、流动性困境产生的原因

（一）投资者层面

1. 投资者结构较单一且门槛较高

与新三板对企业挂牌的宽松规则相反，新三板对于投资者的准入一直都坚持高门槛。2017 年 7 月 1 日第二次修订并施行的《全国中小企业股份转让系统投资者适当性管理细则》规定，对于机构投资者，必须是实收资本或实收股本总额 500 万元人民币以上的法人机构，或者实缴出资总额 500 万元以上的合伙企业。对于个人投资者，要求本人名下最近 10 个转让日的日均金融资产在 500 万元人民币以上，并且具有 2 年以上证券、基金、期货投资经历，或者具有 2 年以上金融产品设计、投资、风险管理及相关工作经历，或者具有在规定的金融机构的高级管理人员任职经历。

由于新三板的投资具有高增长和高风险并存的特征，自 2013 年 2 月 8 日发布《全国中小企业股份转让系统投资者适当性管理细则（试行）》到 2017 年 12 月 22 日正式修订施行，监管层始终坚持着 500 万元的高标准。从市场结构分析，目前参与三板市场的主要是机构投资者和 500 万元以上的个人客户，这部分投资者虽然资金实力较强，但更希望凭借资金优势参与给予一定折扣的定向增发市场，而不是二级市场，这就造成一、二级市场资金对比不平衡。

与其他市场相比，新三板市场门槛过高，参与者数量相对较少，如表 3 – 15、表 3 – 16、表 3 – 17 所示，上交所与深交所投资者开户总数已达千万级别，远远超过新三板市场。虽然从 2014 年以来，无论是机构投资者还是个人机构者，账户数量都在不断地上升，但是近年来上升的幅度相对有限，仍然缺乏足够的外部增量资金入场，市场活跃度相对不高。目前新三板的主要投资者是机构投资者中的私募股权投资和风险投资，投机行为偏重。

表 3-15　2014—2017 年新三板投资者账户数量

投资者账户数量	2017	2016	2015	2014
机构投资者/万户	5.12	3.85	2.27	0.47
个人投资者/万户	35.74	29.57	19.86	4.39

资料来源：《全国中小企业股份转让系统 2017 年市场统计快报》。

表 3-16　上交所 2016 年年末各类投资者持股情况

投资者类别	持股市值/亿元	占比（%）	持股账户数/万户	占比（%）
自然人投资者	56661.7	23.7	3740.53	99.79
一般法人	143428.58	60	3.47	0.09
沪股通	1711.23	0.72	0.0001	0
专业机构	37257.27	15.58	4.26	0.11

资料来源：《上海证券交易所统计年鉴 2017 卷》。

表 3-17　深交所 2016 年年末 A 股投资者结构

A 股投资者开户数/万户		
总数	个人	机构
3797.98	3781.54	16.45

资料来源：《深圳证券交易所市场统计年鉴（2016）》。

2. 投资者信息收集成本高

在新三板挂牌的企业数量迅猛增长，然而其资质参差不齐，而且新三板企业信息披露的要求与 A 股市场相比较为宽松，也没有制约投资者了解企业情况，这就造成了投资者收集信息的高额成本，在一定程度上降低了部分投资者的投资意愿。

新三板市场推出的分层制度将整个市场分为基础层与创新层，在一定程度上为股票转让、信息披露等其他改革措施的推出奠定了基础，同时也降低了投资者搜集企业信息的成本。然而，由于创新层划分的标准相对较为严格，目前位于创新层的股票仅有 10% 左右，大部分的股票仍位于基础层，存在参差不齐的现象。因此，即便新三板市场推出分层制度，投资者仍然无法对大量的基础层股票进行区分，信息的搜集仍然存在较大成本。当新三板市场股票的整体质量得以上升、创新层股票的比例增大时，这种情况应该会有所改善。

（二）做市商层面

1. 做市商数量不足

做市商数量不足则是做市流动性欠佳的另一原因。做市成交量不如协议转让活跃，且有逐年降低的趋势，其首要原因是具备做市资格的券商数量有限，资金有限。截至2017年12月31日，新三板市场一共只有84家做市券商参与做市转让，且许多券商虽然参与做市，然而做市股票数量极低，有6家做市券商的做市股票数量尚为10以内，如表3－18所示（全部84家做市商2017年详细交易情况见附表3－1）。

表3－18　做市股票数量最少的6家做市商

券商列表	做市股票数量
爱建证券（NEEQ做市）	10
华创证券（NEEQ做市）	10
日信证券（NEEQ做市）	10
大通证券（NEEQ做市）	7
华西证券（NEEQ做市）	6
中航证券（NEEQ做市）	4

资料来源：Wind资讯。

做市商数量不足，而新三板企业过多，这是流动性缺失的一大原因。一是做市商的家数少，竞争程度不够；二是券商使用自有资金做市，每家由于业务定位不同，投入也各不相同。除此之外，做市商持有的股份总量中通常只有一部分是可以进行交易的，这进一步制约了新三板市场的股票交易。若放开其他金融机构或产品参与做市，将对促进新三板市场流动性有积极意义。

2. 做市转让存在制度缺陷

目前，我国新三板做市商制度源于美国的纳斯达克市场，但实际上二者之间存在较大的差异。美国的做市商制度分两类：一类是以纽交所为代表的垄断性做市商制度，其做市商被称为特许做市商，目的是为市场提供公平有序的交易环境；另一类是以纳斯达克为代表的竞争性做市商制度。我国的新三板做市商制度属于后者，即竞争性做市商制度。但与纳斯达克的差异主要体现在以下几个方面：

（1）做市商的库存股票来源和成本不同

纳斯达克做市商主要是通过从发行方获取（IPO）和通过市场获取两种方式获得。而我国的新三板市场做市商主要是通过协议转让（从股东处购买股票、在挂牌前向股东购买、从公司增发股票中获取）、定向增发（做市商向拟挂牌公司认购）和从市场获取（通过做市直接从二级市场购买）的方式。由于缺少 IPO 这个环节，我国新三板市场的做市商通过协议转让等方式更容易获得低成本的股票，因此，做市商更愿意通过这种非市场手段来获取做市库存股票，从而直接导致做市商通过二级市场买卖报价获取库存股票的动力严重不足。

（2）做市商的获利渠道不同

纳斯达克做市商获取库存做市股票的成本普遍偏高（从发行方获取股票成本也超过了 90%），做市商要尽可能地减少库存，以防止市场价格波动超过买卖价差而造成损失，因此，纳斯达克做市商的库存股票数量和买卖价差受限。另外，佣金收入和超额配售选择权是纳斯达克做市商的两大获利渠道。

而国内的新三板做市商则不同，获取库存做市股票成本相对低廉，在这样的情况下，做市商就没有必要急于出手清理手中的库存股票，也就没有必要频繁地在二级市场交易，通过赚取差价的方式获得利润，因为他们只需要在合适的时间通过做市转让卖出持仓即可赚取丰厚的利润。显然，这同样会对新三板二级市场的流动性构成直接的冲击。

从以上两点来看，制度设计的原因导致大量做市商热衷于通过一级市场和二级市场的价差来获取利润，而二级市场中通过做市转让方式获取利润的空间被大幅压缩，由此引发了新三板的“流动性危机”。2017 年 12 月 22 日，《全国中小企业股份转让系统股票转让细则》规定原采取协议转让方式的股票改为采取集合竞价转让方式进行转让，但未来情况仍不容乐观。

做市制度的引入可以提供流动性并有助于减少市场的波动性，但由于缺少 IPO 环节，做市商更倾向于用协议转让等非市场的方式获得低价股票做库存，通过二级市场买卖报价获取库存股票的动力不足。因此，当前做市制度并没有很好地发挥提供流动性的作用，甚至在一定程度上限制了流动性。

这样看来，管理层应当尽快规范做市商通过非市场手段获取低成本库存股票这一渠道，将更多的做市商引入二级做市转让市场去获取库存股票。

3. 做市券商定位有偏差

券商作为做市商主体，本来的盈利机制应是促进市场流动性，赚取做市成交量的佣金，但实际中，很多券商由于资金、盈利目标等要求，将自身定位为投资者参与投资，囤积保留股票，导致流动性严重不足。

理想的做市商盈利机制是通过促进市场交易，赚取做市成交量的佣金。但现在这个盈利机制尚未实现，很多做市商是通过买卖价差来实现收益的，因此，把做市业务当成投资背离了做市商制度设立的初衷。

（三）企业层面

1. 企业规模小，可交易股份少

市场规模也会在一定程度上影响市场的交易活跃程度。新三板市场共有一万多只股票挂牌上市，而纳斯达克市场只有两千多只股票，虽如此，纳斯达克股票市场的总市值却远远大于新三板市场。如表3－19所示，若考虑汇率折算，纳斯达克总市值是新三板市场的十倍多，两者间差距甚大。

表3－19　2014—2017年新三板市场与纳斯达克市场市值对比

单位：万亿元

年份	新三板市场总市值	纳斯达克市值
2017	4.94	73.44
2016	4.06	55.85
2015	2.46	52.26
2014	0.46	49.31

资料来源：《全国中小企业股份转让系统2017年市场统计快报》、CEIC数据库。

2. 信息披露不及时、不真实

信息披露是挂牌公司的法定义务，2013年2月8日发布的《全国中小企业股份转让系统挂牌公司信息披露细则（试行）》中规定，挂牌公司应当在规定的期限内编制并披露定期报告，在每个会计年度结束之日起四个月内编制并披露年度报告，在每个会计年度的上半年结束之日起两个月内披露半年度报告；披露季度报告的，公司应当在每个会计年度前三个月、九个月结束后的一个月内披露季度报告。披露季度报告的，第一季度报告的披露时间不得早于上一年的年度报告。2017年12月22日，《全国中小企业股份转让系统挂牌公司信息披露细则》正式发布。

在整个2017年内，由于违反了各种法规条例，整个新三板市场中共有979家企业构成违规，其具体情况如表3－20所示。公司违规的种类主要是未按时披露定期报告和未依法履行其他职责，整个新三板市场挂牌上市的企业中有大约1/10出现违规的情况，这一比率大大高于其他市场。如果存在大量的企业不按时披露信息，投资者如何能根据公司的状况进行投资选择？面对信息不对称的现实，投资者往往会选择观望。因此，由于挂牌企业信息披露不及时或信息披露虚假等情况，新三板市场信息的完全搜集还存在一定的困难，这可能打击投资者进入市场的积极性，进一步阻碍新三板市场流动性的提高。

频频出现的信息披露违规事件，在一定程度上是因为企业想要美化财务报表，以达到企业宣传、融资等目的。同时，由于新三板市场推行的分层制度对进入创新层的股票在财务等方面有一定的严格要求，这也可能强化基础层企业披露虚假信息的动机，以谋得在创新层的一席之地。除此之外，已经身处创新层的股票为了维持在创新层的位置，对财务报告也有较高的要求。由于《全国中小企业股份转让系统挂牌公司信息披露细则（试行）》中仅规定挂牌公司年度报告中的财务报告必须经具有证券、期货相关业务资格的会计师事务所审计，而并未有对半年度报告、季度报告进行审计要求的约束，因此也给部分企业提供了可乘之机。事实上，企业只有更充分地对信息进行披露，才能与投资者进一步增加互信以提升融资效率，否则虚假的信息披露只能造成交易呆滞的恶性循环。

表 3－20 2017 年新三板市场公司违规种类及数目

违规种类	公司数目/家
未按时披露定期报告	361
未按时披露定期报告，未及时披露公司重大事项，未依法履行其他职责	1
未按时披露定期报告，未依法履行其他职责	29
未及时披露公司重大事项	45
未及时披露公司重大事项，未依法履行其他职责	14
未及时披露公司重大事项，未依法履行其他职责，信息披露虚假或严重误导性陈述	1
未及时披露公司重大事项，信息披露虚假或严重误导性陈述	4
未及时披露公司重大事项，信息披露虚假或严重误导性陈述，未依法履行其他职责	2
未依法履行其他职责	429
未依法履行其他职责，未及时披露公司重大事项	58
未依法履行其他职责，未及时披露公司重大事项，信息披露虚假或严重误导性陈述	2

续表

违规种类	公司数目/家
未依法履行其他职责，信息披露虚假或严重误导性陈述	7
未依法履行其他职责，信息披露虚假或严重误导性陈述，未及时披露公司重大事项	1
信息披露虚假或严重误导性陈述	19
信息披露虚假或严重误导性陈述，未及时披露公司重大事项	1
信息披露虚假或严重误导性陈述，未依法履行其他职责	2
业绩预测结果不准确或不及时	2
业绩预测结果不准确或不及时，未依法履行其他职责	1

资料来源：Wind 资讯。

（四）政策层面

新三板市场政策的变动，往往从根本上影响市场的交易情况。政策预期不明朗将导致投资者行为偏于保守，这也是流动性存在不足的另一原因。做市流动性困局与市场预期的很多政策利好迟迟未出也有很大的关系。2017 年 12 月 22 日，新三板推出交易制度改革，引入集合竞价机制，集合竞价交易方式的引入将使得股票价格稳定性提升，极端成交情况减少，使股票估值趋于合理区间。分层制度的改革，也能进一步提高市场分层的精细化和有效性，同时可以在创新层中对合格投资者人数进行进一步的要求，使公司的公众化水平进一步提升。信息披露制度的进一步改革将是对新三板市场进一步发展的利好因素，丰富投资者类型也可以进一步拓宽市场资金来源，将来若推进新三板市场对外开放与合作，新三板市场的流动性也会得到显著提高。

第三节　场外市场交易制度的国际经验

纵观海外创业板的发展历程，从 19 世纪 60 年代到现在，先后成立过 75 家创业板市场，关闭的达到 34 家，关闭率超过了 35%，而在存活下来的创业板市场中，成功的只有 NASDAQ，其他市场都是比较失败的。作为一个新兴的市场，新三板存在流动性差、定价不合理等一系列问题，这些都是其他市场发展过程中曾经遇到过的问题，因此，研究国外成功的场外市场交易制度，对我国新三板制度的改进成熟有巨大的借鉴意义。

一、美国纳斯达克市场交易制度

纳斯达克，全称为美国全国证券交易商协会自动报价系统，是美国的一个电子证券交易机构，是由纳斯达克股票市场公司所拥有与操作的。NASDAQ 是全国证券业协会行情自动传报系统的缩写，它是由美国全国证券交易商协会为了规范混乱的场外市场和为小企业提供融资平台于 1971 年 2 月 8 日创建的。纳斯达克的特点是收集和发布场外交易非上市股票的证券商报价，它现已成为全球第二大证券交易市场。纳斯达克也是全世界第一个采用电子交易并面向全球的股市，它在 50 多个国家和地区设有 26 万多个计算机销售终端，通过电脑和通信技术将世界各地的买方和卖方连接起来，允许全球多个市场的投资者共同参与交易。纳斯达克的上市公司涵盖了所有的高新技术行业，包括软件、计算机、电信、生物技术、零售和批发贸易等行业。

纳斯达克成立之初只是一个集中显示全美场外交易市场精选证券价格的电子报价系统。1975 年，纳斯达克设置了第一套挂牌标准，标志着纳斯达克成为一个完全独立的场外交易所，这套标准对公司财务的要求非常低，迎合了当期中小高科技企业融资的需求，但是对企业股票流动性的要求比较高。1982 年，纳斯达克首次设置分层标准，将 40 家规模大、交易活跃的股票划入新成立的纳斯达克全国市场，其他约 3360 家不满足全国市场上市标准的股票组成的市场被称为纳斯达克常规市场。1992 年，纳斯达克常规市场更名为纳斯达克小型资本市场。2006 年 7 月，纳斯达克宣布将股票市场分为三个层次，即“纳斯达克全球精选市场”“纳斯达克全球市场”（原来的“纳斯达克全国市场”）以及“纳斯达克资本市场”（原来的纳斯达克小型股市场），进一步优化了市场结构，吸引不同层次的企业上市。其中，纳斯达克全球精选市场的标准在财务和流通性方面的要求高于世界上任何其他市场，列入纳斯达克精选市场是优质公司成就与身份的体现；纳斯达克全球市场是纳斯达克最大而且交易最活跃的股票市场，有近 4400 只股票挂牌，要想在纳斯达克全球市场上市，必须满足严格的财务、资本额和公司治理等指标；纳斯达克资本市场是专为成长期的公司提供资本的市场，有 1700 多只股票挂牌，上市标准中财务指标要求没有全球市场上市标准那样严格，但它们的公司治理标准相类似，当小资本额公司发展稳定后，通常会升板至纳斯达克全球市场。

纳斯达克是美国金融市场的重大创新，它的成功在于其独特的制度安排。

（1）纳斯达克注重保护投资者的利益。纳斯达克制定了一整套完善的信用制度，它们认为是投资者而不是股票市场，决定着公司的资金来源。为了取得投资者的信任，它们制定了一整套严格的信用制度。首先，制定了严格的经营规则和健全的法律法规，促使市场有法可依、有法必依，保证证券交易在健全的法律法规和公开透明的市场中进行，保护了投资者的合法利益。其次，成立了纳斯达克监管公司，监督全美7.1万个分支机构、近5600家证券公司和5.9万名证券从业人员，以保证证券公司和证券从业人员遵循经营规则和法律法规，贯彻其经营哲学。最后，纳斯达克对经纪人有着严格的要求。譬如，从业人员要履行严格的登记手续；对经纪人要进行必要的业务培训；经纪人要具备必要的知识技能和足够的营业资金等。这些举措赢得了投资者的信任，不仅吸引了广大投资者进入纳斯达克市场，为纳斯达克的发展壮大赢得了充分的投资者基础，使它以高于纽约股票交易所的速度迅速成长，而且还为广大中小型创新型企业提供了融资渠道，有助于解决高风险创新型企业难以从银行获得贷款的困境，扶持高新技术产业迅速成长。

（2）宽进严出的上市标准。纳斯达克制定的上市标准较低，鼓励中小企业尤其是小型高新技术企业上市融资。在上市方面，分别实行纳斯达克全国市场和小型资本市场两套标准体系，较具规模的公司在全国市场上交易，而规模较小的新兴公司则在小型资本市场上进行交易。全国市场体系的上市要求比纽约证券交易所的要求低得多，而小型资本市场体系的要求则更低，较低的上市要求降低了企业的融资成本，为大量具有增长潜力的公司提供了融资渠道，并使其中的优质企业脱颖而出。2006年，随着微软、谷歌等公司的大量出现，纳斯达克的上市公司市值逐渐超越了纽交所，于是在2006年7月引入了更高的上市标准，成立了纳斯达克全球精选市场。这个市场的上市标准基本上照搬了纽交所当时的上市标准，即“税前利润”指标、“市值+收入+现金流”指标和“市值+收入”指标，门槛略高。先在较低层次的市场中挖出有潜力的公司，再为高层次的市场提供潜在的优质资源，是纳斯达克分层遵循的规律。

然而，纳斯达克在孕育明星企业的同时，也在不断上演着退市、倒闭、并购的戏码。虽然纳斯达克的上市标准较低，但是其有着严格的多元化退市机制，每年有300~500家新公司IPO，但同时也有大约300~500家公司退市。据统计，纳斯达克年均退市率为8%，主动退市率占近2/3。根据纳斯达克的规定①，上市之后如果不符合持续上市标准的最低要求，就会予以摘牌。实际上，大量“僵尸公司”存在于纳斯达克市场中，但仍有部分小市值、有潜力的公司受到投资者的青睐，纳斯达克“宽进严出”的上市机制是其保持活力的重要源泉。

（3）独特的做市商制度。做市商制度是纳斯达克交易制度的核心，做市商是一些独立的股票交易商，为投资者提供某一只股票的买进和卖出报价。这一制度安排对那些市值较低、交易次数较少的股票尤为重要。每一只在纳斯达克上市的股票至少要有两个以上的做市商为股票报价，一些规模较大、交易较为活跃的股票的做市商往往能达到40~45家。在整个纳斯达克市场中，大约有500多个市场做市商，这些做市商包括美林、高盛、所罗门兄弟以及摩根·士丹利等证券公司，它们既可以买卖股票，又可以保荐股票。纳斯达克试图通过这种做市商制度使上市公司的股票能够在最优价位上成交，同时又能保障投资者的利益。做市商必须具备足够的资金，并为找到股票买主和卖主而竞争，除了赚取佣金外，做市商还可赚取买卖价差，这种交易制度促使做市商千方百计地寻找买家和卖家。做市商制度的作用就是使从事交易的做市商的个人收益提高，接近社会收益率，

① 关于纳斯达克市场不同层次的挂牌标准，参考本书第六章的相关内容。

从而激励交易商从事更多的交易活动。做市商制度的引入，使得纳斯达克的交易额急剧扩大，流动性大大提高，推动了美国高新技术产业的飞速发展。

但实际上，做市商制度也常常遭人诟病，具体表现在以下两个方面：

（1）做市商制度下交易成本较高。在1997年引入竞价交易制度前，纳斯达克的交易成本明显高于纽约证券交易所。Bessembinder（1998）的研究①发现，1997年纳斯达克的市场报价价差平均为1.04%，而纽约证券交易所的市场报价价差平均为0.78%，比纳斯达克市场低24.39%。在1997年引入竞价交易制度后，纳斯达克市场报价从每股价差0.38美元下降到0.24美元，占价格的百分比从1.5%下降为1%。然而做市商可以运用多种手段灵活处理大宗交易，使得做市商的大宗交易成本在大多数情况下要低于纽约证券交易所。但因为没有股票同时在两个交易制度下交易，数据缺乏可比性；同时，衡量交易成本的指标有很多，同类指标也有不同的计算方法，所以对于做市商制度交易成本的结论还有待商榷。

（2）对做市商的做市行为难以进行有效的监管。理论上说，做市商之间是存在竞争关系的，以此给市场提供最优报价，实现交易成本的最小化。但实际上，由于做市商之间存在长期的合作关系，使其很容易相互合作进而合谋，以损害市场效率和投资者利益来实现做市商集体利益的最大化。根据美国证券交易委员会的调查，纳斯达克做市商之间已经形成了一些操纵市场的默契，违反默契的做市商会受到其他做市商的联合制裁。有大量做市商串通制造虚假的市场价格，误导客户或者其他市场参与者。有的做市商为了帮助其他做市商，故意报出其根本不欲成交的价格，人为地提高或者降低交易价格或者延迟报告成交结果。有的做市商违反保密协定

---

① Bessembinder，H.，Trade Execution Costs on Nasdaq and the NYSE：A Post－Reform Comparison［J］. *NYSE Working Paper*，1998（3）：98.

与其他做市商交换客户的交易信息及身份资料，甚至交换诸如持仓量、交易策略以及意欲申报的价格等信息。这些“合谋”行为，严重影响了报价信息的准确性，导致了市场的不公平。

迫于压力，NASDAQ实施了新的委托处理规则（Order Handing Rule，OHR），并将电子交易网络（Electronic Communication Networks，ECNs）引入纳斯达克的报价和交易系统中。

OHR的主要内容有两方面：一方面是限价指令揭示规则，它要求当交易者的限价指令优于做市商报价时，做市商必须揭示其指令为最佳报价指令，并向所有市场参与者披露。这项规定大大减少了交易成本和增加了信息透明度，并且有效减少了做市商依靠信息优势而获取垄断利润的可能性。另一方面是报价规则，它要求做市商必须向所有交易者公开披露最优竞争性报价，同时ECNs的最优报价也必须出现在纳斯达克的报价系统中，则所有交易者都可以以此价格进行交易。这样投资者的买卖委托在一定程度上直接参与了股价的形成，纳斯达克“报价驱动型”的做市商制度也因此具备了报价驱动型和指令驱动型相混合的特征。

随着OHR的实施，ECNs凭着其在成本结构、客户定位及交易特色等方面的优势，迅速成为纳斯达克的交易撮合中心，市场份额不断扩大。这一方面使纳斯达克的交易成本下降，另一方面也改变了纳斯达克的交易结构，ECNs使纳斯达克的原有做市商和管理者感到了恐慌和威胁。为了应对ECNs的竞争，超级蒙太奇（Super Montage）系统应运而生。

2002年10月，纳斯达克启动Super Montage，这可以被视为一个超级ECN，其核心功能是委托单整合报价及执行交易处理系统。Super Montage将做市商和ECNs等不同交易中心整合起来，使交易者获得不同交易中心的流动性来源，同时在输入买卖委托时指定交易执行的条件。相对于普通ECNs而言，Super Montage更能提高定价效率、降低交易成本，同时为交易者提供了更加多元化的委托撮合选择。

纳斯达克的成功主要源于其清晰的市场定位，即服务于成长型企业的二板市场；灵活的分层制度，既有定位完全不逊于纽交所的全球精选市场，也有面向中小企业的纳斯达克资本市场；明确的转版机制和退市制度，贯通整个多层次资本市场；不断演进的混合交易制度，竞价交易和做市商交易制度双管齐下。这些都对优质企业具有巨大的吸引力，最终留住了包括苹果、微软、脸书、亚马逊在内的多家科技巨头，并吸引了越来越多的中国优质企业赴美上市。截至 2018 年，已有新浪、搜狐、网易、百度、京东、阿里巴巴、携程网等 100 多家中国公司在美上市。

二、英国 AIM 市场交易制度

AIM 是 Alternative Investment Market 的英文缩写，建立于 1995 年 6 月 19 日，是英国伦敦证券交易所为满足迅速发展的中小企业筹集资本的需要而设立的可供选择的投资市场，它专门是为小规模、新成立和成长型的公司服务，是继美国纳斯达克市场之后在欧洲成立的第一家二板市场，号称是为全世界发展迅速的小型公司投融资的世界级领先市场。AIM 与英国证券主板市场有一个晋升机制，许多现在在主板市场交易成功的公司都是从 AIM 起步的。AIM 具有单独的管理队伍、规章制度和交易规则，它除了对会计报表有规定的要求外，没有其他上市条件，在上市的审查方面也较为宽松，并实行保荐人制度，实行面向各类企业、开放包容的市场定位。

AIM 之所以能够成为全球瞩目的中小型企业的上市地，得益于其制度特色。

首先，AIM 实行的是以“终身保荐人”为核心的监管制度。终身保荐人制度是指上市企业在任何时候都必须聘请一名符合法定资格的公司作为其保荐人，保荐人以“辅导者”和“独立审计师”的角色，监督企业遵循

AIM 制定的市场规则，履行法定义务，从而保证了 AIM 市场的运行效率和投资者的切身利益。在 AIM 上市，只要保荐人愿意保荐，上市时间少则 3 个月，最多不会超过 8 个月。同时，得益于伦敦资本市场的雄厚资金实力，AIM 市场市盈率较高，具有极强的融资能力。

其次，AIM 制定了严格的信息披露制度。在 AIM 上市的企业必须严格对外公布企业经营信息，包括董事长的个人持股和收入信息，这不仅增加了信息透明度，保护了投资者的合法权益，还使得公司的营业业绩受到更加广泛的监督，公司的影响力因此增强，在投资者心目中的地位得到了巩固，同时也提高了企业的知名度和信誉度。

最后，AIM 不仅制定了结合小企业融资特点的便捷上市程序，而且还制定了满足中小企业需求的小额多资的融资方式。在 AIM 上市和融资，不需要英国金融监督管理局的审批，只需要经过伦敦证券交易所的审批就可以了。

最重要的是，AIM 的市场交易制度对其成功功不可没。

市场交易制度在市场成功运行和股价形成方面起着重要的作用，对市场流动性与交易成本产生了很大的影响。只有合理有效的交易制度才能促进市场活跃、控制交易成本，保证二级市场运行的活力，从而使市场对投资者具有吸引力，实现长期良性的发展。

AIM 将混合交易制度与做市商交易制度相结合，共同服务于同一市场的不同部分。为了尽可能在价格形成的公平性和市场流动性之间取得平衡，AIM 按照股票流动性的高低程度将整个市场分为两个档次，不同的档次对应不同的交易系统，各个交易系统对应着不同的交易制度。

第一档即流动性较高的一档应用 SETS 和 SETSqx 价格形成系统。SETS 和 SETSqx 系统包含竞价交易制度与做市商制度相结合的混合交易制度，专用于交易中等以上规模股票。

第二档即流动性稍次的一档应用 SEAQ 系统。这一部分股票为流动性较差的小型股票，竞价交易制度的可行性较低，因此 SEAQ 系统仅包含做市商交易制度，表 3－21 所示。

AIM 的市场交易制度体系适应了规模分布多样化的上市企业，为其提供了运行良好的交易平台。SEAQ 系统应用传统的做市商交易制度，同时对于规模稍大、流动性较高的中等规模企业，AIM 则应用了 SETS 交易系统，最大限度地保证了价格形成公平，又促进了市场的流动性。

表 3－21 SETS 和 SEAQ 的对比

交易系统	SETS	SEAQ
流动性保证	流动性有做市商进行担保	同 SETS
报价差额限制	做市商报出的买价和卖价的差额有最高限制	做市商报价差额没有最高限制
价格形成	做市商和其他市场参与者通过匿名集合竞价的方式共同对价格形成产生直接的影响，每日收盘价由所有的市场参与者决定	非做市商不能对价格形成产生直接影响，每日收盘价为做市商最高买价和最低卖价的中间价
中间交易对手（CCP）	中间交易对手的存在使得买卖双方均可以隐藏身份进行交易	不存在中间交易对手

资料来源：LSE 网站。

AIM 根据不同层次市场交易的特点将做市商交易制度和混合交易制度兼容并蓄，发挥了它们各自的优势，保证了二级市场的活力，成为该市场成功的最重要的组织制度因素之一。

除此之外，AIM 市场还制定了“指定市场快速通道”制度，这是该市场走向国际化、扩充上市资源的一项专门制度安排。这项制度规定，凡是在 AIM 的指定市场上市超过 18 个月的公司，可以通过快速通道进入 AIM 融资——企业无须提交正规上市文件，而只要制作一份详细的入市公告即可。这项制度的实施使得 AIM 再一次拓宽了获取上市资源的渠道，可以更多地吸纳海外优质企业，促进一级发行市场的活力。

据资料显示，1997 年，格里芬矿业在英国 AIM 市场成功挂牌，成为第一家在该市场上市的中国企业。截至 2016 年 3 月底，在英国 AIM 市场上市的中国企业共有 30 家，总市值达 22.33 亿英镑（约合人民币 213 亿元）。其中和记黄埔医药（股票代码：HCM）市值最高，约为 10.60 亿英镑（约合人民币 101 亿元）。目前，在 AIM 市场上市的中国企业多为新兴和高增长型中小企业，重点包括高科技、医药化工、矿业、城市基础设施及金融服务等行业。

三、中国台湾兴柜市场交易制度

自 2002 年建立以来，中国台湾兴柜市场迅速发展，目前已成为台湾场外交易市场的基础性市场。台湾兴柜市场所处的经济环境和金融环境与大陆场外交易市场相似，对于大陆场外交易市场具有很好的借鉴意义。

台湾场外交易市场包括柜台市场和兴柜市场，兴柜市场是在柜台市场的发展受到一定限制的前提下发展起来的，它处于场外交易市场的低层次，且作为柜台市场的一种补充。兴柜市场设定的上柜标准比较宽松，对企业的经营年限、股东人数、营业规模、资产总额及盈利能力方面均没有具体的指标，只要有两家以上的推荐证券商的推荐并提出上柜申请就可成功进入市场，如表 3－22 所示。

台湾兴柜市场宽松的上市条件吸引了大量中小企业，不但解决了它们的融资问题，还大大提高了社会的资金利用效率。兴柜市场的交易主体包括机构投资者和普通投资者，其中，机构投资者是兴柜市场的主要交易主体。机构投资者不但具有丰富的投资经验，风险承受能力强，而且具有资金及管理方面的优势，降低了市场交易过程中的投机行为，使市场价格处于平稳的状态，减少了投资风险。兴柜市场上的交易客体大多是处于成长期的新兴企业，这些企业的市值较低，规模也较小。

兴柜市场的交易制度是传统的竞争性做市商制度，由做市商同时给出买卖双边报价驱动交易。投资者无论买入卖出交易，都只能与做市商交易，即在一笔交易中，买卖双方中的一方必定是做市商。一般情况下，会有至少两名以上的做市商同时对某一股票进行报价，目前台湾兴柜市场上平均每只股票的做市商约为3家。传统的竞争性做市商制度的优点是能为市场提供流动性，并且由于做市商还可以从做市行为中直接获利，大大提高了做市商做市的积极性，但对投资者而言，较大的买卖价差则提高了其交易成本。

表3-22 兴柜股票系统外议价交易方式汇总

<table>
<tr><th>交易对象</th><th>交易种类</th><th>说明</th><th>数量/金额之规定</th><th>申报方</th><th>成交价之规定</th></tr>
<tr><td rowspan="3">推荐证券商与证券经纪商之客户</td><td>同一交易日执行一买一卖之中介交易（买卖任一方不得为兴柜公司之内部人）</td><td rowspan="2">成交数量或金额符合规定者，投资人可委托证券经纪商与推荐证券商进行议价</td><td rowspan="2">交易数量10万股以上或交易金额500万元以上</td><td rowspan="4">推荐证券商</td><td rowspan="5">1. 成交价与当时推荐证券商报价差距不得逾10%；
2. 如为一买一卖之中介交易，成交价须介于推荐证券商报买价与报卖价间</td></tr>
<tr><td>其他经本中心核准事由</td></tr>
<tr><td>证券经纪商错账</td><td>为利经纪商受托买卖发生错误之反向处理</td><td>无</td></tr>
<tr><td>推荐证券商与欲加入推荐之自营商</td><td>与即将加入推荐之自营商系统外议价</td><td>为利即将中途加入推荐之自营商取得所需券源</td><td>交易数量3万股以上</td></tr>
<tr><td>推荐证券商与其他推荐证券商</td><td>与其他推荐证券商系统外议价</td><td>须遵守内部作业办法之规范</td><td>无</td><td>卖方推荐证券商</td></tr>
</table>

资料来源：www. otc. org. tw。

做市商在场外市场的角色既是市场的组织者又是重要的交易方，尤其在政府主导的路径下，场外市场制度设计需要前瞻性地考虑做市商培育、激励和保障问题，具体到台湾兴柜市场，其在做市商制度上的创新有以下几点：

（1）监管者将兴柜市场定位于交易所市场的强制预备市场，建立起各层次市场的制度化联系，激励券商主动将现有的项目、客户、渠道等资源与兴柜市场对接。《柜台中心证券商营业处所买卖有价证券审查准则》第三条第七款规定：申请股票在柜台买卖中心公开发行公司须符合“应于兴柜股票市场交易满六个月以上，但主办推荐证券商倘有异动者，发行人应由新任之主办推荐证券商进行辅导，且再于兴柜股票柜台买卖满六个月以上，始得提出上柜之申请”。

兴柜市场制度设计上的创新之处在于定位于主板上市的前置市场，场外市场与主板市场因而有了紧密的联系。这样的法律规定有利于激励券商主动将现有的项目、客户、渠道等资源与兴柜市场对接，另外也将挂牌项目的实质审核权力交给了券商，既保证了兴柜市场上挂牌公司的质量，又减轻了台湾柜台买卖中心审查压力（仅负责书面合规审核），提高了市场效率。

（2）制定较高的佣金标准、降低业务成本，提高券商场外业务的盈利能力。在佣金手续费率方面，《证券商柜台买卖业务服务费及设备使用费收取标准》（2012 年 2 月 9 日修正）规定：兴柜股票的佣金手续费率确定为 5‰，而台湾上市和上柜股票交易的佣金手续费法定上限为 1.425‰，前者约为后者的 3.5 倍。在业务成本方面，兴柜股票议价买卖部分按其每月买卖成交金额固定比例 0.0325‰计收，而经营柜台买卖经纪、自营业务的券商，股票部分按其每月买卖成交金额固定比率 0.0585‰缴纳业务服务费，前者仅为后者的 56%。

较高的佣金费率和较低的业务成本在一定程度上弥补了兴柜市场交易

投资不如主板和二板市场活跃、券商经纪商所得收入有限的劣势，提高了券商推介场外股票交易的兴趣。

（3）强制做市商认购一定比例的做市股票，使场外业务贯穿于券商直投、自营、投行等多条业务线，提升了券商的综合经营能力。台湾柜台买卖中心制定的买卖兴柜股票审查准则规定，发行人申请其股票登录兴柜买卖的，应提供公司拟柜台买卖股份总数的3%以上且不得低于50万股供其所有辅导推荐证券商认购；拟柜台买卖股份总数3%超过150万股的，应提出150万股以上由全体辅导推荐证券商认购，每家辅导推荐证券商认购不得低于10万股。

这样的规定既解决了券商做市的票源问题，也帮助中小企业解决了小额融资问题。同时，这样的制度设计将券商与项目的权责紧密联系在了一起，从股票挂牌到IPO上市的过程中，直投、自营（做市交易）、投行多条业务线都能从中获益，形成了一条贯穿多部门的利益链条，对综合型券商颇具吸引力。

（4）市场交易流程的设计保障了做市商的整体利益。台湾兴柜股票议价点选系统规定：不向一般投资者公布该只股票的所有做市商买卖报价信息，投资者和经纪商只能与其定向指定的推荐券商报买报卖价格（只有推荐券商才能透过兴柜议价点选系统，看到市场上所有的买卖单状况），同时，若指定的做市商在收到客户委托指令20分钟内未能全部执行，系统将自动把那些尚未成交的制定委托数据向全部做市商开放，进行议价成交。

这些规定不仅保障了做市商利益和市场效率，同时也满足了投资者的交易需求。

四、德国新市场的失败

德国新市场是由德国证券交易所于1997年3月设立的，是仿照纳斯达克而建立的定位于中小企业的创业板市场。在成立之初，仅有两家企业上市；在高峰时期，有超过300家上市公司，为大量中小公司提供了融资机会。2002年，伴随着众多企业的丑闻，新市场的交易情况加剧下滑，德国新市场于2003年6月5日被正式关闭，所剩的企业被纳入德国证券交易所的主板。

德国新市场失败的原因，主要在于其上市资源单一、上市标准和持续上市标准低、相关部门监管不力，以及缺乏严格的退市制度，尤其在其交易制度方面，为类似市场提供了宝贵的教训。

证券市场交易制度的设计应能满足流动性、透明性、稳定性和有效性四大目标要求。对二板市场而言，流动性要求更为重要。为了提高股票的流动性，全球二板市场基本上都采取了做市商制度或做市商与竞价相结合的交易制度。德国的二板市场虽然也采取做市商制度，但却似乎忽略了新市场的特点，仍沿袭主板市场的不设涨停板制度，这直接导致盈利前景极不明朗的新经济类企业的股票价格坐上了“过山车”，急剧起伏，加剧了市场的波动。由于新市场不设涨跌停板制度，股票的振幅很大，加上不少公司没有实质性业务，导致每日约有三四成股票无人问津或者成交稀疏，在买者寥寥、卖者急于脱手的情况下，股价往往跌多涨少，而且抗跌性较弱，许多股票在一两天内完成了从几十欧元到几欧元的“高台跳水”。

据资料显示，新市场长期萎靡不振，股价不断滑落，使得大多数投资者对新市场的信心不断下降，机构投资者基本离场，仅有一些抱着赌博心理的投机者进场一搏。新市场一天比一天冷清，交易量也每况愈下，有343家公司挂牌的新市场由高峰时日成交额超过100亿欧元剧烈降到平均每天成交金额在1亿欧元左右。由此可见，是否形成合理的交易制度，对二板市场的发展具有重要意义。

除此之外，德国新市场失败的原因还包括：

（1）上市资源单一

德国新市场上市公司结构中的主流是IT、网络、生物医药、软件等新经济类型企业，从2000年开始，以纳斯达克为首的网络泡沫的破灭给德国新市场带来了沉重的打击，全球股票市场价格出现了巨大的调整，高科技公司深受打击，德国的高科技企业也未能幸免。

（2）上市标准和持续上市标准低

为了与欧洲其他市场相竞争，德国新市场大幅降低上市门槛，上市标准低且不设盈利要求，也没有将公司持续经营能力作为持续上市标准的监管内容，导致大量概念性公司上市。大部分公司只是提供一份由投资银行家编造的美妙的赢利“故事”供投资者想象，这无异于空中楼阁，经不起世界经济环境变化的打击。

（3）相关部门监管不力

为了在众多的欧洲市场中吸引更多的企业来德国新市场上市，相关审核部门对上市企业的审核并不严格，这就为日后的危机埋下了隐患。上市公司财务造假等丑闻严重破坏了德国新市场的声誉。

（4）缺乏严格的退市机制

德国新市场在成立之初缺乏优胜劣汰的淘汰机制，不管业绩有多差，只要上市公司不破产，就可以一直挂牌，导致大量垃圾公司充斥市场，严重影响了德国新市场的运作效率与形象，并使投资者尤其是共同基金等大型机构纷纷离场。

五、场外市场交易制度的国际经验

（一）采用多元的竞争性做市商交易制度以提高市场效率

做市商数量越多，越能够增强做市商之间的竞争，提高市场的流动性，有利于资本市场运行效率的提高。每一只在纳斯达克上市的股票至少要有两个以上的做市商为股票报价，一些规模较大、交易较为活跃的股票的做市商往往能达到40~45家。而目前我国法律规定每家股转系统挂牌企业至少要有两家券商为其提供双边报价服务，其中一家为主办券商。显然，我国做市商的数量是远远不够的，只有在充分的市场竞争中，做市商才不会形成垄断，做市商的买卖报价才会更加趋于合理，市场透明度才会提高，市场也才能得到良性发展。

与垄断的做市商制度相比，多元的竞争性做市商制度在投资者交易成本、风险分散以及市场效率改进等方面均有比较优势。首先，多元做市商制度更容易形成有效的竞争，在推动信息公开的同时，能有效地降低买卖价差，从而降低投资者的信息成本和交易成本，推动价格接近均衡价格水平，促进价格稳定和交易量增加。其次，对于单个标的采取多元做市商制度，能够增加分散风险的渠道，降低单个做市商的风险集中度，缩小风险敞口。再次，相比多元的竞争性做市商制度，垄断做市商对垄断利润的索取有可能增加市场的总成本，促使投资人承担更多的隐性成本，降低市场效率。最后，多元做市商制度的实施还能够合理分摊单个做市商的做市压力，并且通过做市商之间的竞争起到制衡作用。总的来说，竞争性做市商制度更有利于市场效率的提高进而完善市场微观结构。

当市场发育程度更好后，可以考虑在多元做市商制度中引入协商定价制度和集合竞价制度，对于不同特点、不同流动性的股权交易采取不同类型的交易制度，以增加交易制度的弹性。

（二）将市场发展与券商利益紧密结合在一起，实现双赢

做市商是做活场外交易市场的关键，中国台湾兴柜市场在这一方面的做法值得新三板市场去借鉴。中国台湾证券监管当局在市场推出之初多次主动向券商推介市场，而且在相关规定制定上围绕券商业务量身定制，兼

顾了做市商从事场外业务的整体利益。因此，中国台湾兴柜市场做市商在项目引入、保证价格稳定、维持交易、推动中小企业上市融资等环节上都起到了至关重要的作用。大陆的新三板市场可借鉴台湾兴柜市场的做市商政策，将市场的发展与做市商的利益结合在一起，一荣俱荣，一损俱损，构建利益共同体。

（三）建立新三板市场和主板市场的对接机制

美国纳斯达克市场包括“纳斯达克全球精选市场”“纳斯达克全球市场”“纳斯达克资本市场”，且这三个市场之间形成了垂直的上下通道，有着严格的制度安排，例如，在“纳斯达克资本市场”上市的中小型公司在达到了一定的条件后可“升级”进入“纳斯达克全球市场”。由此可见，有效的“转板机制”势在必行，我国应明确新三板市场的定位和功能，我国新三板企业目前的定位是为创新型、高科技的中小企业提供一个融资交易平台，以期缓解中小企业融资难、融资贵的问题，如果能在新三板与深交所、上交所之间建立起实质性的对接机制和联通渠道，将会有越来越多脱胎于新三板的主板上市公司出现。因此，我国要想建立一个多层次的资本市场体系，就需要建立一个有效的转板机制，将不同层级的证券市场联结起来。

（四）建立完善的法律法规体系，加强市场监管

没有规矩不成方圆，建立一个完善的市场往往是市场制度先于市场的建立，要建立统一的法律法规体系和监管制度，防止重蹈纳斯达克市场做市商之间“合谋”的覆辙。同时，还要严格要求入市企业的信息披露，增强信息透明度，保证场外交易市场的健康发展。

一套完整的做市商做市规定，至少需要包括做市商资格认定、做市商权利义务法律平衡以及做市商交易对象保护三个方面的内容，要设定做市商准入标准、合理买卖价差和最小报价比例以及适当性规定，以保证做市商的合格性以及做市商行为的合规性。

（五）交易机制的建立应着眼于提高市场流动性、降低交易成本

在场外交易市场挂牌的公司大多是初创期的中小公司，相比创业板市场，总体上公司规模更小，经营风险更高，股票流动性更差。对于这些股票而言，如何维持其流动性是选择交易制度时要考虑的重要问题。做市商制度能增强市场的流动性、保证市场成交活跃，在流动性较低的市场具有一定比较优势。但在交易制度的选择上还应结合市场的实际情况。

有关国家和地区场外交易市场发展的经验和教训值得我们认真思考，并在此基础上，结合我国的实际情况，建设具有一定竞争力的场外交易市场，与交易所市场一起形成多层次的资本市场，共同支持国民经济的健康发展。

第四节　新三板交易制度的完善

随着我国新三板的不断扩容，由此产生的问题也不断出现，目前我国新三板交易制度改革的目的也就是增加场内交易的流动性。2016 年 9 月 1 日，国务院常务会议首次提出我国要完善新三板交易制度，从此我国新三板交易制度开启正式改革之路。2017 年 12 月 22 日下午，全国股转公司召开新三板分层与交易制度改革新闻发布会，并发布了新制定的《全国中小企业股份转让系统挂牌公司分层管理办法》和《全国中小企业股份转让系统股票转让细则》，对新三板分层制度与交易制度进行重大改革。这也预示着在新三板市场扩容、加强挂牌公司规范、完善交易制度增加场内流动性三大发展任务中，完善新三板交易制度成为目前改革的重点。

一、完善做市交易制度，降低交易风险

自新三板市场扩容以来，挂牌企业数量快速攀升，市场交易的活跃度也有所提升，新三板市场已成为中小企业重要的融资平台。然而，伴随着市场的快速发展，有些挂牌企业逾越新三板监管和交易相关法律法规，内幕交易、操纵股价、信息披露不及时等乱象时有发生，这给现有的监管和

交易制度带来了挑战。新三板市场存在的以上乱象已严重影响了市场的正常监管和交易秩序以及其合理的价格形成机制。这不仅加大了投资者的投资风险，也在一定程度上阻碍了整个资本市场的健康发展。

为更好地发挥做市商的作用，鼓励做市商积极为市场提供流动性，可以从以下方面进行改革：

（1）建议尽快推出做市商行为边界准则。在新三板做市制度推出的三年多时间里，股转尚未发布针对做市商做市业务的行为边界准则，目前仅有自媒体发布的做市商排名，但因自媒体并不能获取全面数据，如做市报价深度、做市报价及时性等数据，导致各种已有的做市商排名榜单不客观、不全面。因此，希望能够尽快出台针对做市商的行为边界准则，规范做市商报价行为。

（2）尽快推出做市商正向激励制度。做市商为活跃市场交易做了很多贡献，为提高投资规模和做市报价服务能力，还要承担高额的交易成本。在市况较弱的情形下，这部分成本已让券商不堪重负。

建议尽快推出做市商正面激励制度，首先是费用的减免，如对于当季排名前3位的做市商，免予收取其下一季度的交易单元流量费和转让经手费（交易单元流量费收费标准为双边征收成交金额的0.025‰；转让经手费的计费标准为双边收取成交金额的0.5‰）。

对于当季评价标准第4位至第10位的做市商，下一季度的交易单元流量费和转让经手费减半。

（3）市场征收费用的红利返还。如对于当季评价标准前三的做市商，可获得当季度全市场交易单元流量费和转让经手费50%的返还；对于当季评价标准第4位至第10位的做市商，可获得当季度全市场交易单元流量费和转让经手费30%的返还。

事实上，在全球范围内，已有许多实行做市商制度的交易所制定了对于流动性提供商的正向激励制度。在日本 JASDAQ 市场中，若 LP（流动性提供商）自己作为投资者的交易在一个月内累积达到 5 万笔以上时，将可获得该月市场所有交易手续费的 90% 的返还作为红利。在英国 AIM 市场中，为鼓励做市商积极发挥流动性输出作用，也豁免了做市商的部分税费，如交易费用、SETSqx 系统服务费等。

二、加快集合竞价交易制度推出后的制度优化步伐

加快集合竞价交易制度推出后的制度优化步伐，尽可能减小制度改革所带来的负面冲击。随着我国新三板市场交易者的逐渐增多，依靠新三板的交易产品种类也越发丰富，这就要求我国必须建立起符合市场发展特点的交易制度。目前，我国新三板股票流动性较差，这势必影响以新三板挂牌企业为投资标的的私募产品的正常退出。另外，在目前做事转让制度下，由于交易对手受制于做市商，交易双方较难实现大额股票的交易转让。这就要求我国必须建立起一种符合新三板市场发展趋势的交易制度。

2017 年 12 月 22 日的改革方案迅速点燃了新三板市场快速发展的火焰。通过这次改革，我国新三板市场引入了集合竞价制度，原采取协议转让方式的股票盘中交易方式统一调整为集合竞价，盘中时段的交易方式为集合竞价与做市转让两种，供挂牌企业自主选择。集合竞价制度和大宗交易制度已广泛存在于我国的 A 股市场。集合竞价交易是我国 A 股市场交易的基本制度，股票在交易过程中根据价格优先、时间优先的原则，由计算机进行匹配交易。在引入集合竞价后，在系统规定的时间内，若投资者没有手动确认成交，系统就会按照“价格优先、时间优先”的原则，在交易时间内自行进行匹配成交。这样在很大程度上提升了交易效率，且能防止交易双方操纵市场交易价格。对同一证券而言，多个卖家和买家可以同时进行竞价，一方面能够提高交易效率、缩短交易时间，方便投资者转让股

票；另一方面集合竞价下达成的交易价格是市场自行调节形成的，既符合当时的市场现状，又能充分体现“公开、公平、公正”的三公原则。

但本次新三板集合竞价改革的初衷并非是为改善流动性刺激成交，而是为了解决原来协议转让制度下的弊端，比如协议转让缺乏价格竞争机制，实践中就会出现定价“波动”的问题，这种“一脚高、一脚低”的做价，特别是有时候一些极低的价格出现，就会影响投资者的正常交易，无法为股票发行提供参考。虽然本次集合竞价改革对流动性不足的问题有一定的改善作用，但流动性问题的本质并不在此。所以，在新三板市场的发展过程中仍需从多方面出发完善交易制度，比如改进挂牌企业的质量、把严监管关、防止市场操纵等。

三、加强集合竞价、大宗交易制度与协议转让交易制度的衔接性

在我国新三板市场交易制度改革的同时，必须意识到并首先解决的就是新旧制度的合理衔接问题。在《全国中小企业股份转让系统股票转让细则（试行)》中规定：做市转让下，投资者与投资者之间不能交易。做市商与做市商在交易时间内不能交易，但可以在转让日 15：00—15：30 之间，通过成交确认申报调节各自（做市商）的库存股。所以在集合竞价时间内是无法进行撮合投资者之间的委托单的。而若执行大宗交易制度，则是股转政策对做市规则的否定，同时打击原有做市商的积极性。因为在中国资本市场中，做市商有别于一般的机构投资者。做市商在整个交易过程中并未享受到任何交易成本上的优惠政策，但还要承担促进股票流动性等相应责任，而且除承担股权投资的风险性、流动性、资金成本外，其盈利主要来自于库存股的增值和买卖交易间的差价。如果在做市转让下执行大宗交易的话，今后涉及较大金额或股数的成交可通过大宗交易实现时，就

不必再通过做市商进行“倒手”，做市商也将牺牲中间差价利润，从而影响做市商参与的积极性。如何将集合竞价制度、大宗交易制度与原有的做市商制度进行合理衔接将直接关系到我国新三板市场交易制度改革的成败。

A股市场的集合竞价和大宗交易制度是建立在各交易方连续竞价的交易机制之上的，目前新三板市场刚刚建立连续竞价机制，所以促进建立连续竞价机制在新三板市场的成熟运用将有助于集合竞价与大宗交易制度在新三板市场中发挥公允定价、促进交易的作用。此外，新三板交易制度中的协议转让交易制度与集合竞价制度相结合，应由系统公司进行统一的管理。这样将有利于两者差异化问题的协同处理，避免利益集团间的冲突。

四、促进竞价交易制度推出后的作用发挥

新三板市场交易制度改革的根本目的仍然是提升市场的流动性，进而实现真正由市场定价、实现资源有效配置的目的。但总体来看，我国的新三板市场顶层设计的总体规划和法律法规支持还未完善，在竞价交易退出后，能否促进市场流动性的增强、发挥其本身作用，是我们面临的一个重大问题。

市场流动性主要取决于公司基本面、股东结构、股权分散度等因素，此次改革引入集合竞价，有利于提升股权分散度，从而为改善市场流动性打下了基础。但此次改革对改善流动性的影响也不宜夸大，这是因为，新三板实行较高的投资者准入门槛，目前新三板企业股东总数量仅有30多万户，交易制度的改革并不会带来投资者数量以及资金面的改善。

提升新三板流动性的重点应是降低准入门槛，目前自然人投资新三板要有500万元以上金融资产，如果取消这个资产门槛，普通散户也可进入，那么新三板的流动性将获得快速增长。但个人投资者的进入也可能引发金

融风险和社会问题。

这就需要明确新三板市场的定位。如果新三板不是定位于投机炒作市场，而是定位于打造投资市场，那么有关各方根本不应为目前市场流动性所困扰，而应先扎扎实实夯实市场基础，有了健康强大的挂牌企业，市场形成财富创造机制，形成投资者与挂牌企业双赢的良性循环，此时市场流动性也就会不知不觉、自然而然地得到提升。

新三板要塑造健康制度，理应围绕投资者保护这个核心，基于新三板及挂牌企业特点，来建立一套独具特色的机制。同时，新三板挂牌企业的股东退出机制也备受关注。除了转让退出，内部退出渠道也应畅通。此外，在分红制度方面，应增强新三板挂牌企业分红的可预期性和强制性。在监管制度方面，则应强化全国股转公司的一线监管，增强其快速反应能力，针对挂牌企业以及市场进行实时监管，及时发现和处置异常交易，打击挂牌企业侵害小股东利益的行为。这都是新三板市场交易竞价制度推出后亟待考虑和解决的问题。

五、加强交易制度与其他规则制度间的配合

新三板市场同其他主板市场一样涉及投资者、证券商、标的企业、监管机构等多方面复杂的关系，管理层针对公司在新三板挂牌交易股票、交易过程、公司撤牌退市、挂牌公司发展等方面都制定了相应的规则制度。但总体来看，我国新三板制度之间相互连接性不强、相互适应能力较弱、各制度在执行过程中存在一定的冲突，这也在很大程度上给新三板市场风险的产生和蔓延留下了空间。加强交易制度与其他规则制度间的配合、提前做好风险防范措施，将是预防新三板市场系统性风险发生的重要措施。

自2006年1月我国新三板试点以来，我国监管层针对新三板市场推出了一整套政策法规和配套文件，并在2009年进行了全面修改，形成了以三

个法规和八个文件组成的新三板制度体系。但在政策法规实施过程中，存在一定程度的随意性，各政策之间的实施缺乏连贯性。并且由于在监管层内部针对不同的业务分设不同的监管部门，在监管过程中也缺乏协调性。比如，相对于上市公司来说，新三板市场的信息披露程度无法与上市公司相比。新三板信息披露是适度性的，新三板市场没有对挂牌公司的信息披露作强制性要求，因而挂牌公司也有可能推迟信息披露时间，那么投资者就无法获得更加详尽的、更加及时的信息。这会导致投资者对挂牌公司形成不完备的风险评估，很可能最终导致投资失败。

所以在监管过程中，加强新三板交易制度与发行制度、公司信息披露制度、退市制度等各制度规则间的配合将极大地增强新三板市场发展过程中的风险防范能力。另外，要提前制定相关的风险应对机制，防范风险在发生后引发连锁反应，导致系统风险的发生。

附表 3 - 1　2017 年各做市商成分股交易统计

做市商	做市股票数量	成交股票数量	累计成交额/万元	累计成交量/万股	区间换手率（%）
兴业证券（NEEQ 做市）	255	244	2986065. 84	696853. 91	23. 43
中泰证券（NEEQ 做市）	237	231	2985224. 35	593849. 84	22. 39
国泰君安（NEEQ 做市）	233	233	3430474. 89	655993. 78	26. 98
申万宏源（NEEQ 做市）	218	210	1420129. 70	254093. 15	16. 78
九州证券（NEEQ 做市）	208	199	3374467. 26	684134. 01	26. 94
上海证券（NEEQ 做市）	207	198	2153306. 74	650433. 22	25. 63

续表

做市商	做市股票数量	成交股票数量	累计成交额/万元	累计成交量/万股	区间换手率（%）
长江证券（NEEQ 做市）	180	173	2778343.56	516979.18	23.31
天风证券（NEEQ 做市）	179	172	3301870.60	659059.92	30.59
中山证券（NEEQ 做市）	175	164	1710808.89	501170.94	21.14
广州证券（NEEQ 做市）	174	171	1801115.53	508763.24	19.98
联讯证券（NEEQ 做市）	171	160	2096037.47	375093.22	22.36
广发证券（NEEQ 做市）	155	150	2185857.90	253494.72	19.43
中信证券（NEEQ 做市）	153	150	3153155.58	533202.47	23.65
东北证券（NEEQ 做市）	149	143	3493175.84	645532.56	32.41
海通证券（NEEQ 做市）	137	129	2198769.82	565330.92	23.95
安信证券（NEEQ 做市）	136	132	1508403.78	366070.99	19.53
光大证券（NEEQ 做市）	131	122	2330822.95	523755.67	22.30
华安证券（NEEQ 做市）	121	119	1223509.82	396603.06	19.63
万联证券（NEEQ 做市）	119	115	1456298.38	462832.88	20.56
国海证券（NEEQ 做市）	114	108	1546362.01	353347.27	18.20

续表

做市商	做市股票数量	成交股票数量	累计成交额/万元	累计成交量/万股	区间换手率（%）
招商证券（NEEQ 做市）	113	109	1894715.48	377414.51	17.93
中原证券（NEEQ 做市）	113	108	1016199.00	148056.88	21.36
东吴证券（NEEQ 做市）	112	105	2464239.83	489361.37	26.73
东莞证券（NEEQ 做市）	107	102	1634192.81	408564.65	24.31
开源证券（NEEQ 做市）	107	106	1419968.39	481138.36	19.87
华融证券（NEEQ 做市）	106	104	1464996.55	373239.82	22.84
第一创业证券（NEEQ 做市）	104	103	3115556.38	547110.64	34.98
西部证券（NEEQ 做市）	96	93	1900287.59	488981.11	29.54
国信证券（NEEQ 做市）	93	88	1275116.85	331260.98	18.68
信达证券（NEEQ 做市）	85	82	1148079.18	338177.07	31.73
东方证券（NEEQ 做市）	81	79	1812602.88	349854.72	19.95
财富证券（NEEQ 做市）	78	75	1487551.45	356831.41	24.98
世纪证券（NEEQ 做市）	77	75	1163250.24	337266.28	24.14
中投证券（NEEQ 做市）	75	74	1685787.61	381411.68	26.47

续表

做市商	做市股票数量	成交股票数量	累计成交额/万元	累计成交量/万股	区间换手率（%）
华福证券（NEEQ 做市）	72	71	688829. 24	106052. 76	18. 24
浙商证券（NEEQ 做市）	71	68	571276. 15	70065. 22	17. 98
财通证券（NEEQ 做市）	68	66	1243236. 04	390773. 16	26. 11
东兴证券（NEEQ 做市）	66	64	1751589. 94	390552. 02	36. 79
中银国际（NEEQ 做市）	64	63	1394430. 31	423600. 72	28. 56
首创证券（NEEQ 做市）	63	61	981026. 69	322290. 68	25. 04
国联证券（NEEQ 做市）	62	60	1571450. 91	431201. 08	26. 80
山西证券（NEEQ 做市）	61	61	225143. 30	44482. 03	16. 94
太平洋（NEEQ 做市）	61	58	1009745. 12	278303. 65	19. 18
民生证券（NEEQ 做市）	60	56	1403520. 70	368211. 02	32. 12
中信建投（NEEQ 做市）	59	57	1651193. 57	391213. 91	25. 23
南京证券（NEEQ 做市）	56	52	665241. 17	276708. 13	16. 30
恒泰证券（NEEQ 做市）	53	48	916495. 18	272138. 27	19. 43
财达证券（NEEQ 做市）	51	49	731819. 29	274835. 18	18. 86

续表

做市商	做市股票数量	成交股票数量	累计成交额/万元	累计成交量/万股	区间换手率（%）
银河证券（NEEQ 做市）	51	50	1007921.74	306797.32	23.80
渤海证券（NEEQ 做市）	50	50	1396711.65	407356.55	29.11
金元证券（NEEQ 做市）	50	50	866138.76	299702.99	30.39
华龙证券（NEEQ 做市）	49	48	1299203.53	134957.33	35.99
方正证券（NEEQ 做市）	46	42	190747.31	84054.99	21.40
华泰证券（NEEQ 做市）	45	44	1357078.62	306552.57	24.06
万和证券（NEEQ 做市）	43	42	789519.03	283050.75	26.15
西南证券（NEEQ 做市）	43	39	355431.62	50421.64	16.39
国都证券（NEEQ 做市）	41	39	781223.41	275200.05	19.77
平安证券（NEEQ 做市）	41	38	500981.40	44895.70	18.75
华金证券（NEEQ 做市）	37	35	166018.34	14803.83	21.19
红塔证券（NEEQ 做市）	36	35	298074.17	28283.72	19.71
江海证券（NEEQ 做市）	36	36	800966.29	273631.50	37.98
华鑫证券（NEEQ 做市）	33	32	1486399.33	331157.53	27.26

续表

做市商	做市股票数量	成交股票数量	累计成交额/万元	累计成交量/万股	区间换手率（%）
德邦证券（NEEQ 做市）	31	29	778626. 55	318853. 85	24. 05
国元证券（NEEQ 做市）	31	27	855519. 89	304501. 31	25. 37
华林证券（NEEQ 做市）	31	30	591919. 86	56415. 64	29. 35
五矿证券（NEEQ 做市）	30	29	479447. 19	55384. 84	24. 86
长城证券（NEEQ 做市）	27	27	717076. 30	76791. 49	30. 93
国金证券（NEEQ 做市）	26	26	120375. 51	18909. 59	16. 18
中金公司（NEEQ 做市）	24	24	585314. 35	38316. 55	18. 56
西藏同信（NEEQ 做市）	22	21	766106. 79	257900. 77	36. 84
新时代（NEEQ 做市）	20	20	90384. 16	16281. 45	20. 95
国开证券（NEEQ 做市）	19	19	207045. 81	29791. 90	28. 85
东海证券（NEEQ 做市）	16	16	81148. 78	20088. 72	16. 23
英大证券（NEEQ 做市）	16	15	532084. 07	44354. 31	18. 01
国盛证券（NEEQ 做市）	15	15	444916. 61	229950. 63	17. 68
民族证券（NEEQ 做市）	15	15	198463. 38	10438. 12	20. 80

续表

做市商	做市股票数量	成交股票数量	累计成交额/万元	累计成交量/万股	区间换手率（%）
湘财证券（NEEQ 做市）	15	15	142410.09	14157.33	10.73
川财证券（NEEQ 做市）	12	12	73100.56	15586.74	19.43
爱建证券（NEEQ 做市）	10	10	23495.39	4989.83	16.60
华创证券（NEEQ 做市）	10	10	24431.32	4870.54	2.76
日信证券（NEEQ 做市）	10	10	39275.38	7834.56	15.68
大通证券（NEEQ 做市）	7	6	5791.33	3625.38	9.14
华西证券（NEEQ 做市）	6	5	444037.91	225721.67	34.51
中航证券（NEEQ 做市）	4	4	8489.95	1617.71	9.75

资料来源：Wind 资讯。

第四章

新三板市场中介机构管理制度

第一节 新三板中介机构准入的相关规定

新三板市场的成长壮大离不开中介机构的护航，中小企业在挂牌新三板以及后续的上市、交易、融资、并购和退出等环节都需要由专业的证券中介机构提供相关服务。中介机构是以盈利为目的的商业机构，对证券市场发挥着积极的调节作用。我国新三板市场的中介机构主要包括：主办券商、证券投资咨询公司、做市商、会计师事务所、律师事务所、独立财务顾问、私募基金管理机构、资产评估机构等。根据 Wind 数据统计，到 2018 年 6 月 30 日，参与新三板的主办券商共有 96 家，会计师事务所共有 49 家，律师事务所共有 1096 家，资产评估公司 426 家。新三板市场对中介机构实行准入制度，就是要求中介机构在开展新三板市场业务之前必须具备相应的从业条件和资格，进场后必须严格按照法律法规和业务规则开展业务活动。

一、主办券商的准入

我国新三板市场实行主办券商制度，其核心内容是主办券商不仅负责推荐企业挂牌，而且要在推荐企业挂牌后，从促进企业的发展与成长、提升企业内在价值出发，为企业提供持续的督导与服务，突出主办券商对挂牌公司终身服务的理念。在全国股份转让系统从事主办券商业务的证券公司称为主办券商。主办券商业务包括推荐股份公司股票挂牌、对挂牌公司进行持续督导、代理投资者买卖挂牌公司股票、为股票转让提供做市服务及其他全国股份转让系统公司规定的业务。

《全国中小企业股份转让系统有限责任公司管理暂行办法》（2017年12月）、《全国中小企业股份转让系统主办券商管理细则（试行）》（2013年2月）、《全国中小企业股份转让系统主办券商尽职调查工作指引（试行）》（2013年2月）、《全国中小企业股份转让系统主办券商推荐业务规定（试行）》（2013年2月）、《全国中小企业股份转让系统主办券商相关业务备案申请文件内容与格式指南》（2013年6月）、《全国中小企业股份转让系统主办券商持续督导工作指引（试行）》（2014年10月）、《全国中小企业股份转让系统主办券商内核工作指引（试行）》（2016年6月）、《全国中小企业股份转让系统主办券商执业质量评价办法》（2018年1月）等业务规则构成了主办券商制度的完整体系。

根据《全国中小企业股份转让系统主办券商管理细则（试行）》的要求，对主办券商实行业务备案制度，即凡具有证监会批准的相应业务资格，并在人员、技术上符合有关要求的证券公司均可向全国股转系统提交申请，备案后即可开展相关业务。①

（一）主办券商主要业务的准入要求

主办券商的业务包括推荐业务、经纪业务、做市业务等，各项业务的准入要求如表4-1所示。

① 王汀汀，王伟，王小军．新三板公司操作与案例[M]．北京：人民日报出版社，2015：24-29.

表 4－1　券商开办不同业务的准入要求

推荐业务	经纪业务	做市业务
1. 具备证券承销与保荐业务资格； 2. 设立推荐业务专门部门，配备合格专业人员； 3. 建立尽职调查制度、工作底稿制度、内核工作制度、持续督导制度及其他推荐业务管理制度； 4. 全国股份转让系统公司规定的其他条件； 5. 证券公司的子公司具备证券承销与保荐业务资格的，证券公司可以申请从事推荐业务，但不得与子公司同时在全国股份转让系统从事推荐业务	1. 具备证券经纪业务资格； 2. 配备开展经纪业务的必要人员； 3. 建立投资者适当性管理工作制度、交易结算管理制度及其他经纪业务管理制度； 4. 具备符合全国股份转让系统公司要求的交易技术系统； 5. 全国股份转让系统公司规定的其他条件	1. 具备证券自营业务资格； 2. 设立做市业务专门部门，配备开展做市业务的必要人员； 3. 建立做市股票报价管理制度、库存股管理制度、做市风险监控制度及其他做市业务管理制度； 4. 具备符合全国股份转让系统公司要求的做市交易技术系统； 5. 全国股份转让系统公司规定的其他条件

（二）主办券商禁止推荐业务的情形

在《全国中小企业股份转让系统主办券商推荐业务规定（试行）》文件中，对主办券商的市场准入作了更明细的规定。存在下列情形之一的，主办券商不得推荐申请挂牌公司股票挂牌：

（1）主办券商直接或间接合计持有申请挂牌公司 7% 以上的股份，或者是其前五名股东之一；

（2）申请挂牌公司直接或间接合计持有主办券商 7% 以上的股份，或者是其前五名股东之一；

（3）主办券商前十名股东中任何一名股东为申请挂牌公司前三名股东之一；

（4）主办券商与申请挂牌公司之间存在其他重大影响的关联关系。

主办券商以做市目的持有的申请挂牌公司股份，不受上述第 1 项限制。

（三）主办券商项目小组的准入条件

主办券商应针对每家申请挂牌公司设立专门项目小组，负责尽职调查，起草尽职调查报告，制作推荐文件等。项目小组应由主办券商内部人员组成，其成员须取得证券执业资格，其中注册会计师、律师和行业分析师至少各一名。行业分析师应具有申请挂牌公司所属行业的相关专业知识，并在最近一年内发表过有关该行业的研究报告。主办券商应在项目小组中指定一名负责人，对项目负全面责任，项目小组负责人应具备下列条件之一：

（1）参与两个以上推荐挂牌项目，且负责财务会计事项、法律事项或相关行业事项的尽职调查工作；

（2）具有三年以上投资银行从业经历，且具有主持境内外首次公开发行股票或者上市公司发行新股、可转换公司债券的主承销项目经历。

存在以下情形之一的人员，不得成为项目小组成员：最近三年内受到中国证监会行政处罚或证券行业自律组织纪律处分；本人及其配偶直接或间接持有申请挂牌公司股份；在申请挂牌公司或其控股股东、实际控制人处任职；未按要求参加全国股份转让系统公司组织的业务培训；全国股份转让系统公司认定的其他情形。

（四）主办券商内核机构成员的准入条件

主办券商应设立内核机构，负责推荐文件和挂牌申请文件的审核，并对下述事项发表审核意见：

（1）项目小组是否已按照尽职调查工作的要求对申请挂牌公司进行了尽职调查；

（2）申请挂牌公司拟披露的信息是否符合全国股份转让系统公司有关信息披露的规定；

（3）申请挂牌公司是否符合挂牌条件；

（4）是否同意推荐申请挂牌公司股票挂牌。

主办券商的内核机构应独立、客观、公正地履行职责，内核机构成员中由推荐业务部门人员兼任的，不得超过内核机构总人数的1/3。内核机构应由10名以上成员组成，可以外聘。最近三年内受到中国证监会行政处罚或证券行业自律组织纪律处分的人员，不得聘请为内核机构成员。内核机构成员应具备下列条件之一：

（1）具有注册会计师或律师资格并在其专业领域或投资银行领域有三年以上从业经历；

（2）具有五年以上投资银行领域从业经历；

（3）有相关行业高级职称的专家或从事行业研究五年以上的分析人员。

根据Wind数据统计，截至2018年6月30日，目前我国130多家证券公司中共有96家证券公司向全国股转公司申请备案，成为主办券商。

二、证券投资咨询公司的准入

2015年1月19日，中国证券业协会发布《关于拓宽证券投资咨询公司业务范围的通知》，证券投资咨询公司在向中国证监会备案后可在全国股份转让系统开展公司挂牌推荐、做市业务，应遵守有关业务规定，建立相应的内部管理制度，强化合规管理。

（一）证券投资咨询公司准入的业务范围

证券投资咨询公司开展私募业务应当遵守私募业务的有关规定。证券投资咨询公司开展私募业务包括开展私募投资基金管理业务和在机构间私募产品报价与服务系统开展私募证券业务。主要包括：

（1）证券投资咨询公司开展私募基金管理业务，应当按照规定向中国证券投资基金业协会办理登记备案手续，在办理完登记手续并取得私募基金管理人登记证明文件后方可从事私募基金管理业务。

（2）证券投资咨询公司在报价系统开展私募证券业务应向中证资本市场监测中心有限公司申请注册为报价系统参与人，在申请注册为报价系统参与人后可在报价系统申请开展私募产品投资、创设、推荐、代理交易等业务中的一项或多项业务。在报价系统发行、转让的私募产品应当依法合规，资金投向应当符合法律法规和国家有关政策规定。

证券投资咨询公司开展上述业务，应当遵循自愿、公平、诚实信用的原则，遵守法律、法规和有关自律规定，恪守职业道德和行为规范，勤勉尽责为客户提供相关服务。证券投资咨询公司开展上述业务，应当按照合格投资者标准和投资者适当性原则，做好产品销售和风险提示等工作，切实保护投资者的合法权益。

（二）合规管理和风险控制要求

证券投资咨询公司应加强合规管理和风险控制，严格按照相应的业务规定，规范开展上述业务和证券投资咨询等业务，并建立健全存在利益冲突的业务之间的信息隔离墙制度，防范内幕交易和利益冲突。

证券投资咨询公司开展私募基金管理业务应接受基金业协会自律管理，在报价系统开展私募证券业务应接受中证资本市场监测中心运营管理，在全国股转系统开展推荐、做市业务应接受全国中小企业股份转让系统有限公司运营管理。

截至 2018 年 6 月，虽然尚未有证券投资咨询公司完成中国证监会备案，在全国股份转让系统开展公司挂牌推荐、做市业务，但这一变化趋势值得关注。

证券投资咨询公司准入新三板市场，是为了贯彻落实《国务院关于进一步促进资本市场健康发展的若干意见》《关于进一步推进证券经营机构创新发展的意见》，推进证券投资咨询公司与证券公司、基金管理公司、期货公司等交叉持牌，促进证券投资咨询公司创新发展。

三、做市商的准入

做市商是指经全国中小企业股份转让系统有限责任公司（以下简称全国股份转让系统公司）同意，在全国中小企业股份转让系统（以下简称全国股份转让系统）发布买卖双向报价，并在其报价数量范围内按其报价履行与投资者成交义务的证券公司或其他机构。做市商及其做市业务人员应当遵守法律法规和全国股份转让系统相关规定，勤勉尽责、诚实守信，接受全国股份转让系统公司的自律管理。

（一）证券公司的做市商准入制度

2014 年 6 月 5 日，全国股份转让系统公司发布了《全国中小企业股份转让系统做市商做市业务管理规定（试行）》，证券公司应按照《管理规定》和《全国中小企业股份转让系统做市业务备案申请文件内容与格式指南》的要求，认真做好做市业务的各项准备工作，提交做市业务备案申请文件。自获得全国股份转让系统公司做市业务备案函起 3 个月内，证券公司应当按要求完成做市技术系统测试并达到上线条件，完成开立做市专用证券账户、做市专用交易单元等后续工作，确保按期开展做市业务。

证券公司在全国股份转让系统开展做市业务前，应当向全国股份转让系统公司申请备案。其他机构在全国股份转让系统开展做市业务的具体规定，由全国股份转让系统公司另行制定。

（二）私募基金管理机构的做市商准入制度

私募机构开展做市业务，有利于丰富新三板做市机构类型、有效发挥私募机构定价能力、改善新三板市场流动性，对提高全国股转系统服务中小微企业的能力具有积极意义。由于私募机构受监管程度、规范运作水平、合规意识相比证券公司有所差距，为控制业务风险，初期采取了试点的方式，并适当控制试点规模。待试点开展一段时间后适时总结试点效果，评估进一步扩大试点的可行性。

根据《关于证券经营机构参与全国中小企业股份转让系统相关业务有关问题的通知》《关于做好私募机构新三板做市业务试点备案管理工作的通知》《全国中小企业股份转让系统业务规则（试行）》《全国中小企业股份转让系统股票转让细则（试行）》《全国中小企业股份转让系统做市商做市业务管理规定（试行）》等有关规定，2016 年 9 月 14 日，全国股份转让系统公司发布了《私募机构全国股转系统做市业务试点专业评审方案》，为私募机构参与做市商制度提出了准入要求。

私募机构做市业务试点必须通过专业评审（以下简称“评审”），即全国股转公司根据中国证监会的授权，组织专家对私募基金管理机构（含私募股权投资机构、私募证券投资机构及创业投资机构）做市业务实施方案进行评估，评价其合规性、合理性和可操作性。

1. 私募机构申报评审的条件

符合以下条件的私募机构，可向全国股转公司提交评审申请材料：

（1）实缴注册资本不低于人民币 1 亿元，财务状况稳健；

（2）持续经营三年以上，且近三年年均资产管理规模不低于人民币 20 亿元；

（3）申请机构及人员最近三年内未受过中国证监会行政处罚；

（4）具有符合新三板做市业务相关要求的业务实施方案和内部管理制度；

（5）设有专门的做市业务部门，配备做市业务人员不少于 5 名，其中风控人员不少于 1 名；

（6）具有风险控制水平高、操作性较强的做市业务交易及结算技术方案；并承诺在评审验收前，按要求完成各项技术准备，确保做市业务系统符合相关技术规范，并通过全国股转公司的测试；

（7）已成为中国证券投资基金业协会普通会员；

（8）全国股转公司规定的其他条件。

2. 私募机构做市资格的评审流程

评审流程主要包括私募机构提交申请、专业评审、业务技术准备及现场验收等四个环节。

（1）符合条件且有意向参与试点的私募机构应自《私募机构全国股转系统做市业务试点专业评审方案》公布后30个工作日内按照《私募机构全国股转系统做市业务试点专业评审申请材料内容与格式》的要求向全国股转公司报送专业评审申请材料。逾期全国股转公司将不再接收评审申请材料。

（2）评审工作小组按照评分指标对申请机构的申请材料进行评审打分，并在全国股转公司官方网站公布申请机构的得分排名情况及进入验收环节的机构名单。不具备评审方案相关规定条件的私募机构，由申请机构撤回申请材料，不参加评审打分。

（3）进入验收环节的申请机构应按全国股转系统、中国结算要求及申请承诺，在现场验收前完成机构、人员、资金、业务、技术等准备，包括但不限于通过全国股转系统的上线测试、相关做市业务人员参加并通过全国股转公司组织的培训。

（4）评审工作小组将会同申请机构注册地证监局等相关派出机构，就申请机构的业务、技术准备情况，以及申请承诺的落实情况等进行现场验收。

（5）全国股转公司报请证监会同意后，在官方网站公布通过验收并进入试点的名单。

2016年12月，经过严格的专业评审，全国股转公司公布了10家进入私募做市业务试点专业评审现场验收环节的私募机构名单，并表示将指导、督促这10家私募机构，尽快完成各项业务、技术准备，确保现场验收工作进度，推进私募机构做市业务试点工作顺利实施。

但由于各种原因，到2018年6月，该项业务仍未实施。据市场人士分析①，私募做市未能推出的主要原因有几个方面：一是在新三板分层以后，配套的差异化服务措施等制度尚未出台，当前还不是推出私募做市的时机；二是入围的私募多数是从PE角度出发参与做市，谋求的是企业未来是否有投资回报而非买卖差价，对活跃新三板市场几乎没有影响；三是全国股转系统要求挂牌私募机构根据要求进行自查整改，涉及的私募机构忙于自查整改工作。

尽管私募做市尚未有明确进展，私募机构参与新三板做市和私募做市牌照放开将是必然趋势。2017年12月，中国证券投资基金业协会有关人士公开表示，应当鼓励股权基金参与新三板做市，激发市场价值投资活力。让私募基金管理机构（含私募股权投资机构、私募证券投资机构及创业投资机构）参与做市，一方面可以迅速扩大做市商的数量和规模，满足挂牌公司对做市交易的需求；另一方面可以解决券商做市激励与动力不足的问题，提高做市交易的质量。因此，未来新三板市场应该打造多元化的投资主体、做市主体，构建多元化、竞争性的做市商交易制度。

四、律师事务所的准入

为股份公司申请在全国股份转让系统挂牌提供法律服务的律师事务所，不需要专门向全国股份转让系统申请核准或备案。但根据司法部、中国证监会的相关规定，从事证券法律业务的律师事务所及其指派律师，须

① 新三板私募做市业务待激活完善分层制度或成先决条件[EB/OL]. http://finance.sina.com.cn/roll/2017-12-15/doc-ifypsvkp3277438.shtml.

按照《律师事务所从事证券法律业务管理办法》及《律师事务所证券法律业务执业规则（试行）》的要求开展查验、制作和出具法律意见书等执业活动。

律师事务所及其指派的律师从事证券法律业务，应当运用自己的专业知识和能力，依据自己的查验行为，独立做出查验结论，出具法律意见。对于收集证据材料等事项，应当亲自办理，不得交由委托人代为办理；使用委托人提供材料的，应当对其内容、性质和效力等进行必要的查验、分析和判断。律师事务所及其指派的律师对有关事实、法律问题作出认定和判断，应当有适当的证据和理由。

（一）鼓励律师事务所从事证券法律业务的条件

律师从事证券法律业务，应当就业务事项是否与法律相关、是否应当履行法律专业人士特别注意义务作出分析、判断。需要履行法律专业人士特别注意义务的，应当拟订履行特别注意义务的具体方式、手段、措施，并予以落实。

律师事务所可以接受当事人的委托，组织制作与证券业务活动相关的法律文件。鼓励具备下列条件的律师事务所从事证券法律业务：

（1）内部管理规范，风险控制制度健全，执业水准高，社会信誉良好；

（2）有20名以上执业律师，其中5名以上曾从事过证券法律业务；

（3）已经办理有效的执业责任保险；

（4）最近2年未因违法执业行为受到行政处罚。

（二）鼓励律师从事证券法律业务的条件

鼓励具备下列条件之一，并且最近2年未因违法执业行为受到行政处罚的律师从事证券法律业务：

（1）最近3年从事过证券法律业务；

（2）最近3年连续执业，且拟与其共同承办业务的律师最近3年从事过证券法律业务；

（3）最近3年连续从事证券法律领域的教学、研究工作，或者接受过证券法律业务的行业培训。

律师被吊销执业证书的，不得再从事证券法律业务。律师被中国证监会采取证券市场禁入措施或者被司法行政机关给予停止执业处罚的，在规定禁入或者停止执业期间不得从事证券法律业务。

同一律师事务所不得同时为同一证券发行的发行人和保荐人、承销的证券公司出具法律意见，不得同时为同一收购行为的收购人和被收购的上市公司出具法律意见，不得在其他同一证券业务活动中为具有利害关系的不同当事人出具法律意见。

律师担任公司及其关联方董事、监事、高级管理人员，或者存在其他影响律师独立性的情形的，该律师所在律师事务所不得接受所任职公司的委托为该公司提供证券法律服务。

截至2018年6月30日，共有1096家律师事务所为非上市股份公司股票挂牌等业务提供了相关法律服务。

五、会计师事务所的准入

为股份公司申请在全国股份转让系统挂牌提供法律服务的会计师事务所，不需要专门向全国股份转让系统申请核准或备案。但根据中华人民共和国财政部、中国证监会共同发布的《关于会计师事务所从事证券期货相关业务有关问题的通知》的相关规定，会计师事务所从事证券、期货相关业务，必须取得证券、期货业务资格。因此，为股份公司申请新三板挂牌、公开转让、定向发行等业务提供会计服务的会计师事务所也必须具备证券、期货业务资格。

会计师事务所从事证券、期货相关业务（以下简称证券业务），应当按照规定取得证券、期货相关业务资格（以下简称证券资格）。

会计师事务所申请证券资格，应当具备下列条件：

（1）依法成立5年以上，组织形式为合伙制或特殊的普通合伙制；由有限责任制转制为合伙制或特殊的普通合伙制的会计师事务所，经营期限连续计算；

（2）质量控制制度和内部管理制度健全并有效执行，执业质量和职业道德良好；会计师事务所设立分所的，会计师事务所及其分所应当在人事、财务、业务、技术标准和信息管理等方面做到实质性的统一；

（3）注册会计师不少于200人，其中最近5年持有注册会计师证书且连续执业的不少于120人，且每一注册会计师的年龄均不超过65周岁；

（4）净资产不少于500万元；

（5）会计师事务所职业保险的累计赔偿限额与累计职业风险基金之和不少于8000万元；

（6）上一年度业务收入不少于8000万元，其中审计业务收入不少于6000万元，本项所称业务收入和审计业务收入均指以会计师事务所名义取得的相关收入；

（7）至少有25名以上的合伙人，且半数以上合伙人最近在本会计师事务所连续执业3年以上；

（8）不存在下列情形之一：

1）在执业活动中受到行政处罚、刑事处罚，自处罚决定生效之日起至提出申请之日止未满3年；

2）因以欺骗等不正当手段取得证券资格而被撤销该资格，自撤销之日起至提出申请之日止未满3年；

3）申请证券资格过程中，因隐瞒有关情况或者提供虚假材料被不予受理或者不予批准的，自被出具不予受理凭证或者不予批准决定之日起至提出申请之日止未满 3 年。

具有证券资格的会计师事务所应当持续具备申请条件。具有证券资格的会计师事务所，自取得证券资格第三年起，每一年度上市公司年度财务报告审计业务客户家数（含证监会已审核通过的 IPO 公司户数）不得少于 5 家，或者每一年度上市公司审计业务收入不得少于 500 万元。

六、其他中介机构的准入

（一）资产评估机构的准入

我国《证券法》第一百六十九条规定，投资咨询机构、财务顾问机构、资信评级机构、资产评估机构、会计师事务所从事证券服务业务，必须经国务院证券监督管理机构和有关主管部门批准。根据《国务院决定对确需保留的行政审批项目设定行政许可的目录》第 83 项规定，资产评估机构从事证券业务资格审批的实施机关为财政部、证监会。

资产评估机构从事证券业务，应当按照规定取得证券、期货相关业务评估资格（以下简称“证券评估资格”）。资产评估机构申请证券评估资格，应当符合下列条件：

（1）资产评估机构依法设立并取得资产评估资格 3 年以上，发生过吸收合并的，还应当自完成工商变更登记之日起满 1 年；

（2）质量控制制度和其他内部管理制度健全并有效执行，执业质量和职业道德良好；

（3）具有不少于 30 名注册资产评估师，其中最近 3 年持有注册资产评估师证书且连续执业的不少于 20 人；

（4）净资产不少于 200 万元；

（5）按规定购买职业责任保险或者提取职业风险基金；

（6）半数以上合伙人或者持有不少于50%股权的股东最近在本机构连续执业3年以上；［根据《财政部 证监会关于从事证券期货相关业务的资产评估机构参与母子公司试点有关管理问题的通知》（财企〔2011〕275号）的规定，经批准作为子公司参加母子公司试点的证券评估机构，股东分为法人股东和自然人股东，其中，法人股东不受本条规定的限制，自然人股东中持有不少于剩余50%股权（扣除法人股）的，应当最近3年在本机构连续执业］；

（7）最近3年评估业务收入合计不少于2000万元，且每年不少于500万元。

资产评估机构申请证券评估资格，应当不存在下列情形之一：

（1）在执业活动中受到刑事处罚、行政处罚，自处罚决定执行完毕之日起至提出申请之日止未满3年；

（2）因以欺骗等不正当手段取得证券评估资格而被撤销该资格，自撤销之日起至提出申请之日止未满3年；

（3）申请证券评估资格过程中，因隐瞒有关情况或者提供虚假材料被不予受理或者不予批准的，自被出具不予受理凭证或者不予批准决定之日起至提出申请之日止未满3年。

（二）财务顾问的准入

新三板挂牌企业等公众公司在并购重组（主要指收购和重大资产重组）的过程中，具有证券从业及相关资格的财务顾问、律师事务所、会计事务所、评估事务所在交易过程中的作用日益显现，这些专业的中介机构凭借很强的专业知识，在充分掌握相关信息，全面、公正、独立地反映并购重组并推动相关交易的顺利完成的过程中，发挥了重要的作用。

1. 财务顾问的准入条件

公众公司在重大资产重组事项中的独立财务顾问按规定为该公司的主

办券商，而收购事项中财务顾问除主办券商之外也可以是证券投资咨询机构或其他财务顾问机构。各类机构从事新三板挂牌企业等公众公司并购重组财务顾问业务应当具备的条件如表4－2所示。

表4－2 新三板财务顾问业务的准入条件比较

证券公司	证券投资咨询机构	其他财务顾问机构
（1）公司净资本符合中国证监会的规定； （2）具有健全并运行良好的内部控制机制和管理制度，严格执行风险控制和内部隔离制度； （3）建立健全的尽职调查制度，具备良好的项目风险评估和内核机制； （4）公司财务会计信息真实、准确、完整； （5）公司、控股股东实际控制人信誉良好，且最近三年无重大违法违规记录； （6）财务顾问主办人不少于5人； （7）中国证监会规定的其他条件	（1）已经取得中国证监会核准的证券投资咨询业务资格； （2）实缴注册资本和净资产不低于人民币500万元； （3）具有健全且运行良好的内部控制机制和管理制度，严格执行风险控制和内部隔离制度； （4）公司财务会计信息真实、准确、完整； （5）控股股东、实际控制人在公司申请从事上市公司并购重组财务顾问业务资格前一年未发生变化，信誉良好且最近3年无重大违法违规记录； （6）具有2年以上从事公司并购重组财务顾问业务活动的执业经历，且最近2年每年财务顾问业务收入不低于100万元； （7）有证券从业资格的人员不少于20人，其中具有从事证券业务经营3年以上的人员不少于10人，财务顾问主办人不少于5人； （8）中国证监会规定的其他条件	（1）实缴注册资本和净资产不低于人民币500万元； （2）具有健全且运行良好的内部控制机制和管理制度，严格执行风险控制和内部隔离制度； （3）公司财务会计信息真实、准确、完整； （4）有证券从业资格的人员不少于20人，其中具有从业资格且从事证券业务经验3年以上的人员不少于10人，财务顾问主办人不少于5人； （5）具有3年以上从事公司并购重组财务顾问业务活动的执业经历，且最近3年每年财务顾问业务收入不低于100万元； （6）董事、高级管理人员应当正直诚实、品行良好，熟悉证券法律、行政法规，具有从事证券市场工作3年以上或者金融工作5年以上的经验，具备履行职责所需的经营管理能力； （7）控股股东、实际控制人信誉良好且最近3年无重大违法违规记录； （8）中国证监会规定的其他条件

2. 财务顾问限制条件及主办人条件

（1）财务顾问限制

证券公司证券投资咨询机构和其他财务顾问机构有下列情形之一的不得担任财务顾问：

1）最近24个月内存在违反诚信的不良记录；

2）最近24个月内因执业行为违反行业规范而受到行业自律组织的纪律处分；

3）最近36个月内因违法违规经营受到处罚或者因涉嫌违法违规经营正在被调查。

（2）主办人条件

财务顾问主办人应当具备下列条件：

1）具有证券从业资格；

2）具备中国证监会规定的投资银行业务经历；

3）参加中国证监会认可的财务顾问主办人胜任能力考试且成绩合格；

4）所任职机构同意推荐其担任本机构的财务顾问主办人；

5）未负有数额较大到期未清偿的债务；

6）最近24个月无违反诚信的不良记录；

7）最近24个月未因执业行为违反行业规范而受到行业自律组织的纪律处分；

8）最近36个月未因执业行为违法违规受到处罚；

9）中国证监会规定的其他条件。

第二节 中介机构业务管理

新三板市场对中介机构的业务管理问题从上至下可以分为三个层次。

第一是中国证监会从新三板市场监管机制顶层设计和制度安排角度对中介机构进行业务管理，我国新三板市场的变革主要是由监管政策制定和导向所推动的，市场监管政策不健全、不完善或不明确，都会导致市场行情和市场参与者情绪的不稳定而风险频发。目前监管部门对新三板市场已经出台了许多监管政策，但仍须进一步做好顶层设计、健全完善监管政策，保护中介机构参与市场的积极性，以促进新三板市场的健康发展。

第二是全国股转公司通过制定各类部门规章和业务规则对中介机构进行业务管理，并对新三板市场交易情况进行实时监管。全国股转公司的业务规则会更直接地影响中介机构的市场行为，中介机构通过捕捉、判断各种政策信息和市场交易信息而采取不同的市场行为，以盈利为主要目的。全国股转公司的交易制度、投资者门槛、分层管理、市场扩容等方面的改革，应合理运用政策引导和监管处罚等手段，发挥中介机构对市场的调节作用，如应当扶植和鼓励券商做市商业务；对中介机构的处罚要在保证其积极性的基础上选择有效的精准处罚；等等。

第三是中介机构通过遵守法律和业务规则进行自律管理，从完善内控机制、保持资本金充足、健全人员配备等方面入手，积极参与新三板市场的推荐挂牌、做市商等项业务，自觉履行职责和义务，为推动新三板业务健康发展做出应有的贡献。

一、主办券商的业务管理

《全国中小企业股份转让系统主办券商管理细则（试行)》（2013 年 2 月）对主办券商提出了具体的业务管理要求。证券公司在全国股份转让系统开展相关业务前，应当向全国股份转让系统公司申请备案，成为主办券商。未经备案的证券公司不得在全国股份转让系统开展相关业务。主办券商及其董事、监事、高级管理人员和相关业务人员，应当遵守法律法规和全国股份转让系统相关规定，勤勉尽责、诚实守信，接受全国股份转让系统公司的自律管理。

（一）主办券商业务管理的一般规定

1. 内控管理机制

主办券商开展全国股份转让系统相关业务，应当建立健全合规管理、内部风险控制与管理机制，严格防范和控制风险。

2. 从业人员管理

主办券商及其业务人员应当对开展全国股份转让系统业务中获取的非公开信息履行保密义务，不得利用该信息谋取不正当利益。应当加强业务人员的职业道德和诚信教育，强化业务人员的勤勉尽责意识、合规操作意识、风险控制意识和保密意识。主办券商应按照全国股份转让系统公司的要求，在全国股份转让系统指定信息披露平台披露其执业情况、接受全国股份转让系统公司处分等信息。

3. 及时报告制度

主办券商应当根据全国股份转让系统公司的要求，调查或协助调查指定事项，并将调查结果及时报告全国股份转让系统公司。

4. 业务培训制度

主办券商应按要求组织相关人员参加全国股份转让系统公司举办的业务和技术培训。未按规定参加培训的，全国股份转让系统公司可暂不受理主办券商及其相关人员出具的文件。

主办券商首次推荐公司挂牌前，应接受全国股份转让系统公司的业务培训。

5. 技术系统管理

主办券商应当按照全国股份转让系统公司的要求建立开展相关业务所需的技术系统，包括交易系统、做市报价系统、行情系统和通信系统及其备份系统等，并制定相应的安全运行管理制度。

6. 转让信息管理

主办券商应遵守全国股份转让系统公司有关转让信息管理的规定，按要求使用全国股份转让系统转让信息。未经全国股份转让系统公司许可，主办券商不得将转让信息提供给客户从事自身股票转让以外的其他活动，不得将转让信息提供给客户以外的其他机构和个人，不得在营业场所外使用转让信息。

（二）主办券商推荐业务管理

1. 签订推荐业务协议

主办券商推荐股份公司股票挂牌，应与申请挂牌公司签订推荐挂牌并持续督导协议，约定双方的权利和义务，并对申请挂牌公司董事、监事、高级管理人员及其他信息披露义务人进行培训，使其了解相关法律、法规、规则、协议所规定的权利和义务。

2. 尽责调查

主办券商应对申请挂牌公司进行尽职调查，并在全面、真实、客观、准确调查的基础上出具尽职调查报告。

3. 内核制度

主办券商应设立内核机构，负责审核股份公司的股票挂牌申请，并在审核基础上出具内核意见。主办券商应根据内核意见决定是否推荐股份公司股票挂牌。同意推荐的，出具推荐报告。主办券商可以根据申请挂牌公司的委托，组织编制申请文件。

4. 持续督导制度

根据《全国中小企业股份转让系统主办券商持续督导工作指引（试行)》的规定，主办券商应持续督导所推荐挂牌公司诚实守信、规范履行信息披露义务、完善公司治理机制。主办券商应配备合格的专业人员，建立健全持续督导工作制度，勤勉履行审查挂牌公司拟披露的信息披露文件、对挂牌公司进行现场检查、发布风险警示公告等督导职责。

（三）主办券商经纪业务管理

1. 签订委托代理协议

主办券商代理投资者买卖挂牌公司股票，应当与投资者签订证券买卖委托代理协议，并按照全国股份转让系统的股票转让制度要求接受投资者的买卖委托。

2. 投资者适当性管理制度

主办券商应当按照全国股份转让系统公司的要求，建立健全投资者适当性管理制度。主办券商代理投资者买卖挂牌公司股票前，应当充分了解投资者的身份、财务状况、证券投资经验等情况，评估投资者的风险承受能力和风险识别能力。主办券商不得为不符合投资者适当性要求的投资者提供代理买卖服务，全国股份转让系统公司另有规定的除外。主办券商在与投资者签订证券买卖委托代理协议前，应着重向投资者说明投资风险自担的原则，详细讲解风险揭示书的内容，要求投资者认真阅读并签署风险揭示书。主办券商应利用各种方式告知投资者全国股份转让系统业务规则及相关信息，持续揭示投资风险。

3. 保护投资者的合法权益

主办券商不得欺骗和误导投资者，不得利用自身的技术、设备及人员等业务优势侵害投资者的合法权益。主办券商接受客户的股票买卖委托时，应当查验客户股票和资金是否足额，法律、行政法规、部门规章另有规定的除外。主办券商应设立交易监控系统，对自身及客户的转让行为进行有效监督，防范违规转让行为。主办券商对客户的资金、股票以及委托、成交数据应当有完整、准确、翔实的记录或者凭证，按户分账管理，并向客户提供对账与查询服务。主办券商应当采取有效措施，妥善保存上述文件资料，保存期限不得少于 20 年。主办券商应当加强证券账户管理，不得为他人违法违规使用证券账户进行股票转让提供便利。

4. 转让信息管理

主办券商应当在营业场所及时、准确地公布转让信息，供从事股票转让的客户使用。主办券商应当告知客户不得将转让信息用于自身股票转让以外的其他活动，并对客户使用转让信息的行为进行有效管理。

（四）主办券商持续督导工作管理

根据《全国中小企业股份转让系统主办券商持续督导工作指引（试行）》的规定，主办券商及其持续督导人员应当遵守法律法规和全国中小企业股份转让系统的相关规定，诚实守信，勤勉尽责，持续督导挂牌公司履行信息披露、规范运作、信守承诺等义务，不断完善公司治理机制。

1. 主办券商的督导职责

主办券商应履行以下督导职责：指导、督促挂牌公司完善公司治理机制，提高挂牌公司规范运作水平；指导、督促挂牌公司规范履行信息披露义务，事前审查挂牌公司信息披露文件，发布风险揭示公告；开展挂牌公司现场检查工作，督促挂牌公司进行整改；建立与挂牌公司日常联系机制，对挂牌公司进行培训和业务指导；关注挂牌公司的重大变化，向全国股份转让系统公司报告挂牌公司的重大事项，调查或协助调查指定事项，并配合做好挂牌公司的日常监管；全国股份转让系统公司规定的其他职责。

2. 持续督导工作要求

主办券商应建立健全并有效执行持续督导工作制度，包括持续督导工作职责、工作流程和内部控制机制等。主办券商应建立健全持续督导工作底稿管理制度，为每家挂牌公司建立独立的工作底稿。持续督导工作底稿应当内容完整、记录清晰、结论明确，真实、准确、完整地反映整个持续督导工作的全过程，包括但不限于信息披露督导、公司治理督导、现场检查、培训、业务指导、日常沟通、关注、调查或协助调查、报告、年度工作报告等与持续督导工作相关的所有重要事项。

工作底稿应当载明下列事项：工作底稿编制的时间；持续督导工作履行的程序；核查的文件、现场检查的资料，培训、指导、沟通、关注、调查、报告的记录等；发表的结论性意见；执行人员签名和执行日期；其他需要记载的事项；等等。持续督导工作底稿的保存期应当不少于10年。

主办券商应根据需要配备适当数量的持续督导人员负责持续督导工作，全国股份转让系统公司鼓励主办券商设立专门的持续督导工作部门。

持续督导人员应具备以下条件：具有财务或法律专业知识；从事证券发行承销、收购兼并、固定收益、全国股份转让系统推荐业务等投资银行相关业务一年以上；熟悉证券市场相关法律、行政法规、部门规章、规范性文件，准确理解和把握全国股份转让系统相关业务规则；诚实守信，品行良好，无不良诚信记录，最近3年未受到中国证监会行政处罚或全国股份转让系统公司、证券交易所、证券业协会、基金业协会等行业自律组织纪律处分；全国股份转让系统公司规定的其他条件。

3. 持续督导变更

主办券商应与所推荐挂牌公司签订持续督导协议，自公司挂牌之日起履行持续督导工作职责。出现以下情形之一的，主办券商和挂牌公司可以解除持续督导协议：

（1）主办券商不再从事推荐业务；

（2）挂牌公司股票终止挂牌；

（3）主办券商和挂牌公司协商一致决定解除持续督导协议；

（4）全国股份转让系统公司规定的其他情形。

因情形（3）解除持续督导协议的，应由其他主办券商承接持续督导工作，主办券商和挂牌公司应事前报告全国股份转让系统公司。

主办券商履行持续督导职责期间未勤勉尽责的，其责任不因解除持续督导协议而免除。承接持续督导工作的主办券商应与挂牌公司签订持续督导协议，并自持续督导协议签订之日起履行持续督导职责。

为进一步规范主办券商和挂牌公司协商一致解除持续督导协议的操作流程，提高工作效率及服务质量，2015年10月，全国中小企业股份转让系统对《全国中小企业股份转让系统主办券商和挂牌公司协商一致解除持续督导协议操作指南》进行了修订，并在总结前期审核经验的基础上制定了《主办券商和挂牌公司协商一致解除持续督导协议审核要点》。

（五）主办券商执业质量评价办法

主办券商执业质量评价是指全国股转公司以主办券商各项业务出现

的执业质量负面行为记录为基础，结合自律监管措施、纪律处分、行政监管措施和行政处罚，以及主办券商对全国股转系统发展的贡献及其他对评价有重要影响的事项，按照有关规定对主办券商执业质量进行的评价。

全国股转公司自2016年起进行主办券商执业质量评价工作。2016年1月，全国股份公司发布了《全国中小企业股份转让系统主办券商执业质量评价办法（试行）》，目的是提高主办券商执业工作质量，督促主办券商勤勉尽责，促进市场持续健康发展，切实保护投资者的合法权益。2018年1月，股转公司对原试行办法进行了修订完善，并发布了《全国中小企业股份转让系统主办券商执业质量评价办法》，为实现差异化和精细化监管提供了支持。

主办券商执业质量评价指标包括执业质量负面行为记录、被采取自律监管措施、纪律处分、行政监管措施和行政处罚情况、对市场发展的贡献以及其他对评价有重要影响的事项。

执业质量负面行为记录是指主办券商在推荐挂牌、挂牌后督导、交易管理、综合管理等执业过程中因未勤勉尽责而出现的工作质量低或不规范但尚未被采取自律监管措施的记录。

被采取自律监管措施、纪律处分、行政监管措施和行政处罚情况，是指主办券商及其业务人员因违反全国股转系统业务规则而被全国股转公司采取自律监管措施或实施纪律处分，及在从事涉及非上市公众公司业务过程中因违法违规被证监会及其派出机构采取行政处罚、行政监管措施的情况。对市场发展的贡献是指评价期内主办券商在推荐、做市、股票发行、并购重组等业务方面市场份额占比及业务开展质量排名靠前的情况。其他对评价有重要影响的事项，是指主办券商在持续合规经营方面表现突出及其他由全国股转公司认定的情况。

全国股转公司每月对上月评价点值排名后10位的主办券商进行电话问询，必要时要求其提交书面说明或现场检查，并视情况将处置结果报告证监会及主办券商注册地证监会派出机构。

全国股转公司可以根据年评分档结果，分别在推荐挂牌、持续督导、并购重组、股票发行和做市等业务方面针对主办券商实施差异化制度安排。评价结果可作为新业务或新产品的优先试点顺序的依据。全国股转公司对不同类别的主办券商在日常报告频率、现场和非现场检查频率、定期接受培训的频率等方面实行区别对待。

全国股转公司在日常监管工作中发现主办券商存在违规行为的，应及时采取自律监管措施或纪律处分，并计入主办券商质量评价档案。全国股转公司对主办券商采取的自律监管措施和纪律处分报送证监会作为分类评价扣分项。

二、做市商的业务管理

做市商及其做市业务人员应当遵守法律法规和全国股份转让系统相关规定，勤勉尽责、诚实守信，接受全国股份转让系统公司的自律管理。

（一）主办券商做市业务管理

根据《全国中小企业股份转让系统做市商做市业务管理规定（试行）》中的规定，证券公司做市商的业务管理主要有以下几个方面：

1. 做市专用技术系统

做市商做市专用技术系统应当满足以下要求：

（1）符合《全国中小企业股份转让系统交易支持平台数据接口规范》；

（2）具备开展做市业务所需的委托、报价、成交、行情揭示、数据汇总、统计和查询等必要功能；

（3）系统操作全程留痕；

（4）全国股份转让系统公司规定的其他条件。

做市商应当制定做市专用技术系统安全运行管理制度，并设置必要的数据接口，便利监管部门及时了解和检查做市业务相关情况。

2. 做市业务内部管理制度

做市商应当建立健全下列做市业务内部管理制度：

（1）做市股票报价管理制度，包括做市股票报价的决策与执行程序、报价调整和报价监控机制等；

（2）做市库存股票管理制度，包括做市股票论证、获取、处置的决策程序和库存股票动态调节机制等；

（3）做市资金管理制度，包括做市资金审批、调拨和使用流程等；

（4）业务隔离制度，确保做市业务与推荐业务、证券投资咨询、证券自营、证券经纪、证券资产管理等业务在机构、人员、信息、账户、资金上严格分离；

（5）风险控制与合规管理制度，包括做市业务风险识别、评估和控制机制、做市业务的合规检查与评估机制等；

（6）异常情况处理制度，包括突发事件处理预案、异常情况处理机制等；

（7）内部报告与留痕制度，包括业务运作、风险监控、合规管理及其他相关信息的报告路径及反馈机制、强制留痕制度等；

（8）全国股份转让系统公司规定的其他制度。

3. 业务集中统一管理制度

做市商应当对做市业务进行集中统一管理，建立做市业务相关决策、授权与执行体系。明确做市业务决策机构与决策机制，合理确定做市业务规模和可承受的风险限额。

做市商应设立做市业务部门，专职负责做市业务的具体管理和运作。

做市业务部门应制定规范的做市业务操作规程，明确部门内部岗位设置及职责分工。

4. 做市禁止行为

做市商及其做市业务人员应依法、合规开展做市业务，不得从事下列行为：

（1）不履行或不规范履行报价义务；

（2）利用内幕信息进行投资决策和交易；

（3）利用信息优势和资金优势，单独或者通过合谋，制造异常价格波动；

（4）以不正当方式影响其他做市商做市；

（5）与其他做市商通过串通报价或私下交换做市策略、做市库存股票数量等信息谋取不正当利益；

（6）与所做市的挂牌公司及其股东就股权回购、现金补偿等作出约定；

（7）做市业务人员通过做市向自身或利益相关者进行利益输送；

（8）全国股份转让系统公司规定的其他行为。

5. 其他管理制度

业务报告。做市商应当于每月的前5个转让日内向全国股份转让系统公司报送上月做市业务情况报告，包括但不限于合规情况、履行做市义务情况、做市股票库存、做市业务盈亏及相关风险控制指标等信息。

自律管理。做市商应当积极配合全国股份转让系统公司的自律管理，按照全国股份转让系统公司的要求及时说明情况，提供相关文件、资料，不得拒绝或者拖延提供有关资料，不得提供虚假、误导性或者不完整的资料。

信息披露。全国股份转让系统公司对做市商及其做市业务人员执业情况进行持续记录，建立做市业务评价体系，并可将相关信息予以公开。做市商主动终止从事做市业务的，应当向全国股份转让系统公司提出申请。全国股份转让系统公司同意其终止从事做市业务的，自受理之日起10个转让日内书面通知该做市商并公告。做市商因违反本规定或其他全国股份转让系统相关规定被终止从事做市业务的，全国股份转让系统公司书面通知该做市商并公告。

处置方案。做市商终止从事做市业务，应当制定业务处置方案，做好业务终止后续处置工作，包括做市库存股票处理、做市专用证券账户注销等，并将处置方案、处置情况及时报告全国股份转让系统公司。

诚信档案。做市商违反本规定的，全国股份转让系统公司可以视具体情况采取以下措施，并记入诚信档案：约见谈话；要求提交书面承诺；出具警示函；责令改正；通报批评；公开谴责；暂停、限制直至终止其从事做市业务；向中国证监会报告有关违法违规行为。做市业务人员违反本规定的，全国股份转让系统公司可以视具体情况采取以下措施，并记入诚信档案：约见谈话；责令参加培训；责令所在机构给予处分；通报批评；公开谴责；向中国证监会报告有关违法违规行为。

（二）私募机构做市业务管理

1. 一致性和差异化相结合的管理

按照监管一致性原则，私募机构享有与证券公司类做市商同等权利、义务，适用《全国中小企业股份转让系统业务规则（试行）》《全国中小企业股份转让系统做市商做市业务管理规定（试行）》《全国中小企业股份转让系统转让细则（试行）》《全国中小企业股份转让系统股票转让方式确定及变更指引（试行）》等相关规定。

同时，全国股转公司根据私募机构业务运营特点作出了以下差异化安排：一是私募做市试点采用特殊经纪结算模式。由于私募机构不具备结算参与人资格，私募做市商开展做市业务，应通过并仅可通过一家具有中国结算参与人资格的主办券商办理相关证券、资金的清算交收业务；二是为防范利益冲突，私募机构做市标的不得为其作为基金管理人的基金（或资产管理计划）直接或间接持股10%以上的股票；三是私募机构不得使用受托管理的客户资金进行做市，做市资金来源仅限于其自有资金。

2. 私募机构开展做市试点

2016年12月，私募机构做市业务试点专业评审工作小组对私募做市业务试点专业评审申请材料进行了集中评审。来自证监会有关部门、中国证券投资基金业协会、中国结算以及全国股转公司的评审专家参与了评审打分。根据《私募机构全国股转系统做市业务试点专业评审方案》的规定，深圳市创新投资集团有限公司等评分排名前10位的私募机构，进入下一阶段的现场验收环节（10家机构名单见表4－3）。此工作标志着相关私募机构参与做市业务试点进入实质性操作阶段。

评审专家按照客观、公正的原则，严格对照《私募机构做市业务申请材料评分表》，对参评机构的资本实力、资产管理规模、业务人员数量及经验、监管及处罚记录、业务及风险控制制度等内容进行了评审打分。总体来看，深创投等前10家私募机构均在业内具有较大影响力和较高知名度，各项评审指标远优于参评机构平均水平。其中，实缴注册资本较参评机构平均高近30%；近3年年均实缴资产管理规模较参评机构平均高出39.9%；计划及承诺实际使用做市资金分别较参评机构平均高出74%、45%；计划配备及目前已到位做市人员数量较参评机构平均高出近23%、30.77%。此外，深创投等前10家机构类型丰富、性质多样，既涵盖创业投资、私募股权、证券投资等全部私募机构类型，又兼具国资及民营资本背景，具有广泛的代表性。

为尽快推动私募做市业务试点，全国股转公司在做好申请材料评审工作的同时，抓紧推进相关业务、技术准备。目前，已针对私募机构与证券公司监管及业务运营的不同特点，研究确定了私募做市试点业务运营管理模式；基于私募做市特殊经纪结算安排，制定了私募做市试点技术方案；组织有关主办券商、技术系统开发商完成私募做市技术系统开发及部署工作；并于2017年11月7—18日开展了由14家主办券商参加的第一轮私募做市技术系统仿真测试。

下一步，全国股转公司将指导、督促深创投等10家私募机构加快各项业务、技术准备工作进度，按要求参加后续私募做市技术系统测试；尽快完成有关组织、制度、证券、资金、人员及相关交易基础设施准备；会同有关单位及时组织对深创投等10家机构的现场验收，确保私募机构做市业务试点平稳顺利实施。

表4-3　进入私募做市业务试点专业评审现场验收环节私募机构名单

序号	私募机构名称
1	深圳市创新投资集团有限公司
2	山东省高新技术创业投资有限公司
3	广东中科招商创业投资管理有限责任公司
4	上海复星创富投资管理股份有限公司
5	敦和资产管理有限公司
6	江苏毅达股权投资基金管理有限公司
7	盛世景资产管理集团股份有限公司
8	朱雀股权投资管理股份有限公司
9	浙商创投股份有限公司
10	深圳同创伟业资产管理股份有限公司

三、律师事务所的业务管理

根据2007年3月9日由中国证监会和司法部联合发布的《律师事务所

从事证券法律业务管理办法》（以下简称《办法》），律师事务所从事证券法律业务须严格按照业务管理办法执行。证券法律业务，是指律师事务所接受当事人委托，为其证券发行、上市和交易等证券业务活动提供的制作、出具法律意见书等文件的法律服务。律师事务所及其指派的律师从事证券法律业务，应当遵守法律、行政法规及相关规定，遵循诚实、守信、独立、勤勉、尽责的原则，恪守律师职业道德和执业纪律，严格履行法定职责，保证其所出具文件的真实性、准确性、完整性。律师事务所应当建立健全风险控制制度，加强对律师从事证券法律业务的管理，提高律师证券法律业务水平。中国证监会及其派出机构、司法部及地方司法行政机关依法对律师事务所从事证券法律业务进行监督管理。

（一）业务范围及规则

1. 业务范围

律师事务所从事证券法律业务，可以为下列事项出具法律意见：

（1）首次公开发行股票及上市；

（2）上市公司发行证券及上市；

（3）上市公司的收购、重大资产重组及股份回购；

（4）上市公司实行股权激励计划；

（5）上市公司召开股东大会；

（6）境内企业直接或者间接到境外发行证券、将其证券在境外上市交易；

（7）证券公司、证券投资基金管理公司及其分支机构的设立、变更、解散、终止；

（8）证券投资基金的募集、证券公司集合资产管理计划的设立；

（9）证券衍生品种的发行及上市；

（10）中国证监会规定的其他事项。

2. 业务规则

（1）律师事务所及其指派的律师从事证券法律业务，应当按照依法制定的业务规则，勤勉尽责，审慎履行核查和验证义务。律师进行核查和验证，可以采用面谈、书面审查、实地调查、查询和函证、计算、复核等方法。

（2）律师事务所及其指派的律师从事证券法律业务，应当依法对所依据的文件资料内容的真实性、准确性、完整性进行核查和验证；在进行核查和验证前，应当编制核查和验证计划，明确需要核查和验证的事项，并根据业务的进展情况，对其予以适当调整。

（3）律师在出具法律意见时，对与法律相关的业务事项应当履行法律专业人士特别的注意义务，对其他业务事项履行普通人一般的注意义务，其制作、出具的文件不得有虚假记载、误导性陈述或者重大遗漏。

（4）律师从国家机关、具有管理公共事务职能的组织、会计师事务所、资产评估机构、资信评级机构、公证机构（以下统称公共机构）直接取得的文书，可以作为出具法律意见的依据，但律师应当履行本办法第十四条规定的注意义务并加以说明；对于不是从公共机构直接取得的文书，经核查和验证后方可作为出具法律意见的依据。律师从公共机构抄录、复制的材料，经该机构确认后，可以作为出具法律意见的依据，但律师应当履行本办法第十四条规定的注意义务并加以说明；未取得公共机构确认的，对相关内容进行核查和验证后方可作为出具法律意见的依据。

（5）律师进行核查和验证，需要会计师事务所、资产评估机构等证券服务机构作出判断的，应当直接委托或者要求委托人委托会计师事务所、资产评估机构等证券服务机构出具意见。

（6）律师在从事证券法律业务时，委托人应当向其提供真实、完整的有关材料，不得拒绝、隐匿、谎报。律师发现委托人提供的材料有虚假记载、误导性陈述、重大遗漏，或者委托人有重大违法行为的，应当要求委托人纠正、补充；委托人拒不纠正、补充的，律师可以拒绝继续接受委托，同时应当按照规定向有关方面履行报告义务。

（7）律师应当归类整理核查和验证中形成的工作记录和获取的材料，并对法律意见书等文件中各具体意见所依据的事实、国家相关规定以及律师的分析判断作出说明，形成记录清晰的工作底稿。

（8）工作底稿由出具法律意见的律师事务所保存，保存期限不得少于7年；中国证监会对保存期限另有规定的，从其规定。

（二）法律意见及监督管理

1. 出具法律意见书的规则

（1）法律意见是律师事务所及其指派的律师针对委托人委托事项的合法性出具的明确结论性意见，是委托人、投资者和中国证监会及其派出机构确认相关事项是否合法的重要依据。法律意见应当由律师在核查和验证所依据的文件资料内容的真实性、准确性、完整性的基础上，依据法律、行政法规及相关规定作出。

（2）法律意见书应当列明相关材料、事实、具体核查和验证结果、国家有关规定和结论性意见。法律意见不得使用“基本符合”“未发现”等含糊措辞。有下列情形之一的，律师应当在法律意见中予以说明，并充分揭示其对相关事项的影响程度及其风险：委托人的全部或者部分事项不符合中国证监会规定；事实不清楚，材料不充分，不能全面反映委托人情况；核查和验证范围受到客观条件的限制，无法取得应有证据；律师已要求委托人纠正、补充而委托人未予纠正、补充；律师已依法履行勤勉尽责义务，仍不能对全部或者部分事项作出准确判断；律师认为应当予以说明的其他情形。

（3）律师从事《办法》第六条规定的证券法律业务，其所出具的法律意见应当经所在律师事务所讨论复核，并制作相关记录作为工作底稿留存；其所出具的法律意见应当由 2 名执业律师和所在律师事务所负责人签名，加盖该律师事务所印章，并签署日期。

（4）法律意见书的具体内容和格式应当符合中国证监会的相关规定。法律意见书等文件在报送中国证监会及其派出机构后，发生重大事项或者律师发现需要补充意见的，应当及时提出补充意见。

2. 监督管理制度

（1）律师从事证券法律业务期间，律师或者其所在律师事务所因涉嫌违法被有关机关立案调查的，该律师、律师事务所应当及时如实告知委托人，并明确提示可能的法律后果。

（2）律师、律师事务所在向委托人出具法律意见时，应当按照规定同时提交其已从事证券法律业务的有关情况；委托人向中国证监会及其派出机构报送含有法律意见的文件时，应当按照规定同时提交律师、律师事务所已从事证券法律业务的有关情况。

（3）中国证监会及其派出机构、司法行政机关及律师协会建立律师从事证券法律业务的资料库和诚信档案，记载律师、律师事务所从事证券法律业务所受处理处罚等情况，并按照规定予以公开。

（4）中国证监会及其派出机构在审核律师出具的法律意见时，对其真实性、准确性、完整性有疑义的，可以要求律师作出解释、补充，或者调阅其工作底稿。律师和律师事务所应当配合。

（5）律师、律师事务所从事证券法律业务有下列情形之一的，中国证监会及其派出机构可以采取责令改正、监管谈话、出具警示函等措施：未按照规定勤勉尽责，对所依据的文件资料内容的真实性、准确性、完整性进行核查和验证；未按照办法规定编制核查和验证计划；未按照规定要求委托人予以纠正、补充，或者履行报告义务；未按照规定在法律意见中作出说明；未按照规定讨论复核法律意见；未按照规定履行告知义务；法律意见的依据不适当或者不充分，法律分析有明显失误；法律意见的结论不明确或者与核查和验证的结果不对应；未按照规定制作工作底稿；未按照规定保存工作底稿；法律意见书不符合规定内容或者格式；法律意见书等文件存在严重文字错误等文书质量问题；违反业务规则的其他情形。

（6）中国证监会及其派出机构作出监管谈话决定的，应当将监管谈话的对象、原因、时间、地点等以书面形式通知律师或者律师事务所负责人。律师或者律师事务所负责人应当按照通知要求，接受监管谈话。中国证监会及其派出机构对律师或者律师事务所负责人监管谈话，可以会同或者委托司法行政机关进行。进行监管谈话，应当有2名以上工作人员在场，并对监管谈话的内容作出书面记录。

（7）中国证监会及其派出机构或者司法行政机关对律师、律师事务所采取责令改正、监管谈话、出具警示函等措施的，律师、律师事务所应当按照要求改正所存在的问题，以提高证券法律业务水平。

（8）律师、律师事务所负责人未按照规定接受监管谈话，或者未按照要求改正所存在问题的，中国证监会及其派出机构或者司法行政机关可以责令其限期整改。

（9）律师、律师事务所被中国证监会及其派出机构、司法行政机关立案调查或者责令整改的，在调查、整改期间，中国证监会及其派出机构暂不受理和审核该律师、律师事务所出具的法律意见书等文件。

3. 法律责任

（1）律师事务所及其指派的律师从事证券法律业务，违反《证券法》和有关证券管理的行政法规，应当给予行政处罚的，由中国证监会依据

《证券法》和有关证券管理的行政法规实施处罚；需要对律师事务所给予停业整顿处罚、对律师给予停止执业或者吊销律师执业证书处罚的，由司法行政机关依法实施处罚。

（2）律师事务所从事证券法律业务，未勤勉尽责，所制作、出具的文件有虚假记载、误导性陈述或者重大遗漏的，由中国证监会依照《证券法》第二百二十三条的规定实施处罚。

（3）律师事务所从事证券法律业务，未按照《办法》第十九条的规定保存工作底稿的，由中国证监会依照《证券法》第二百二十五条的规定实施处罚。

（4）律师事务所从事证券法律业务，有《办法》第三十一条第（一）项至第（八）项规定情形之一的，由中国证监会依照《证券法》第二百二十六条第三款的规定实施处罚。

（5）律师从事证券法律业务，违反《证券法》、有关行政法规和《办法》规定，情节严重的，中国证监会可以依照《证券法》第二百三十三条的规定，对其采取证券市场禁入的措施。

（6）律师事务所及其指派的律师从事证券法律业务，违反《律师法》和有关律师执业管理规定的，由司法行政机关给予相应的行政处罚。律师事务所及其指派的律师从事证券法律业务，违反律师行业规范的，由律师协会给予相应的行业惩戒。

（7）律师事务所及其指派的律师违反规定从事证券法律业务，涉嫌犯罪的，依法移送司法机关处理。

（8）中国证监会及其派出机构、司法行政机关在查处律师事务所、律师从事证券法律业务的违法行为的工作中，应当相互配合、互通情况，建立协调协商机制。对于依法应当由对方实施处罚的，及时移送对方处理；一方实施处罚后，应当将处罚结果书面告知另一方，并抄送律师协会。

四、会计师事务所的业务管理

2007年4月，中国证监会在发布了《关于会计师事务所从事证券期货相关业务有关问题的通知》，以规范会计师事务所从事证券、期货相关业务，维护证券市场秩序，保护投资者和社会公众的合法权益。

（一）会计师事务所的证券资格管理

1. 合并、分立和转制的证券资格管理

具有证券资格的会计师事务所合并后存续或者分立后存续，并且具备《关于会计师事务所从事证券期货相关业务有关问题的通知》第一条第二款规定条件的，证券资格继续有效。该会计师事务所应当自工商变更登记之日起5个工作日内提交下列材料（一式2份）：

（1）会计师事务所合并变更备案表或者会计师事务所分立变更备案表；

（2）会计师事务所合并、分立协议复印件；

（3）合并、分立后会计师事务所营业执照副本复印件；

（4）经省级注册会计师协会确认的合并、分立后工商变更登记日注册会计师情况表；

（5）合并、分立后职业保险保单复印件；

（6）由其他具有证券资格的会计师事务所出具的合并、分立基准日资产负债表的审计报告。

具有证券资格的会计师事务所合并或者分立后新设的会计师事务所，不具有证券资格。

具有证券资格的会计师事务所由有限责任制转制为合伙制或特殊的普通合伙制会计师事务所的，并且具备本通知第一条第二款规定条件的，证券资格继续有效，转制前因执业问题可能引发的行政责任由转制后的事务所承担。

2. 设分所的证券资格管理

证券资格会计师事务所设立的分所，应当符合下列条件：

（1）至少有10名以上注册会计师（含分所负责人）；

（2）自设立第二年起，业务收入应当不少于300万元，其中审计业务收入不少于150万元。

（二）具有证券资格的会计师事务所的报备管理

1. 重大事项报备

具有证券资格的会计师事务所变更名称的，应当自工商变更登记之日起5个工作日内交回证券资格证书，并提交下列材料（一式2份）：

（1）会计师事务所名称变更登记表；

（2）会计师事务所营业执照副本复印件。

具有证券资格的会计师事务所变更名称的，财政部、证监会应当自收到材料和证券资格证书后换发新的证券资格证书，并予以公告。

具有证券资格的会计师事务所地址、主任会计师（首席合伙人）、合伙人发生变更的，应当自变更之日起5个工作日内将有关情况报财政部、证监会备案。

具有证券资格的会计师事务所设立或撤销分所，应当在分所工商登记之日起10个工作日内向财政部、证监会报送有关情况。

2. 年度报备

具有证券资格的会计师事务所应当于每年5月31日之前提交下列材料（一式2份）：

（1）会计师事务所基本情况表；

（2）会计师事务所、分所营业执照副本复印件；

(3) 会计师事务所质量控制制度、对分所管理制度和其他内部管理制度的执行情况以及上述制度的变动情况说明；

(4) 经省级注册会计师协会确认的上年末注册会计师情况表；

(5) 由其他具有证券资格的会计师事务所出具的上一年度本机构财务报表的审计报告，审计报告后附的会计报表附注中应当包括对审计业务收入、上市公司年度财务报告审计业务客户家数（含证监会已审核通过的IPO公司户数）、上市公司审计业务收入的单项说明；

(6) 职业保险保单复印件；

(7) 上一年度证券业务情况表；

(8) 上一年度审计业务收费情况表。

财政部、证监会应当对有关材料进行核查，必要时可以进行实地调查。

（三）会计师事务所证券资格的监管

1. 一般监管措施

具有证券资格的会计师事务所在从事证券业务期间，应当持续具备《关于会计师事务所从事证券期货相关业务有关问题的通知》第一条第二款规定的条件。

发生不具备该通知第一条第二款第（二）项至第（五）项条件之一情形的，不得承接证券业务，并应当自出现该情形之日起5个工作日内提交会计师事务所整改计划表（一式2份）。两年内在执业活动中受到两次以上行政处罚、刑事处罚的，视为不具备第一条第二款第（二）项条件。该会计师事务所应当自出现上述情形之日起两个月内进行整改，并自整改结束之日起5个工作日内报送整改情况说明（一式2份）。未按规定提交会计师事务所整改计划表或者逾期仍未达到条件的，财政部、证监会撤回其证券资格。

发生不具备该通知第一条第二款第（六）项、第（七）项条件情形的，财政部、证监会撤回其证券资格。

具有证券资格的会计师事务所终止的，证券资格失效，应当在工商注销登记前交回证券资格证书。财政部、证监会应当自收到证券资格证书后将终止的具有证券资格的会计师事务所予以公告。

具有证券资格的会计师事务所，除被依法撤销、撤回资格的情形外，不再从事证券业务的，应当交回证券资格证书，并提交会计师事务所终止证券业务情况说明表（一式2份）。财政部、证监会应当自收到材料和证券资格证书后将不再从事证券业务的会计师事务所予以公告。

财政部、证监会依法对具有证券资格的会计师事务所从事证券业务的情况进行监督检查。会计师事务所及其注册会计师应当予以配合。

2. 特别关注情形

具有证券资格的会计师事务所存在下列情形之一的，财政部、证监会将给予特别关注：

（1）受到举报的；

（2）受到公众质疑，被有关媒体披露的；

（3）首次承接证券业务，或者最近1年内未从事证券业务的；

（4）注册会计师流动过于频繁的；

（5）股东或者合伙人之间关系不协调，可能对执业质量造成影响的；

（6）高层管理人员发生重大变动的；

（7）收费异常的；

（8）客户数量、规模与会计师事务所的执业能力、承担风险能力不相称的；

（9）发生合并或者分立的；

（10）在上市公司更换会计师事务所时承接业务的；

（11）受到行政处罚、刑事处罚的；

（12）不按规定进行业务报备的；

（13）财政部、证监会认为需要给予特别关注的其他情形。

财政部、证监会应当建立会计师事务所从事证券业务诚信档案，记载会计师事务所、注册会计师的执业质量和质量控制情况，以及违法违规行为和对其采取的监管措施等内容，并予以公布。

具有证券资格的会计师事务所发生违反本通知规定行为的，财政部、证监会可以出具警示函并责令其整改；对会计师事务所负责人、直接负责的主管人员和其他直接责任人员，可以采取监管谈话、出具警示函、认定为不适宜从事证券业务人员等行政监管措施，并予以公告。

具有证券资格的会计师事务所应当充分利用信息技术支持业务工作和管理活动，按照注册会计师行业信息化建设总体方案要求完成信息化建设。存储业务工作、客户资料的数据服务器和信息技术应用服务器应当架设在中国境内，对服务器的访问以及相关数据调用应当保存清晰完整的日志。证券期货相关业务报告应当由负责该项业务的合伙人签字。

五、独立财务顾问的业务管理

在新三板企业等公众公司并购重组过程中，具有证券从业及相关资格的财务顾问等中介机构凭借过硬的专业知识和操作技巧，在充分掌握相关信息，全面、公正、独立地反映并购重组并推动相关交易顺利完成过程中发挥着日益重要的作用。

（一）收购中的独立财务顾问业务管理

1. 独立财务顾问的聘请

新三板挂牌公司的收购，对于收购方来说原则上必须聘请独立财务顾问，且该顾问在收购完成后 12 个月内需要对收购方进行持续督导。对于被收购的挂牌公司来说，仅规定在要约收购中，被收购方可以聘请独立财务顾问。

该财务顾问可以是为公司提供持续督导服务的主办券商，但存在影响独立性、财务顾问资格受限的情况除外，可以同时聘请其他机构担任独立财务顾问。除此之外，被并购的挂牌公司没有聘请独立财务顾问的强制性要求。在实践中，除很小规模和很简单无大争议的收购之外，建议被收购的挂牌公司最好也聘请独立财务顾问。

可以不聘请独立财务顾问的例外情况包括：国有股行政划转或者变更、因继承取得股份、股份在同一实际控制人控制的不同主体之间进行转让、取得公众公司向其发行的新股、司法判决导致收购人成为或拟成为公众公司第一大股东或者实际控制人。

2. 独立财务顾问的职责和要求

根据《非上市公众公司收购管理办法》的明确规定，独立财务顾问的主要职责和要求包括：

（1）收购人聘请的财务顾问应当勤勉尽责，遵守行业规范和职业道德，保持独立性，对收购人进行辅导，帮助收购人全面评估被收购公司的财务状况和经营状况；

（2）对收购人的相关情况进行尽职调查，对收购人披露的文件进行充分核查和验证；

（3）对收购事项客观、公正地发表专业意见，并保证制作、出具文件的真实性、准确性和完整性；

（4）在收购人公告被收购公司收购报告书至收购完成后 12 个月内，财务顾问应当持续督导收购人遵守法律、行政法规、中国证监会的其他规定、全国股转系统相关规则及公司章程，依法行使股东权利，切实履行承诺或相关约定；

（5）财务顾问认为收购人利用收购损害被收购公司及其股东合法权益的，应当拒绝为收购人提供财务顾问服务。

3. 独立财务顾问的服务内容

在新三板挂牌公司收购活动中，一家财务顾问既可以为收购公司服务，也可以为目标公司（如聘请有财务顾问）服务，但不能同时为收购公司和目标公司服务。

（1）独立财务顾问为收购人（公司）提供的服务。为收购人（公司）寻找合适的目标公司，并从收购公司的战略和其他当面评估目标公司；提出具体的收购建议，包括收购策略、收购价格与其他条件、收购时间表和相关的财务安排；与目标公司的董事或大股东接洽，并商议收购条件；帮助准备要约文件、股东通知和收购公告，并商议收购条件。

（2）独立财务顾问为目标公司提供的服务。监视目标公司的股票价格，追踪潜在的收购公司，对一个可能性收购目标提供早期的预告；定制有效的反收购策略（如有且必要），组织敌意收购；评价目标公司和它的组成业务，以便在谈判中达到一个较高的要价；提供判断要约价格是否公平的建议；如有需要，帮助目标公司准备利润预测；编制有关的文件和公告，包括新闻公告，说明董事对收购建议的初步反应和他们对股东的建议。

（二）重组中的独立财务顾问业务管理

新三板挂牌企业等公众公司重大资产重组应当聘请为其提供督导服务的主办券商为独立财务顾问，但存在影响独立性、财务顾问业务受到限制等不宜担任独立财务顾问情形的除外。公众公司也可以同时聘请其他机构为其重大资产重组提供顾问服务。

为公众公司重大资产重组提供服务的证券服务机构及人员，应当遵守法律、行政法规和中国证监会的有关规定，遵循本行业公认的业务标准和道德规范，严格履行职责，不得谋取不正当利益，并应当对其所制作、出具文件的真实性、准确性和完整性承担责任。

1. 一般性披露文件

新三板挂牌等公众公司聘请的独立财务顾问出具相关报告和意见主要涉及重大资产重组报告书和独立财务顾问意见。

2. 恢复转让督导

在独立财务顾问发现公众公司可能或确定无法及时披露信息的，应当督促公司主动书面告知全国股转系统并申请延后最晚恢复转让日。公众公司需要披露重大资产重组进展报告时，独立财务顾问应当同时披露风险揭示公告，就出现延后披露信息情况的原因及可能造成的风险向投资者进行解释说明。

公众公司未向全国股转系统申请延后最晚恢复转让日，且在最晚恢复转让日前7个转让日仍未能进行首次信息披露的，全国股转系统有权要求独立财务顾问对相关情况进行核查，并根据核查结果采取自律管理措施。情节严重的，可以给予纪律处分，要求其暂停重大资产重组行为并报告中国证监会。

公众公司聘请的独立财务顾问应当在最晚恢复转让日后两个转让日内发布风险提示公告，就公司未能进行信息披露的原因及可能造成的风险向投资者进行解释说明。

3. 持续督导

根据《非上市公众公司重大资产重组管理办法》的相关规定，公司重大资产重组完成相关批准程序后，应当及时实施重组方案，并在本次重大资产重组实施完毕之日起两个工作日内，编制并披露实施情况报告书及独立财务顾问、律师的专业意见。

独立财务顾问应当按照中国证监会的相关规定，对实施重大资产重组的新三板挂牌企业等公众公司履行持续督导职责。持续督导的期限自公司完成本次重大资产重组之日起，应当不少于一个完整的会计年度。

独立财务顾问应当结合公众公司重大资产重组实施当年和实施完毕后的第一个完整会计年度的年报，自年报披露之日起15日内，对重大资产重组实施的下列事项出具持续督导意见，报送全国股转系统：

（1）交易资产的交付或过户情况；

（2）交易各方当事人承诺的履行情况及未能履行承诺时相关约束措施的执行情况；

（3）公司治理结构和运行情况；

（4）本次重大资产重组对公司运营、经营业绩影响的状况；

（5）盈利预测的实现情况（如有）；

（6）与已公布的重组方案存在差异的其他事项。

（三）并购重组中其他中介机构的职责

新三板挂牌企业等公众公司在并购重组中除了上述文中涉及的财务顾问之外，还应当包括律师事务所，具有证券、期货相关资格的会计师事务所等证券服务机构，由其出具相关报告和意见。

1. 律师事务所在并购重组中的职责

律师事务所在新三板挂牌企业等公众公司并购重组中的职责包括：按照中国证监会、全国股转系统等的各项规定，对标的资产、公众公司和交易对方的相关法律问题和事项进行充分的核查验证，并出具法律意见书；拟定并购重组相关协议等法律文件；对并购重组的有关申请文件提供鉴证意见。

2. 会计师事务所在并购重组中的职责

会计师事务所在新三板挂牌企业等公众公司并购重组中的职责包括：对标的资产的财务报表进行审计，并出具两年（及一期，如需）的审计报告；上市公司拟购买资产的，出具拟购买资产的赢利预测审核报告；涉及公众公司发行股份的，负责公司资本验证，并出具有关验资报告。

3. 资产评估事务所在并购重组中的职责

资产评估事务所在新三板挂牌企业等公众公司并购重组中的职责包括：聘请资产评估事务所对拟购买、出售、置换的相关资产进行评估并出具评估报告；当资产评估事务所采用收益现值法评估相关资产的价值时，应当提供采用该种方法的理由及评估的唯一方法，资产评估事务应同时采用可选择的另外一种评估方法进行评估，并出具评估结果，公众公司应当予以报送并披露。

六、中介机构的主要职责及工作流程

中介机构在企业新三板挂牌过程中发挥了重要的推荐、督导和服务等功能，这些中介机构主要包括：证券公司（作为主办券商）、会计师事务所、律师事务所和资产评估机构（如需要评估）等。[①]

（一）中介机构的主要职责

1. 中介机构主要职责比较

我们将中介机构在企业挂牌新三板的过程中所承担的主要职责按挂牌流程依次反映，如表4－4所示，以便读者更清晰地了解各中介机构在挂牌流程中的职责所在。

① 王汀汀，王伟，王小军．新三板公司操作与案例[M]．北京：人民日报出版社，2015：24－29.

表 4－4　中介机构在企业挂牌流程中的主要职责

阶段	主办券商	律师事务所	会计师事务所
改制阶段	成立项目小组，开展尽职调查；根据企业的融资需求，为企业引入战略投资者；协同企业制订改制方案；公司主要股东、董事、监事和高级管理人员等进行辅导和专业培训，帮助其了解与新三板挂牌有关的操作流程	对改制过程中的法律事项尽职调查，提供法律意见；辅导企业设立或变更为股份有限公司；起草"三会"决议、发起人协议、公司章程等文件；对公司主要股东、董事、监事和高级管理人员等进行辅导和法律知识培训	对申请挂牌企业的财务状况进行尽职调查，出具改制审计报告；负责申请挂牌企业的资本验证并出具验资报告
推荐挂牌阶段	继续开展尽职调查，出具尽职调查报告；组织申请挂牌企业和中介机构制作挂牌申请文件；将申请材料提交内核机构审议，出具内核意见；同意推荐的，出具推荐报告	继续进行尽职调查；出具《法律意见书》等申请文件；对各种挂牌申请文件的合规性进行判断	继续进行尽职调查，出具最近两年及一期的《审计报告》
挂牌审核阶段	组织申请挂牌企业和中介机构针对股转系统的审核反馈意见进行回复或整改	针对股转系统的审核反馈意见进行回复或整改	针对股转系统的审核反馈意见进行回复或整改
挂牌阶段	协助企业完成挂牌流程	为企业挂牌前后的各种法律事务提供咨询	提供与企业挂牌有关的财务会计咨询服务
挂牌之后	持续督导挂牌公司诚实守信、规范履行信息披露义务、完善公司治理机制；检查挂牌公司"三会"规范运作情况；督导挂牌公司规范履行信息披露义务，事前审查信息披露文件；对挂牌公司进行现场检查，持续的培训服务；建立与挂牌公司的日常联系机制；解答挂牌公司的各种业务咨询	为企业各种法律事务提供相关服务，包括但不限于对挂牌公司的年度股东大会进行见证	提供与企业挂牌有关的财务会计咨询审计服务，包括但不限于对挂牌公司进行年度审计并出具审计报告

公司在改制阶段还需要资产评估机构的参与。资产评估机构对股份有限公司设立过程中使用的实物、知识产权、土地使用权等非货币资产进行

评估作价、核实资产，出具《资产评估报告》。

2. 拟挂牌企业的职责

企业为了在新三板顺利挂牌也需要完成如下工作：初期遴选中介机构；成立内部股改小组，初步拟定改制方案；形成股份挂牌报价转让决议；配合中介机构尽职调查，提供相关必需材料；配合中介机构完成各种文件的起草和提交等。企业成功挂牌新三板后还需持续开展两项工作：一是持续信息披露，包括临时公告和年报等；二是接受主办报价券商的督导，并且接受公众投资者的咨询。

（二）中介机构的工作流程

1. 挂牌步骤

第一步，尽职调查。三大法定中介机构（证券公司、会计师事务所和律师事务所）经过对申请挂牌公司的初步审查，与公司签订保密协议后，进场对公司进行实质性的尽职调查。

第二步，形成股改方案。主办券商协助企业确定股改方案，并协调中介机构和企业由非股份有限公司变更为股份有限公司。

第三步，内核与挂牌审核。在主办券商的主导下，各中介机构制作所需挂牌申请文件并提交内核机构内核，内核通过后由主办券商形成推荐报告及其他申请文件，提交股份转让系统进行挂牌审核。

第四步，挂牌。挂牌审核通过后，企业进入正式挂牌的流程，包括申请证券简称和代码、办理股份初始登记、相关文件公开上网披露、举行挂牌仪式等。致此，企业正式在新三板挂牌。

2. 中介机构工作流程图

根据企业挂牌工作的操作实务和各中介机构的主要职责，我们画出工作流程简图，以便读者理解，如图 4－1 所示。

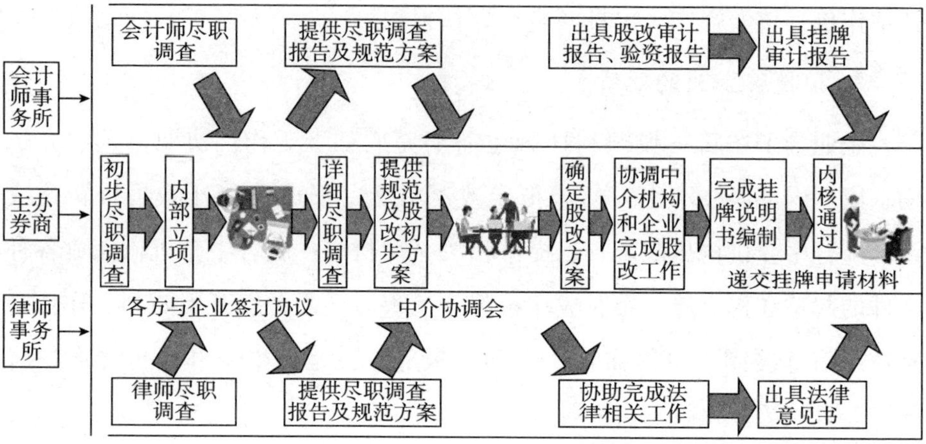

图 4-1　券商及各中介企业挂牌工作流程

第三节　中介机构管理制度的国际经验

目前我国新三板市场面临着一系列问题：市场顶层设计和制度安排有待完善和稳定；做市商等交易制度和业务规则有待改革和健全，须改进市场的价格发现、价格传导机制功能，以解决市场流动性不足等问题；信息披露制度有待加强执行，以解决挂牌公司、中介机构与投资者之间的信息不对称问题，须提高市场信息透明度，维护市场各方参与者的信心，保护投资者合法权益。在新三板市场继续深化发展的进程中，上述问题的解决需要有稳定、专业、负责的中介机构队伍的支持。由于我国的新三板市场是一个刚起步的新兴市场，有必要借鉴国际成熟市场的先进经验，并结合我国国情的实际情况，通过建设合理的中介机构管理制度，推动新三板中介机构的发展，打造符合新时代要求的有中国特色的新三板市场。

一、做市商管理制度的国际经验

做市商制度源于 20 世纪 60 年代的美国柜台交易市场。在当时的市场上，投资者下达的买卖证券的委托单数量经常不匹配，由此产生了两大问题：第一，买入和卖出的委托单数量不一致使证券的价格发生剧烈波动；第二，由于没有交易对手，买卖双方都可能不得不以高于（或低于）市场清算价的价格割让。于是一种以自有库存资金为主、为市场组织交易和提供流动性的交易制度——做市商制度应运而生。①

（一）美、英、日的做市商制度比较

目前，发达国家场外市场交易制度主要以做市商制度为主，全球有代表性的场外市场所采用的交易制度呈现出以下特征：层次较高的市场普遍采用混合型做市商制度，层次较低、市场容量较小的市场普遍采用传统做市商制度，如表4－5所示。

表4－5　发达国家主要场外市场交易制度比较

国家	市场名称	交易方式
美国	NASDAQ 市场	以多元做市商制度为主，以指令驱动制度为辅
	OTCBB，Pink Sheet 市场	传统做市商制度
英国	AIM 市场	多层次交易制度
	Off－exchange 市场	传统做市商制度
日本	JASDAQ 市场	以连续竞价制度为主，以做市商制度为辅
	绿单市场	传统做市商制度

资料来源：根据 NASDAQ、AIM 等场外市场官方网站资料整理。

从美国、英国、日本的场外市场来看，交易制度的选取和变更存在很强的路径依赖，并且与市场基础环境、政府政策及法律监管息息相关。

1. 做市商制度的变迁

由传统做市商制度（或竞价交易制度）过渡到混合型做市商制度存

① 本部分参考：杨星，范纯，郭璐．场外市场交易制度的国际比较与借鉴[J]．南方金融，2014，495(11)：69－74.

在很强的路径依赖。交易制度变更过程中“路径依赖”现象的产生主要源于正式规则、非正式规则以及特殊利益集团三方面原因。正式规则对场外市场的影响是连续的、累积的，它通过约束主体行为直接影响市场运行。以 NASDAQ 市场为例，由于纯粹做市商制度委托优先权、价格主导权等规则的内在桎梏[①]和 ECN 系统演进的外在压力，美国证券交易委员会（SEC）推出新的“委托处理规则”（OHR），允许客户限价委托价格与做市商报价一同竞价，并通过“超级蒙太奇”计划（Super Montage）实现投资者限价委托和做市商报价的统一集中撮合。其从基础交易规则和技术水平两个角度推动了由纯粹的做市商制度向混合交易制度的过渡。

相比于正式规则对交易制度变迁路径依赖的影响，非正式规则产生的内生的、渐进的影响也是极为重要的。JASDAQ 市场经历了单一竞价制度、引入做市商制度、取缔做市商制度以及引入流动性提供商制度（LP 制度）四个阶段，其变更都与以解决市场流动性问题为中心的导向密切相关。对证券投资者吸引力不强、部分股票交投不活跃、上市公司年均数量逐年递减等问题，直接推动了前两个阶段的过渡。而采用做市商制度的股票数量不足 20%，不足以解决流动性的现实需要，又引致了后两个阶段的更替。

正式规则和非正式规则在场外市场交易制度变迁的过程中起着不容置疑的作用，但从内在机理来看，特殊利益集团间的博弈则会保持制度变迁惯性，交易制度变革往往会因为涉及各相关团体的根本利益而出现路径依赖。以券商为例，券商在场外市场中充当承销商、经纪商和自营商，特别

---

① 是指做市商依仗特有的资金优势和信息优势，扭曲成交价格，扩大买卖价差收入，使得 NASDAQ 市场的每股平均报价价差、实际有效价差比例以及成交价差比率等主要市场交易指标均高于纽约交易所，提高了投资者的交易成本。

是在做市商制度中可充当做市商。当其充当前者时主要的盈利源于佣金、自营买卖价差，而成为做市商能够获取的则是交易规则特权所赋予的买卖价差。当已有制度改变所减少的盈利来源未能得到弥补时，交易制度会自动保持惯性或向寻求能够保持或不减少原有盈利的方向转变，英国 AIM 多层次交易制度的形成正是由此原因所致。

2. 做市商制度的基本环境比较

交易制度类型的变更与市场基础环境密切相关，挂牌企业的数量、投资者的实力和结构等因素决定了交易制度的类型。一般而言，在挂牌企业数量多、投资者的实力强，尤其是机构投资者多、市场流动性好的情况下，宜采用竞价交易制度，反之宜采用做市商交易制度。

美国 NASDAQ 市场作为层次结构最为成熟的场外市场，上市企业数目有 6000 多家，投资者实力的集中度远远高于其他场外市场。英国 AIM 市场企业资源广、挂牌企业数量大，其将挂牌企业根据流动性由强到弱分层具有现实意义，不同规模的委托数量促使市场采取为不同层次的挂牌企业股权交易采取不同层次的交易方式的制度，以达到最优化交易效率的目的。从投资者结构来看，英国金融监管当局对其机构投资者实施了资本利得、营业税收等方面的税收优惠，使其保留了以机构投资者为主体的投资者结构。以机构投资者为主体的市场在交易类型方面具有大宗交易的特征，在一定程度上降低了市场的流动性，而大宗交易所带来的买卖价差利润收入又使得做市商有了一定的盈利空间。这也就解释了该市场对不同层次的企业股权交易分别采用混合型做市商制度和纯粹做市商制度的原因。

日本 JASDAQ 市场中多元化、为数众多的挂牌企业拓展了市场容量，活跃了市场交投行为。JASDAQ 市场是以个人投资者为主体的市场，其市场交易活跃度、对外资的吸引力很强，较高的流动性状况与竞价制度具有很强的适配性，并催生了解决极限情况下流动性问题的流动性提供商（机构 LP）的产生。

3. 做市商监管制度比较

交易制度具体模式的设定，除了为市场提供基础条件之外，还要设立相适应的配套机制，以维持做市商权利与义务的平衡，保证市场的正常秩序和投资者的利益。

从监管模式来看，不同市场的监管模式与各国的监管传统、监管理念、市场成熟程度以及市场的基本结构有密切的联系，如表4－6所示。其中以美国多层次自律监管模式的组织结构最为鲜明，又以 NASDQ 市场的对做市商委托报价、成交、报送等全方位进行事实监督最具代表性。AIM 市场“终身保荐人”制度最具特色。但是无论每个市场采取何种模式的监管体制，其对做市商监管的内容都有一定的趋同性，都主要由做市商行为监管和做市商信息披露两部分构成。做市商行为监管主要是针对做市商基本义务的履行情况（如是否双向连续报价、是否满足投资者买卖委托、延迟履行比率等）以及违规行为情况（如内幕交易、价格操纵等）进行监管。对做市商的信息披露监管要求做市商定时或在特定情况下向监管部门提供成交股权、数量、价格等信息。

4. 做市商补偿措施比较

做市商的成本和收益均衡是做市商制度能否维系的关键因素之一，其给予做市商在市场内持续报价的动力。通常情况下，在法律、金融机制以及知情权方面均有一定数量的豁免和法定补偿，如表4－6所示。除了规则中对于做市商补偿措施的硬性规定以外，各个国家的金融市场依据其开放程度也为创新型做市商头寸调整渠道、补偿措施预留了一定的空间。

表4－6 不同市场做市商监管制度和补偿措施比较

市场类型	做市商监管制度		做市商补偿措施
	监管模式	监管内容	
美国场外市场	多层次自律监管模式	禁止做市商限制竞争行为；考察做市商尽职义务；禁止做市商利用信息优势提前行动	在交易中享受减免税费的特权；向银行或融资公司融资的优先权；承销和配售便利；享有交易者所有买卖盘记录的信息优先权；一定条件下的做空机制
英国场外市场	外包监管模式：以“终身保荐人”制度为核心	通过固定时间报告和实时报告方式，考察做市商是否履行既定义务；限制做市商利用信息便利进行不公平交易	责任豁免（如可超过持股的一般要求比率、延迟做大宗交易信息披露等）；通过做市商场内交易市场进行做市商存货头寸调节
日本场外市场	证券业协会自律监管模式	通过实时监控和交易审查，严控内幕交易和股票价格操纵，保证做市商履行双边报价义务；要求做市商对于超过既定数额的交易进行实时报告	责任豁免；免除做市商做市交易的相关手续费等；红利报酬激励政策，给予符合条件的流动性提供商（LP）该月所有交易手续费的90% 作为红利

（二）做市商管理制度的经验借鉴

1. 多元的竞争性做市商制度是较好的选择

与垄断的做市商制度相比，多元的竞争性做市商制度在投资者交易成本、风险分散以及市场效率改进等方面均有比较优势。首先，多元做市商制度更容易形成有效的竞争，在推动信息公开的同时，能有效地降低买卖价差，从而降低投资者的信息成本和交易成本，推动价格接近均衡价格水平，促进价格稳定和交易量增加。其次，对于单个标的采取多元做市商制度，能够增加分散风险的渠道，降低单个做市商的风险集中度，缩小风险敞口。最后，相比多元的竞争性做市商制度，垄断做市商对垄断利润的索取将可能增加市场的总体成本，促使投资人承担更多的隐性成本，降低市场效率。总的来说，竞争性做市商制度更有利于市场效率的提高，进而完善市场微观结构。

此外，多元做市商制度的实施能够合理分摊单个做市商的做市压力，并且通过做市商竞争起到制衡作用，减少监管压力。考虑到现有的两种交易制度（协商定价制度和集合竞价制度）与现有市场结构的结合程度及其在价格决定过程中所起到的特定作用两大硬性因素，以及市场参与者对于市场交易制度认知的软性因素，当市场发育程度更好后，可以考虑在多元做市商制度中引入协商定价制度和集合竞价制度，对于不同特点、不同流动性的股权交易采取不同类型的交易制度，以增加交易制度的弹性。

2. 完善市场基础和交易环境

在市场整体环境方面，社会成本的补偿和疏导决定了做市商必须拥有合法、有效、低成本的融资融券渠道，这对市场整体环境提出了产品多样、功能完整的要求，需要市场提供对应的、较为成熟的金融产品和制度设定，以实现成本补偿和风险对冲。根据对场外市场的分析，普遍存在的成本补偿的方式有责任豁免和成本补贴。成本补贴可以通过显性和隐性两种方式，显性的补偿方式包括对做市商保证金减免、税费减免以及现金奖励；隐性的做市商补偿机制包括给予做市商融资渠道便利、允许其在其他市场进行头寸调整、给予做市商 IPO 配售便利等。在市场主体环境方面，做市商有持续报价的义务，要求作为做市商的综合券商及其他金融机构达到一定的数量，特别是对于多元做市商制度而言，应该保证每只做市证券的做市商数量达到两个或两个以上，以保证做市商收入、降低做市商存货风险。从市场交易价格稳定性的角度来看，以机构投资者为主的投资者结构（理论上为 50%）也是必不可少的。

在交易环境方面，法律环境构成了做市商制度实行的主要交易环境。一套完整的做市商做市规定至少需要包括做市商资格认定、做市商权利义务法律平衡以及做市商交易对象保护三个方面的内容，要设定做市商准入标准、合理买卖价差和最小报价比例以及适当性规定，以保证做市商的合格性以及做市行为的规性。目前，我国做市商的相关法律存在主体定义不清楚、重要条款（如归入权、操纵市场以及内幕知情权）冲突等问题。法律法规的修改应该遵从从法定障碍的清除到其他微观细则的建设（如信息披露制度、保荐人制度等）的顺序。考虑到市场流动性弱的现状，可以从挂牌企业范围和股权单位两方面营造宽松的交易环境：一方面降低非上市公司股票发行的限制，增加可交易股权标的的范围；另一方面减少交易股权拆分单位，吸引个人投资者加入，增强场外市场流动性。

3. 完善做市商准入条件与监管机制

关于做市商的市场准入，做市商至少应该具备下列条件：一是经营记录：具备场外市场股权交易业务经验的主办券商优先；二是财务状况：具有与做市证券资质和数量相匹配的财务要求和净资本量；三是持仓能力：具备与做市证券流通股本相匹配的持仓能力以及头寸调整能力；四是基本资质：具备做市专业部门，有完善的风险管理和内控机制。就我国市场参与主体的状况而言，可以考虑将综合类券商、保险机构以及私募机构作为做市商首选。此外，在做市商制度建设的初期，由于做市商主体数量不足，可以考虑在经营风险及道德风险可控的条件下，适当放宽做市商准入的资格标准，对于准入的机构和可以通过改制成为做市商的机构进行培训。

做市商监管内容可分为做市商资格监管和做市商行为监管。做市商资格监管包括注册制、分类制和滚动制，通过考量资金能力、持仓能力以及综合规模等要素，保证做市商的质量。在做市商的分类方面，可依照做市商所持存货数量及做市规模大小对做市商进行分类管理；同时实行滚动资格管理，对于不符合做市商资格或者未能履行做市商义务的做市商进行不同程度的处分，对于实在不满足做市商资格的要予以清退处理。

对做市商行为监管，全球场外市场监管大体上可分为集中型、中间型以及自律型三种模式。其中，自律型是场外市场监管机制的主流。但考虑到我国社会主义市场经济的具体现实，在场外市场的发展过程中，中央监管也不应缺位。因此，我国场外市场应采取“以政府监管为主导、以行业协会和自律监管为基础”的多层次监管主体模式，将总体监管和内控制度建设结合起来，从制度上控制做市商成本以及做市商行为。

二、中介机构信息披露制度的国际经验

非上市公众公司信息披露制度的执行主体主要是发行人与辅助机构，而信息披露制度法律关系的建立是由供求双方以及作为中立者的监管机构共同参与的。承担着为公司股权交易服务的中介机构，作为信息的保有者也负有披露义务，如会计师事务所、律师事务所、证券公司、商业银行、信托机构、信用评级机构、基金管理公司等，其披露信息以自己制作或受托公开的为主。但中介机构毕竟不是信息的原作者，公开既要尊重原公司的意愿，履行保密责任，同时要克服可能存在的利益冲突问题，信息公开也应当符合监管标准，不能虚假陈述或者遗漏陈述。①

在场外市场中，信息披露的供给方还包括做市商和主办券商。做市商作为双边报价的撮合者，以居间人或者双方委托人的形象出现，需要对报价信息与成交量进行披露，并肩负起为委托人保密的义务。在新三板中，作为股权交易的受托方的主办券商除了在证券交易所发布信息外，还需在股权代办系统发布信息。

（一）美国的中介机构信息披露制度

1. 首次公开披露

美国的所有公众公司首次公开发行都必须遵循《1933 年证券法》的规

① 本部分参考：马云鹏．非上市公众公司信息披露制度研究［D］．重庆：重庆大学法学院，2014.

定。当证券发行，只有合格投资者参与，或者同时包含两种投资者，其中非合格投资者不超过 35 人时，不属于“公开发行”，公司对外可以申请信息披露豁免，但对内的义务依然不得免除。公司首次公开发行必须向 SEC 申请注册，并按照《证券法》规定的事项进行披露。公司应该公开招股说明书，按照 SEC 制定的 S－1 表中规定的格式进行制作。招股书中应该包括摘要部分和主体部分。摘要部分是对招股书主体内容的简要说明。主体部分应该包括：发行费用、预期收益率、发行所得、发行定价、股份稀释情况、发行计划、募集资金用途、发行证券的描述、中介机构利益冲突的声明、发行人行业信息、主要服务或产品信息、财产状况、承担债务情况、发行人股价、分红政策、期权计划、财务报告、会计政策、会计重述、简要财务数据、补充财务信息、管理层讨论与分析、公司对发行股票的决议、市场风险分析、风险防范措施、董事和高管信息、管理层薪酬、公司治理结构、股东状况、公司股权结构、员工持股计划、管理层持股情况、关联交易情况、对招股说明书真实性的声明、披露违法的责任承担等内容。同时，还规定了一定范围内的注册豁免政策，即凡在股票发行前 12 个月内或者发行期间发行金额不足 100 万美元的，免除注册义务与对外披露义务。

2. 持续披露

美国场外市场的持续披露制度不同于首次公开制度，没有统一的标准，而是遵循交易所自律原则，如表 4－7 所示。美国场外市场主要包括 NASDAQ，OTCBB（场外柜台交易系统）和 Pink Sheet（粉单市场），Gray Market（灰单市场）等，总的来说，其披露强度逐次递减，而自律性依次增强，呈现出倒金字塔结构。

表4－7　美国场外市场中介机构信息披露规定比较

市场	与中介机构相关的信息披露规定
NASDAQ	信息披露制度非常严格；发行公司必须每年向 SEC 和 NASDAQ 管理者提交经会计师事务所审计的年度财务报告；注册会计师的更换必须作为重大事件报告
OTCBB	所有在 OTCBB 交易的公司都必须向 SEC 注册且履行披露义务，同时还需向报价券商公布近期的财务报告，以及经财务审计的季报、年报；做市商也必须向 NASD 报告披露时间表
Pink Sheet	所有交易全部由做市商负责；如果发行公司不需要向 SEC 注册，只需要提供一个反映公司最新情况的 Form21 表格；市场完全由私人公司运营，不受政府的监管，存在信息透明度低、风险大的缺点；挂牌公司没有任何强制披露义务，也不需要公布财务报表
Gray Market	完全由券商进行自治，缺乏有效的披露体系

（二）英国的中介机构信息披露制度

1. 首次公开制度

英国的 AIM 市场作为主板的预备市场，同样受伦敦证交所监管，其发行证券实行保荐人与承销商制度，挂牌公司也需要支付上市费用，按照上市公司的标准进行披露，与一般的场外交易市场具有巨大的差异。在英国，凡是证券公开发行必须在金融服务局（FSA）注册，核准的前提是招股说明书等文件得到 FSA 批准。FSA 制定的《招股章程规则》规定，招股说明书应该包含反映发行人和保证人的资产负债、损益、发展前景等财务状况，以及其他投资者可以用来评估证券价值的信息，分为注册文件、证券说明、摘要三大部分，当然发行人也可以将它们合而为一，但无论何种形式，招股说明书都必须包含摘要。招股说明书一经监管机构批准后就必须立刻向社会公开，发行人应在有全国影响力的媒体，发行人、中介机构以及证监会的网站进行披露，投资者如果认为确有必要，还可以向发行人索要书面文本。

2. 持续披露义务

英国没有制定专门的《证券法》，其证券披露制度是由各个交易所规则以及《公司法》分别规定的。在 PLUS 发行的公司需要定期披露其财务状况报告，并在发生可能对股价产生重大影响的事项时履行重大事项披露责任。财务状况报告包括年报与中期报告，采取的依然是“重大性标准”，主要披露公司重大股权变动、会计准则变更、公司管理层或者董事会的重大变更、发行新股、对外重大交易事项等内容。

英国《2006 年公司法》还规定，所有公司的董事会备置年度财务报告，必须公开说明公司薪酬情况、董事收入、借债以及担保等情况。该报告必须遵守《公司法》规定的标准或者符合国际会计准则/国际财务报告准则（IAS/IFRS）的标准。一般来说，年度财务报告与董事会报告都需要经过独立的审计，审计机构需要出具真实公允的意见，保证公司对经营的描述与公司财务经营情况相吻合，并将这些资料进行存档备案。《2006 年公司法》还规定，公司需要将年度财务报告送交所有的股东、债券持有者以及其他法律规定的应该收到报告的人，公司可以通过传真、电邮、寄送纸质版或者网上发布的形式对以上人员进行有效送达，公司网站中还应该上传这些报告。公众公司最晚于股东大会召开前必须制作好年度财务报告与董事会报告，在这之前应该向股东、债券持有者发送这些信息的摘要文件。非上市公司必须在各项报告制作完毕至股东大会完毕后的 6 个月内，向公司注册官备案，备案内容包括财务报告全文及董事会与审计机构的意见书。

（三）中介机构信息披露制度的国际经验

1. 披露负担较轻

在英、美两国中，公司只要公开发行过，就自动成为公众公司，不存在“上市”与“非上市”的区别，因此没有针对场外市场首次公开的专门规定，公司只需要按照交易所规则，履行简易的注册手续即可挂牌。持续披露也针对中小型企业做了特别设计，在遵守重大性原则的前提下，对披露的格式、事项和合并报表等都做了不同程度的简化。部分交易平台给予公司充分的选择权，采取平台推荐、奖励等形式鼓励公司自主披露，对强制披露义务的要求因而也大幅度压缩。

2. 适当的披露豁免制度

英、美等国的法律中都有对符合条件的小范围发行或小额发行实行信息披露豁免制度的条款。人数少于 35 人以下的定向发行或者少于一定数额的小额发行中，参与者一般都是机构投资者或者自然人“合格投资者”，其投资经验丰富、专业知识过硬、有足够的资金可以承受风险，由于发行范围较小，且发行证券限制转让协议，不符合公开发行的特征，监管机构完全不必介入，可以把披露留给投资者与公司自行解决，因此，法律对这些发行事项豁免登记或审批手续。

3. 自律监管对披露起到促进作用

英、美等国的场外市场很多都是由做市商自发组织进行交易的，做市商作为交易的对手方，负责设计合约、撮合交易，其与发行公司之间的关系不仅仅是服务与被服务的关系，作为证券市场中“看门人”的一员，它们同时也承担着监督信息披露落实情况的重任。做市商负责对发行方的信息进行核实和审查，以自己的信誉作为担保，向投资者保证公司所发布的信息是真实、完整且准确的，实际上这是被赋予了自律监管者的职责。发行公司与做市商是双向选择的关系，公司想要提升知名度、获取更高的融资效率，就必须公开更多的信息，以显示自己的品质与其他公司的不同之处，才可以吸引到更好的做市商。同时，做市商之间也存在竞争关系，它们会努力促进其提高自己的服务质量。

第四节 新三板中介机构管理制度的改革与完善

我国新三板市场在短短的几年时间里发展迅速，取得了很大成绩，挂牌企业突破万家，实现了行业、地域的全面覆盖，挂牌企业累计实现股权融资超过4000亿元，成为多层次资本市场发展中重要的组成部分。在这个发展过程中，主办券商、做市商、会计师事务所、律师事务所等中介机构为企业挂牌推荐、转让交易、兼并重组等业务活动提供了大量服务，为新三板市场的发展做出了重大贡献。《全国中小企业股份转让系统转券商执业质量评价办法》实施以后，加强了推荐后督导等方面的监管，差异化和精细化监管日趋完善，新三板主办券商的质量在不断提高，据股转系统数据，2017年上半年每月负面行为记录数量在220起左右，而下半年每月负面行为记录数量仅维持在120起左右。

当然，新三板市场中介机构的管理制度仍需要不断改革和完善，例如，中介机构的挂牌费等业务收入应该由政府引导型转变为市场推动型；在新三板企业摘牌多、挂牌少的情况下，应采取有效措施引导更多的企业挂牌；在风险发生之前，应做好风险预警，加强内控管理；对于做市商行为边际应予以明确和规范，积极地发挥其报价功能，引导成交，努力寻找撮合机会；应积极推动放开中介机构的挂牌、做市等业务的准入门槛，特别是放开做市商资格，积极引进基金公司、大型私募等机构做市；对中介机构的处罚，应该在保证其积极性的基础上选择有效的精准处罚，要罚到根源、落实到具体责任人……。因此，我们在分析新三板市场中介机构执业情况后，应对中介机构管理制度提出相应的改革或完善建议。

一、提升新三板市场中介机构执业总体质量

（一）主办券商

1. 主办券商推荐挂牌情况

截至2018年6月30日，新三板推荐挂牌家数前20名的主办券商情况如表4-8所示。根据全国股转系统数据，截至2017年年末，共有96家券商参与了新三板企业的推荐挂牌业务，比2016年年末增加了8家。主办券商推荐挂牌公司数量呈严重的两极分化状态，券商开展新三板业务的热情远不及开展IPO业务，收入差距大是很多投行并不热衷于开展新三板业务的一个较为重要的原因。

表4-8　新三板推荐挂牌家数前20名的主办券商情况

序号	主办券商	推荐挂牌家数	其中：创新层家数	其中：基础层家数
1	申万宏源证券	796	76	720
2	安信证券	673	42	631
3	中泰证券	543	43	500
4	中信建投	446	63	383
5	东吴证券	408	22	386
6	长江证券	376	28	348
7	招商证券	374	24	350
8	国信证券	356	32	324

续表

序号	主办券商	推荐挂牌家数	其中：创新层家数	其中：基础层家数
9	东北证券	354	24	330
10	广发证券	353	37	316
11	兴业证券	340	19	321
12	西南证券	312	14	298
13	东莞证券	288	10	278
14	光大证券	266	19	247
15	西部证券	259	15	244
16	方正证券	258	12	246
17	国泰君安	250	27	223
18	国融证券	247	3	244
19	财通证券	235	8	227
20	开源证券	213	10	203

资料来源：Choice 数据。

2. 增发主承销商情况

截至2018年6月30日，新三板增发承销次数前20名的主承销商情况如表4-9所示。承销次数和承销家数最多的主承销商是申万宏源证券公司，承销次数为643次，承销家数为402家。从总体上看，增发承销业务也呈严重的两极分化状态。

表4-9 新三板增发承销次数前20名的主承销商情况

序号	主承销商名称	承销次数	承销家数	募集资金合计/万元	发行费用/万元	承销收入/万元
1	申万宏源证券	643	402	2809717	7738	0
2	安信证券	452	321	1132617	5092	0
3	中泰证券	433	265	1866180	4309	0
4	中信建投	408	254	2671172	7558	306
5	广发证券	374	214	1635029	11353	0

续表

序号	主承销商名称	承销次数	承销家数	募集资金合计/万元	发行费用/万元	承销收入/万元
6	国信证券	365	209	2169912	3917	0
7	长江证券	311	186	1205097	4369	0
8	招商证券	309	206	2260387	2293	0
9	东北证券	279	178	880870	2444	0
10	兴业证券	255	168	775406	841	0
11	东吴证券	253	174	760228	2063	0
12	光大证券	236	140	2182021	14247	0
13	国泰君安	216	136	1197411	3308	80
14	东莞证券	192	119	460382	1268	0
15	西南证券	187	135	1163185	1996	0
16	国金证券	187	116	874806	2565	0
17	西部证券	174	110	2144231	1299	0
18	中信证券	167	106	2370599	3075	0
19	财通证券	159	108	447817	1534	194
20	海通证券	155	104	1029372	4513	1235

资料来源：Choice 数据。

3. 主办券商做市情况

截至 2018 年 6 月 30 日，新三板市场做市数量前 20 名的做市商情况如表 4－10 所示。根据 Choice 数据统计，2017 年年末做市数量比 2016 年大量减少，数量减少较多的做市商有：广州证券减少 111 家，光大证券减少 90 家。2017 年年末做市商中只有东北证券增加了 40 家，国泰君安增加了 17 家。大部分做市商的做市数量均有不同程度的减少，反映出做市环境恶劣、做市商积极性不高，对业绩不好的挂牌企业选择退出做市。

表4－10　做市数量前20名的做市商情况

券商	主办		做市		主办兼做市股票数量	首批做市股票票数量	定增承销股票数量
	股票数量	占市场比例（%）	股票数量	占市场比例（%）			
中泰证券	468	4.16	228	3.91	76	163	414
国泰君安	201	1.79	218	3.74	23	72	214
申万宏源证券	621	5.52	215	3.68	93	189	640
上海证券	85	0.76	198	3.39	19	112	83
九州证券	21	0.19	187	3.20	1	69	15
兴业证券	332	2.95	173	2.96	44	127	235
联讯证券	55	0.49	168	2.88	3	95	27
长江证券	377	3.35	165	2.83	36	108	312
广发证券	280	2.49	152	2.60	46	115	355
天风证券	161	1.43	144	2.47	20	78	122
中山证券	70	0.62	140	2.40	10	97	110
东北证券	341	3.03	135	2.31	23	54	282
安信证券	563	5.01	124	2.13	27	93	450
广州证券	103	0.92	123	2.11	7	64	114
海通证券	161	1.43	113	1.94	19	69	152
国海证券	123	1.09	109	1.87	14	69	107
中信证券	35	0.31	108	1.85	7	61	155
华安证券	91	0.81	105	1.80	10	78	49
第一创业	25	0.22	101	1.73	1	25	13
开源证券	209	1.86	99	1.70	0	49	49

资料来源：Choice 数据。

4. 主办券商持续督导情况

主办券商持续督导制度是新三板市场发展的一大制度创新。新三板持续督导的内容主要包括挂牌公司信息披露、规范运作、信守承诺与公司治理机制等。《全国中小企业股份转让系统主办券商持续督导工作指引（试行）》为提高挂牌公司信息披露质量和公司治理水平、促进挂牌公司规范运作，对主办券商持续督导工作作出了具体详细的规定。

但是，我国新三板主办券商持续督导业务出现了经营理念相对滞后、重量轻质、重推荐轻督导等问题，持续督导在券商的业务体系中也未成为其核心业务。截至2018年6月30日，新三板市场挂牌企业11243家，而拥有持续督导业务资格的券商仅93家，平均每1家券商要督导121家企业，新三板持续督导家数前20名的主办券商情况如表4－11所示。在挂牌企业数量大幅增加的情况下，券商专业人员的短缺造成了当前新三板持续督导不力的现状。

表4－11　新三板持续督导家数前20名的主办券商情况

序号	主办券商	督导家数	其中： 创新层家数	其中： 基础层家数
1	申万宏源证券	621	61	560
2	安信证券	563	41	522
3	中泰证券	468	40	428
4	东吴证券	384	24	360
5	长江证券	377	36	341
6	招商证券	374	33	341
7	中信建投	345	57	288
8	东北证券	341	24	317
9	兴业证券	332	29	303
10	广发证券	280	35	245
11	西南证券	264	15	249
12	东莞证券	261	10	251
13	国信证券	253	29	224
14	国融证券	253	3	250
15	光大证券	233	20	213
16	财通证券	231	10	221
17	方正证券	223	11	212
18	西部证券	221	17	204

续表

序号	主办券商	督导家数	其中：创新层家数	其中：基础层家数
19	开源证券	209	16	193
20	国泰君安	201	31	170

资料来源：Choice 数据。

5. 做市商退出情况

根据21世纪资本研究院统计的数据，2017年全年新三板市场摘牌的企业数量达到709家。相比之下，2016年全年新三板退市企业仅56家。联讯证券统计数据指出，2017年新三板退市率已经从年初的1%快速上升至当前的5.7%，已经逐渐接近欧美发达国家资本市场的退市率水平①。2018年1—4月，摘牌企业达到497家，摘牌原因主要有两个：一是部分企业因不符合规范性要求或难以承受挂牌成本而退出；二是有大量企业是为了IPO或参与重组而摘牌。在这种情况下，做市商对业绩不好的挂牌企业选择退出做市。

目前，做市商退出的原因主要有两方面。

（1）目前的做市商制度存在缺陷，做市商做市动力不足。为充分发挥做市商在提供流动性、价值发现和稳定市场方面的功能，解决挂牌企业股票估值难、流动性不足等问题，结合境外市场的经验和新三板市场的特点，2014年8月，“股转系统”首次被引入做市商制度，然而在实践中，做市商的功能并没有很好地发挥。做市商利用定价优势和垄断地位以较低价格通过定增等手段获得做市库存股，股票价差收益成为做市商大部分的收入来源。通过做市得到的手续费只是其收入的很小一部分。做市的价值发现功能没有体现出来，导致很多挂牌公司由做市转让方式转变为协议转

① 刘平安，闻召林．中国新三板创新与发展报告（2017）［M］．北京：社会科学文献出版社，2017：153－161．

让方式。同时，不合理的做市商制度产生了套利行为，无法发掘企业真正的价值，出现新三板做市指数长期持续下跌、成交日益萎缩等情形，做市制度优势没有得到充分发挥。

（2）市场行情不好、信心不足，加剧了券商做市压力。2017—2018 年是严控金融风险、强监管时期，新三板市场交易清淡、行情低迷、股指长期下跌，券商做市收入不断萎缩，逐渐加大了做市商做市的压力。做市商在业务考核时对投资收益有着极为强烈的诉求，在考核的压力下不得不选择退出。

（二）会计师事务所

企业申请挂牌新三板，需要聘请具有证券从业资格的会计师事务所承担有关的审计和验资工作，《全国中小企业股份转让系统挂牌公司信息披露细则》中也规定，“挂牌公司年度报告中的财务报告必须经具有证券、期货相关业务资格的会计师事务所审计”。会计师事务所作为企业挂牌新三板过程中重要的中介机构，其职责主要包括以下几个方面：负责企业改制过程中的审计工作，并出具审计报告；负责企业资本的验证工作，并出具相关验资报告；负责企业财务报表的审计工作，并出具两年及一期的审计报告；对发行人原始财务报表与申报财务报表的差异情况出具专项意见；对拟挂牌企业提供与新三板挂牌相关的财务会计咨询服务。根据 Wind 数据统计，截至 2018 年 6 月 30 日，新三板市场中服务已挂牌企业数量前 20 名的会计师事务所如图 4－2 所示，其中服务已挂牌企业数量超过或接近千家的会计师事务所有三家，分别是瑞华 1207 家，立信 966 家，北京兴华 935 家。会计师事务所除了服务已挂牌企业，还服务待挂牌的或申报挂牌中的企业。

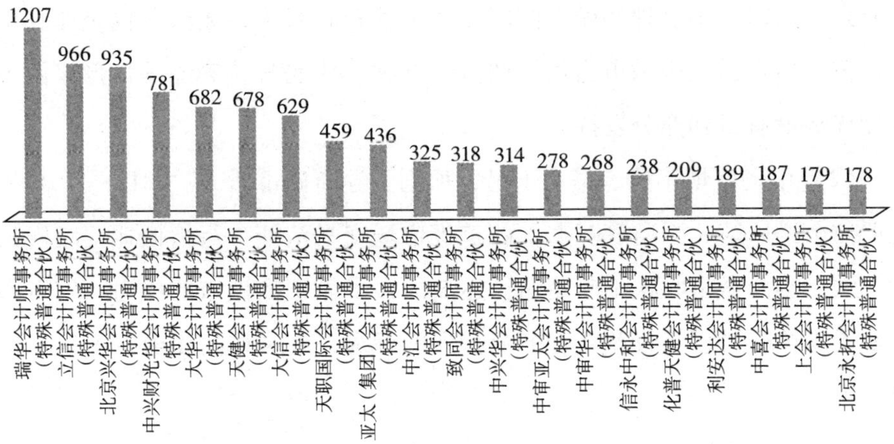

图 4－2 服务新三板已挂牌企业数量前 20 名的会计师事务所

资料来源：Wind 数据。

（三）律师事务所

企业申请挂牌新三板，必须依法聘请律师事务所作为法律顾问，为企业提供挂牌前期、中期和后期的相关法律服务。与其他中介机构不同，参与新三板中间业务的律师事务所不要求具有证券从业资格。律师事务所作为企业挂牌新三板过程中的重要的中介机构，其主要工作包括以下几个方面：

（1）在公司股份制改造过程中，律师事务所需要认证挂牌企业改制重组方案的合法性，起草相关法律文件，进行法律审核，出具法律意见书，指导挂牌企业股份公司依法进行设立或变更。

（2）律师事务所依法审查企业挂牌过程中涉及的法律事项并协助企业规范、调整和完善，判段所依据的各种法律文件的合法性。

（3）判断企业主体的历史沿革、股权结构、资产、组织机构运作、独立性、税务等公司法律事项的合法性。

（4）协助和指导企业起草公司章程等公司法律文件。

（5）为公司挂牌新三板出具法律意见书等文件，并对相关文件提供鉴证意见。

根据 Wind 数据统计，截至 2018 年 6 月 30 日，新三板市场中服务已挂牌企业数量前 20 名的律师事务所情况如图 4-3 所示。

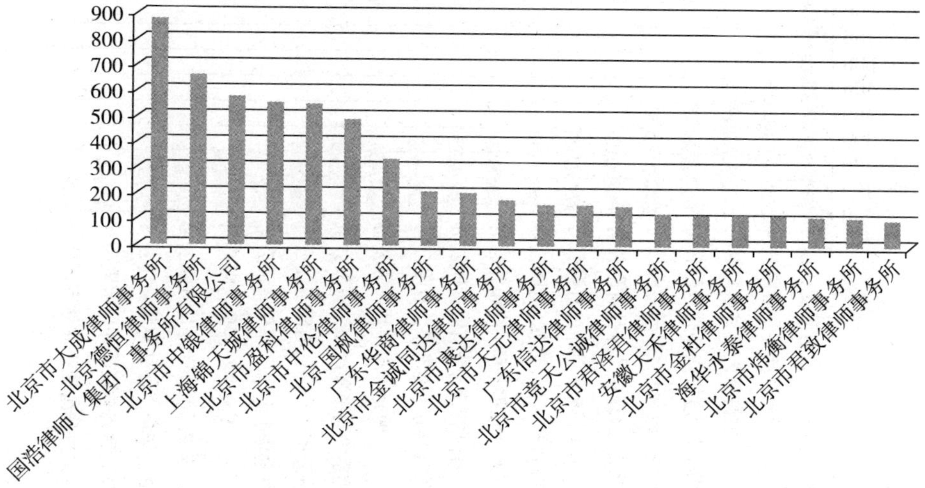

图 4-3　服务新三板已挂牌企业数量前 20 名的律师事务所

资料来源：Wind 数据。

（四）资产评估机构

资产评估机构在参与新三板挂牌中，组织专业人员，依照国家规定，按照相关法定程序，选择适当模型，运用科学计算方法对新三板企业资产价值进行评定和估算，以此作为计算公司资产总额和股本总额的重要依据。参与新三板挂牌的资产评估机构要求必须具有证券从业资格。

根据万得资讯金融终端新三板专题统计，截至 2018 年 6 月 30 日，共有 426 家资产评估机构参与新三板挂牌服务，服务已挂牌企业数量前 20 名的资产评估机构情况如图 4-4 所示。其中，服务挂牌公司数量大于 20 家的资产评估机构共有 63 家。资产评估机构服务挂牌企业数量排名第 1 位的是北京国融兴华资产评估有限责任公司，共服务挂牌公司 971 家；服务挂牌企业数量大于200家的资产评估机构共有16家。参与新三板挂牌业务的资产评估机构群体庞大，但各资产评估机构服务挂牌公司数量却差异很大。

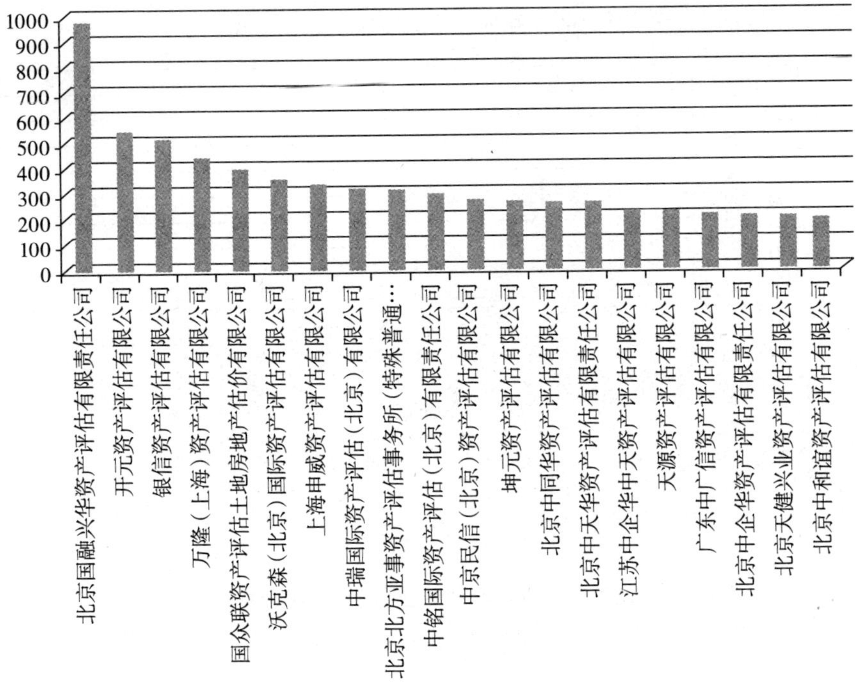

图4-4　服务已挂牌企业数量前20名的资产评估机构

资料来源：Wind数据。

（五）更换中介机构情况

新三板市场挂牌公司存在一个普遍的现象，即大量更换主办券商、会计师事务所、律师事务所等中介机构，尤以更换主办券商为甚。挂牌公司更换主办券商愈加频繁有多方面原因。

首先，持续督导的收益明显低于推荐挂牌的收益，据新三板在线资料，推荐挂牌收费在200万元左右，而持续督导一年收费为10万~20万元，所以，很多大牌券商对挂牌成功以后持续督导的积极性不高。

其次，很多企业欲通过IPO转板需要与从事IPO业务经验丰富的券商合作，因此，很多大券商业务积压过多，持续督导服务难以匹配企业诉求，服务质量难以得到保证。

最后，监管层对于主办券商的综合能力要求越来越高，很多挂牌能力强的券商在持续督导质量和能力方面有所欠缺，造成大量券商和企业双双被监管层处罚。

自2016年以来，新三板挂牌公司更换会计师事务所的现象也呈显著的上升趋势。一方面，新三板企业经营规模在不断扩大，业务愈加复杂，造成审计费用不断增加，企业迫于成本压力选择主动更换会计师事务所。另一方面，新三板挂牌企业因成立时间较短、公司治理水平较差，不太重视会计信息披露工作；会计师事务所认为审计成本和审计收益不再匹配，在监管压力逐渐增大的情况下，为降低审计风险会主动选择与企业解约。大批的新三板挂牌公司与原配中介机构频频上演“分手戏”，这一现象在2017年表现得更为明显。

二、破解中介机构执业管理中存在的问题

根据新三板市场行情和中介机构执业管理的现状，我们认为中介机构执业管理中存在以下三个方面的主要问题。

（一）政策变化和制度缺陷导致券商中介机构服务积极性下降

证券中介服务机构的服务能力保证了新三板市场前几年的超高速增长。虽然新三板在直接的短期利益方面对券商等证券中介服务机构的吸引力不大，但如果从其自身业务的战略性角度考虑，也会吸引证券中介服务机构参与新三板业务。全国股转系统成立之后，各家券商也分别从投行将新三板剥离出来成立独立的一级部门相对应，挂牌数量开始稳步上升。到2015年初期市场交投活跃、溢价极高的时候，挂牌企业激增，中介机构收

费水涨船高，收费提升且选择标准提高。

2017 年，新三板企业挂牌的增速明显放缓，原因之一就是交易所市场的 IPO 提速，致使券商把业务和资源集中在交易所市场上，券商中介机构服务能力和积极性下降会大大影响新三板企业挂牌的增速。与交易所市场的 IPO 业务相比，新三板投入产出的性价比很低，券商没有激励和动力从事新三板业务，大部分券商缩减了新三板业务团队。

（二）做市商参与者结构单一和数量少导致市场做市动力不足

做市制度对于稳定和活跃市场起着不可替代的作用。但是，我国新三板市场的做市商结构单一，全部是由券商构成，做市商数量较少。截至 2018 年 6 月 30 日，有做市商资格的券商有 92 家，这些做市商涉及的做市股票数量共计 10613 只，平均每家做市商的做市股票数量约为 115 只。2018 年以来，新三板做市商也在不断退出做市。

从 2017 年的季度数据来看，四个季度交易额分别为 290 亿元、232 亿元、141 亿元、122 亿元，整个市场的季度交易额下滑 58%，做市商提供做市的股票中平均 72% 的股票下跌，显示出做市商在做市中投资能力、定价能力的不足。新三板市场目前还存在大量“零成交”的企业。

因此，做市商太少、结构太单一，无法满足市场交易的需求。新三板市场应引入更加专业的基金公司、风险投资公司、大型私募等机构参与做市，使新三板市场做市交易发挥出应有的功能。

（三）监管处罚不力和不精准，过于强调中介机构的责任

2014—2016 年，中介机构作为自律监管对象的违规次数呈上升趋势，如表 4 - 12 所示。新三板市场的自律监管对象主要包括挂牌企业、挂牌企业高管、主办券商、中介机构、做市商，其中的中介机构主要包括券商、会计师事务所、律师事务所及独立财务顾问等。“股转系统”采取的自律监管措施类型涉及责令整改、约见谈话、提交书面承诺、出具警示函、暂

停解除股票限售等，其中，提交书面承诺和约见谈话是采取最多的两大监管措施。

表4－12　“股转系统”近三年自律监管对象违规情况①　单位：人次

监管对象	主办券商	做市商	中介机构	挂牌企业	公司高管
2014	5	0	1	6	5
2015	35	1	1	43	30
2016	60	5	14	68	58

资料来源：股转系统。

根据2018年1月中国证监会发布的《新三板市场稽查执法情况》②，随着市场规模的扩大，有些挂牌企业、中介机构在信息披露、市场交易方面暴露出一些问题，严重影响了新三板的规范发展。统计显示，2016年以来，证监会稽查部门受理新三板市场各类违法违规有效线索51件，组织调查42件，调查启动率82%；依法立案33起，立案率79%。从案件类型看，信息披露违法违规、滥用持股优势单独或合谋操纵市场比重最大。稽查部门对29起违规披露、8起操纵市场案件进行了深入调查，占该领域同期启动案件调查数量的88%。从违法主体看，挂牌企业大股东和实际控制人、做市商涉案最多。近两年，证监会已经对9起案件作出行政处罚，其中违规披露8起、操纵市场1起，另有21起案件已经调查终结并进入审理程序。参仙源公司财务造假、晨龙锯床违规披露、易所试与中泰证券合谋操纵市场等一批典型案件被严肃查处，形成有力震慑。这些案件显示出：

一是财务造假隐患大。有的挂牌企业通过虚开增值税发票、伪造金融票证，人为制造收入相关的经济利益持续流入假象，虚增利润。有的通过费用违规资本化少计成本，通过关联交易多计收入，虚增利润。

① 刘平安，闻召林．中国新三板创新与发展报告（2017）[M]．北京：社会科学文献出版社，2017：17－18.

② 新三板市场稽查执法情况[EB/OL]．http://www.csrc.gov.cn/pub/newsite/zjhxwfb/xwdd/201801/t20180119_332878.html.

二是串通欺诈问题多。有的挂牌企业与做市商合谋，为了以目标价格增发股票，利用资金优势约定交易，操控利好消息披露节奏拉抬股价。有的券商从业人员为了降低业绩考核基准，与外部投资者串通，以远低于其他做市商报价和即时成交价的价格连续申报卖出，操纵多只股票价格大幅下跌。

三是顶风作案动机杂。有的挂牌企业实际控制人为了高价减持，通过高杠杆配资成立资管计划，大额对倒诱骗他人接盘。有的为了进入创新层，滥用持股优势和信息优势，连续买卖提高成交量。

因此，从上述案件以及新三板市场发生的“黑天鹅事件”中我们可以看出，监管处罚力度不足在某种程度上助长了企业及中介机构的违法违规现象，处罚不精准、过于强调中介机构的责任使受“牵连”的中介机构逐渐丧失参与市场的积极性。同时，中介机构在开展业务过程中自身也存在许多不合规的地方，更应当加强自律管理，遵纪守法，并且提高业务质量，积极维护市场秩序和投资者的合法权益。

三、发挥中介机构在做市商制度改革中的作用

如前文所述，2016 年以来，退出做市的做市商队伍不断扩大，新三板很多挂牌公司由做市交易转变为协议转让，反映出新三板做市制度的显著不足，做市商制度亟待完善。①

（一）现行做市商制度的不足之处

归纳起来，现行做市商制度的不足之处主要表现在以下几点：

（1）做市机构数量少。做市商全部由券商组成，结构单一，私募机构做市试点规模小、做市门槛过高，把真正市场化的做市力量挡在了市场

① 刘平安，闻召林．中国新三板创新与发展报告（2017）［M］．北京：社会科学文献出版社，2017：241－243.

门外。

（2）券商做市的激励与动力不足。2016 年主板市场 IPO 加快，券商在主板市场的收益增加较快，进一步降低了券商做市的动力。

（3）做市动机不足。做市商扩容与多元化步伐缓慢，导致做市商在做市业务溢价不高的情况下承担着较大的退出压力。未来随着做市商数量的增加，多家做市商博弈竞争，投资者可以更有效率地获得最优价格，相应地也增加了做市商获利的难度。因此，做市商的做市动机需要进一步激发。

（4）大股东和做市商的道德风险约束和规避。由于市场的流动性过度依赖于多个做市商间的相互竞争报价，做市商能够通过联合协调报价、操纵价差来损害投资者利益。而且新三板同一只股票的做市商数量并不多，也降低了做市商达成垄断默契的成本，增强了协调报价的动机。做市商之间甚至还可以通过相互交易制造交易假象和繁荣假象。

（5）限价订单透明披露。限价订单做市商和投资者透明披露，一方面打破了做市商对订单留流息的垄断，规避了做市商“抢跑”的道德风险，但另一方面也使这些机构投资者的交易动机暴露于市场，从而导致其做市动力不足。

（6）相机决策难以约束。做市商的行为可以量化，使对其监管的成本较低。但做市商的相机决策难以约束，如在市场具有一定的流动性时，做市商会选择不具竞争力的报价而逃避流动性提供义务。

因此，监管部门应推出做市商正向激励制度，采用补贴等方式降低做市交易成本，帮助提高做市商做市的盈利能力。应推出做市商行为边界准则，规范做市商报价行为。加大对市场违法违规案件的处罚力度，实行精准处罚。

（二）推动私募机构参与做市试点工作的实施

1. 私募机构参与做市业务尚处于试点阶段

竞争性传统做市交易制度是目前的核心交易制度，但目前做市商限于券商机构，做市转让方式有待优化。2017 年 12 月，全国股转系统推出了分层制度、集合竞价、差异化信息披露、大宗交易等多项新规，未来新三板市场的流动性将会得到一定程度的改善。2016 年 9 月 14 日，全国股转系统发布《私募机构全国股转系统做市业务试点专业评审方案》（以下简称《评审方案》），启动私募机构参与做市业务试点申报工作。根据《评审方案》，私募机构须具备注册资本不低于 1 亿元；持续经营三年以上，且近三年年均资产管理规模不低于 20 亿元；设有专门的做市业务部门等条件，才能申请开展做市业务试点。监管方面谨慎推动私募机构做市，控制试点规模不超过 10 家，表明了监管方对私募的受监管程度、规范运作水平、合规意识的顾虑，以控制做市业务风险。

2. 私募机构参与做市具有必要性和积极意义

（1）私募机构做市可改变目前做市商的传统盈利模式，是新三板市场交易制度改革优化的突破点。数量和资金规模有限的券商垄断做市商准入、与挂牌企业谈判议价强势（特别是基础层挂牌企业）、盈利机制扭曲，对市场的价值发现功能和定价功能有着不利影响。私募机构参与做市打破了券商垄断，抬高了做市券商获取做市筹码的成本，逐渐压缩了资本利得的空间，进而可促使做市商提供更多的流动性，引导市场定价功能合理化。

（2）私募机构做市是由其内生特质决定的。私募机构注重价值投资，而非当期盈利考核驱使，比券商更注重挂牌企业质量与投资价值具有较强的定价功能，是稳定市场的价值投资者。

（3）私募机构参与做市也为公募机构等风险偏好低、大规模长期资金参与做市作了探索和铺垫。私募风险偏好相对高，其参与做市有利于市场做市业务风险管理水平的提高，有利于市场内部分层的进一步细化，对集合竞价制度和大宗交易制度是有力的支撑。这些制度和机制的磨合将为风险偏好低、规模大、期限长的公募基金、保险资金等机构参与做市奠定基础。

3. 建议适当降低私募机构做市门槛

就《评审方案》的量化标准来看，进入私募做市试点的门槛要求是：基金管理机构的注册资本是人民币 1 亿元，且近三年年均资产管理规模超过人民币 20 亿元。如此过高的门槛将大部分市场化机构（特别是民营化和真正市场化的基金管理机构）都挡在门外，不利于交易制度的多元化和市场化改革的推进，未来扩大试点范围推行的时候此标准需要适当降低。

（三）优化做市制度安排，发挥中介机构作用

私募做市试点是全国股转系统优化新三板做市制度的开始，未来全国股转系统可考虑在如下方面继续完善做市制度。

一是引入规范做市商报价、引导积极做市的激励机制。对做市商的独立性进行相关约束，对做市商获取库存股票时的定价合理性进行监督，对做市商报价价差进行检查；严格区分券商的自营业务和做市业务，明确做市商处理定价订单时的义务。以纠正做市商谋取不当利益的动机，从而更有效地发挥做市商制度的估值定价、平抑市场波动、完善市场价值发现功能。

二是在私募机构做市试点的基础上，逐步放开做市商参与主体类型。扩大做市商界定范围，增加做市服务有效供给和竞争。针对目前券商做市商动力不足的现状，允许公募、社保基金等规模大、期限长的资金参与做市，保障市场的流动性和稳定性。

三是完善交易机制与市场建设，提高做市商的风险管理能力。提高差异化制度供给的透明度，完善市场官方与中介机构的价值评估体系，提高挂牌企业信息披露的质量，引导做市商的做市业务与自营业务隔离，为做市商提供更多的风险管理工具。

四是加强与和完善做市商监管政策，实施精准处罚制度。针对市场上存在的串联合谋做市、自营为先等违规现象，强化信息披露和违规处罚，维护市场价格的稳定。

五是建立做市商评价指标体系，完善做市商激励约束机制。通过定期评价机制鼓励做市商提高做市能力，激励其通过竞争获得盈利。

四、履行中介机构在保荐人制度中的职责

保荐人制度是指由经验丰富的保荐人参与公司挂牌上市、证券发行、交易以及信息披露等市场活动，为上市公司提供指导和监管服务的制度。终身保荐人的义务不仅在于挂牌前审核，更在于挂牌后证券交易过程中的监督和服务，成功的保荐人制度有利于提高信息披露质量，增强市场监管职能，维护市场的“公开、公平、公正”，保护中小投资者的合法利益，是防范场外交易市场风险的重要措施。①

（一）引入终身保荐人制度

新三板市场将主办券商持续督导作为公司在新三板市场挂牌的必要条件，终身保荐人要持续督导、监督所推荐公司规范运营，及时履行信息披露义务，完善公司治理。

在上市过程中，投资者获取信息是相对有限的，这使得市场定价会在一定程度上偏离公允价值，中小投资者往往是最大的受害者。一旦出现欺诈上市，也就是公司上市后业绩立即“变脸”，不仅会使中小投资者利益

① 李亨会．新三板市场制度设计及交易模式研究[D]．北京:对外经济贸易大学,2014.

受损，也会严重影响投资者的信心。相对于主板市场 IPO 的行政审批制度，新三板市场引入终身保荐人的第三方监管，更有利于保护投资者的利益，尤其是保护中小投资者的利益。终生保荐人制度有利于减少市场信息不对称问题，提高市场透明度，为投资者的投资决策提供高质量的信息，并维护投资者的利益。

主办券商为上市公司提供全方位的资本市场服务，公司挂牌上市只是一个开始，随后还需要一个持续的监督服务的过程。监督工作不仅包括严格监督上市公司的信息披露义务，也包括加强内部管理、改善企业结构等日常管理工作。此外，主办券商也相当于企业投资顾问，为企业提供融资、并购、股权激励等咨询服务。新三板市场在为上市公司提供有效的融资平台的同时，也有利于企业品牌形象的树立，促进企业进一步扩大市场，帮助企业发展。

（二）终身保荐人的权责

企业在新三板市场挂牌成功与否在很大程度上取决于终身保荐人。挂牌之前主办券商负责指导上市公司的高管，帮助他们了解上市公司应当遵守的法律、法规、义务、责任。上市后，主办券商指导和监督上市公司依法、合规操作，及时、准确地披露信息。主办券商有权对不履行信息披露义务的公司发出警告、暂停、终止上市，并提交给监管机构。

对应于权利，终身保荐人也应该承担更多的责任。IPO 欺诈足以使新三板市场更加关注信息披露的真实性，这需要赋予终身保荐人更多的义务和责任。全国股份转让系统公司对于主办券商开展推荐业务、经纪业务、做市业务进行了详细的细则规定，并且对主办券商违反规定进行相应的惩罚。但与主板市场相比，新三板市场的罚款和处罚太轻，这将使投资者有所顾虑。因此，监管机构应进一步完善监督和处罚规则，提高终身保荐人的权利和义务，形成可量化和可操作性强的监管规则，以减少投资者的担忧，提高市场的吸引力，促进新三板市场的健康发展。

（三）在转板资格管控中的归位尽责[①]

市场中介机构作为“能够通过不合作或者不同意的方式阻止市场不当行为，并以自己的职业声誉为担保向投资者保证发行证券品质”（看门人）的专业人士，其市场发现价值与市场过滤功能不可忽视，其应当与证券交易所一同，形成市场自律管理的合力，共同把控升级转板的资格准入。

首先，应当比照首次公开发行程序对市场中介机构在审慎核查并发表专业意见等方面作出规定，比如，由保荐机构提交转板申请书和上市保荐书并附三年报告期的尽职调查报告、由会计师事务所出具近三年的财务复核报告以弥补新三板日常信息披露监管的不足、由律师就转板申请人近三年内的合法合规情况出具法律意见等。其次，由于升级转板缺省了发行程序对中介机构的监督，应当对承担上述审慎核查职责的中介机构施以更为严格的激励机制以规范其自身行为，比如对违法情节恶劣的中介机构适当运用“市场禁入”的行政处罚措施，还可通过建立可供投资者查阅的中介机构信用信息库对中介机构形成“声誉罚”的激励机制。

五、建立中介机构相互制衡机制

新三板市场准入环节，服务机构包括证券公司、会计师事务所、律师事务所，其中，证券公司主要从事推荐业务，即对公司挂牌出具推荐文件，同时，新三板市场规定券商持续督导是公司挂牌的必要条件；律师事务所出具法律意见书；具有证券期货相关业务资格的会计师事务所出具审计报告。

---

① 刘文，蒋异洋. 论我国三板市场升级转板的上市审核与实质审核理念[J]. 社会科学，2016(12)：108－109.

（一）挂牌推荐意见和公开转让说明书的撰写

目前，市场准入阶段的挂牌推荐意见和公开转让说明书均由主办券商撰写，撰写挂牌推荐意见之后再撰写公开转让说明书，这两项职能存在明显的利益冲突，很难保证公开转让说明书的公允性。也就是说，主办券商撰写挂牌推荐意见的时候是从申请人的利益角度出发，主要目的是使公司能够挂牌成功，因此，在某种程度上存在美化公司、提高公司估值的情况。

而公开转让说明书则是面向广大投资者，为其提供投资建议，应该是从买方的角度，清晰地分析整个公司的财务指标及其他运行情况。因此，公开转让说明书除了要保证公允价值外，重点要考虑投资者利益。主办券商受其推荐业务时先入为主印象的影响，将使其出具的投资者投资建议效果大打折扣。

由不同服务机构进行两项不同的工作，他们的工作重点不同，考虑的利益方不同，因此可以起到相互制衡的作用。但是我国目前的情况是两项职能全部归于券商，导致公开转让说明书欠缺公允性，这不符合市场化运行原则，难免存在一定的弊端，给资本市场的安全性和稳定性带来隐患。

历史悠久、相对成熟的证券市场市场化程度较高，证券市场准入环节服务机构分工科学且日渐精细。为了避免利益冲突，成熟的证券市场准入阶段通常由律师事务所撰写公开转让说明书，以确保公平。证券监督管理委员会发布的《关于进一步深化新股发行体制改革的指导意见》中指出："提倡和鼓励具备条件的律师事务所撰写招股说明书。"因此，律师事务所撰写一个完整、准确、中立的公开转让说明书也是我国股市制度改革的方向。

（二）中介机构的相互制衡

事实上，监管部门一直强调希望证券市场参与机构归位尽责，从分工的角度来看是正确的。证券公司主要承担上市公司股票的承销工作，寻找合格的投资者，律师事务所承担公开转让说明书撰写工作。从发达国家的证券市场表现来看，它们沿用的就是这种分工模式，信息披露到位、充分考虑投资者利益的股份转让说明书，能够为投资者提供重要参考。

招股说明书涵盖的内容很多，除了对业务和技术的深刻理解和掌握外，还需要了解公司治理、财务状况，并且要从整体市场竞争力水平上把握发行人情况，并在招股说明书中作完整和清晰的表达，这对执笔人的能力要求非常高。国内法学培养机制主要关注基于条文工作思维，不是根据法律的理论深入分析问题，导致国内外律师的思维方式有很大的差异。律师撰写招股说明书是独立工作，因此，他们的知识储备和质量需要丰富和提高。从这个角度来看，国家提出“促进和鼓励合格的律师撰写招股说明书”，并不是强制规定，显然是考虑到了我国的现状。但是，我们仍然可以看到由律师事务所出具完整、准确、中立的公开转让说明书，是中国新股发行体制改革的一个主要发展方向。

从长远来看，随着未来企业上市机制的日趋市场化，券商的关注点应该更多地放在提升承销股票的能力上，经过监管层的引导，律师执笔公开转让说明书的可能性也在增加。如此一来，市场主体各尽其责、相互制衡，将更符合市场化的运行要求。

六、强化中介机构在信息披露制度中的义务

有效市场假说是各国构建证券市场信息披露制度的理论基础。该理论认为，如果证券市场中完全竞争、信息交换畅通、投资者足够理性，则市场中影响证券价格的信息能够迅速被市场吸收并反映在交易价格中，从而

使证券的价格与内在价值保持一致。根据该理论，信息披露制度应当以强化公司的信息披露要求为核心。①

（一）明确主办券商在信息披露中的督导责任

我国新三板信息披露制度规定挂牌公司为信息披露主体，但与此同时，新三板实行主办券商制度，要求主办券商发挥辅助挂牌、持续督导、信息披露的事前审查和做市等功能，因而主办券商在新三板信息披露中发挥着中流砥柱的作用。只有对主办券商监管到位，让其履行自己应有的职责，才能有效减少违规披露现象。证券信息披露的质量对于投资者而言至关重要（陈实，2011），而主办券商就是挂牌公司信息披露质量的把关者。但是，新三板目前还没有对主办券商在挂牌公司信息披露中担负的责任作出详细的规定。

2014 年 3 月至 2016 年 5 月，在全国股转公司采取的 214 次自律监管措施中，有 54 次是专门针对主办券商的，占比约 1/4。由此可见，主办券商督导失职现象比较普遍，这是导致整个新三板信息披露混乱的重要原因。例如，在某挂牌公司 2012 年违规披露案件中，该公司对 2011 年年报数据进行了大量修改，但迟迟不发布修改公告，直到 2013 年 4 月 26 日才将修改公告向外界披露。如此严重的违规披露事件，作为主办券商的某证券公司按规定应当在 5 个工作日内向全国股转公司上报，但由于该证券公司没有严格履行持续督导职责，导致违规披露事件发生一年后才被发现。

（二）构建二元信息披露体系

构建以挂牌企业和主办券商为责任主体的二元信息披露体系。现行以挂牌公司为主体的一元信息披露监管体系并不完全适用于我国新三板的主

---

① 本部分参考：沈俊森．新三板信息披露的制度困境及破解对策［J］．南方金融，2017，490（6）：90－98.

办券商制度。因此，新三板要转变监管思路，构建二元信息披露体系，除了将挂牌公司作为信息披露的责任主体，还应该将主办券商纳入信息披露的责任主体范围。具体而言，可以成立主办券商行业协会，对主办券商的信息披露进行自律监管。这样能使全国股转公司从对主办券商和挂牌公司的双重监管职责中解脱出来，“一心一意”地对挂牌公司信息披露进行监管。

此外，还要制定主办券商的信息披露细则。可借鉴美国 OTCBB 的经验，要求主办券商须及时披露对挂牌公司做市结果的信息。要加大对主办券商信息披露违规行为的处罚力度，主办券商行业协会可以对违规券商采取通报批评、暂停做市等自律监管措施，情节严重的可以向证监会申请吊销主办券商的资格。同时，主办券商应当严格履行职责，秉持“网络导向监管”理念（冯果、武俊桥，2010），将网络技术运用到监管中，在推荐挂牌、持续督导、事前审查等各个环节及时发现挂牌公司存在的违规行为，并立即向全国股转公司报告，向公众披露。

（三）提高挂牌公司的信息披露质量

切实提高挂牌公司的信息披露质量，是有效遏制信息披露违规现象频发的重要举措，具体可采取以下措施。

第一，建立信息披露负责人培训机制。由于挂牌新三板的企业在 2015 年和 2016 年呈井喷式增长，专业的信息披露人员在市场中供不应求，要求挂牌公司重新聘用专业的信息披露人员较为困难。可以通过建立信息披露负责人培训机制，切实提高信息披露负责人的业务水平。进一步发挥主办券商的作用，由主办券商主导和负责对信息披露负责人的培训，主办券商可以分时段、分地域地开展培训工作，对考核不合格的公司进行公告，并要求不合格的公司参加下一次培训。

第二，加强对挂牌公司控股股东及董事、监事、高级管理人员的教育培训，切实提高公司高层人员的信息披露意识。

第三，健全挂牌公司治理机制，加大主办券商对挂牌公司持续督导的力度，让董事会、监事会、股东大会发挥应有的职能，保障公司信息披露的公开、透明、合法。

第四，引入机构投资者监督挂牌公司的信息披露和公司治理。由于新三板的投资门槛要求较高，投资者以机构投资者居多，机构投资者通常具备丰富的投资经验和公司治理经验，在其购得挂牌公司股份后，可以让其监督挂牌公司的信息披露和公司治理，从而规范挂牌公司的信息披露和日常运作，提高挂牌公司的治理水平。

第五章

新三板市场监管体系改革

第一节 新三板市场监管概述

一、新三板市场监管制度的建立和发展

1. 制度探索期（2013 年以前）

2013 年以前，我国的新三板市场还未完全建立，历经了两网系统、代办股转系统、中关村科技园区股份报价转让试点等模式，“摸着石头过河”，其监管制度也随之不断摸索着更新与发展。

先后成立的全国证券交易自动报价系统（STAQ 系统）和全国电子交易系统（NET 系统），分别隶属于当时的国家经济体制改革委员会和中国人民银行。随着 1998 年国务院发文明确规定证监会对全国证券市场实行集中统一监管的主体地位，至此两网系统划归证监会的管辖范围之内。

而后成立的代办股转系统实行的是证监会领导下的证券业协会自律监管，并由主办券商进行日常监管。2001 年公布的《证券公司代办股份转让服务业务试点办法》第三条即明确了证券业协会的自律监管地位。证监会 2002 年发文明确其监管职责，授予其指定相关细则的权力。而在日常监管上，由于主办券商在监督公司治理及信息披露上有着天然优势，采取主办

券商自律监管，较大地提高了监管效率。

而后新增设的中关村科技园区股份报价转让试点为代办股转系统带来了“新鲜血液”。证券业协会发布了《证券公司代办股份转让系统中关村科技园区非上市股份有限公司股份报价转让试点办法（暂行）》及与其相适应的挂牌业务与信息披露规则，对符合该试点的公司作出了更为细致与针对性的规定。

2. 制度形成期（2013—2016 年）

2013 年 1 月 16 日，全国股份转让系统正式揭牌运营，全国中小企业股份转让系统正式成立，并由此开始形成了非上市股份转让的全国性证券交易场所。证监会的具体法规紧随其后，先后出台了一系列监管指引，对新三板市场的准入要求、信息披露、交易监察等基础性问题作出了规范。

表 5－1　新三板监管法律法规与部门规章

类型	名　称	实行日期	发文单位
法律	《中华人民共和国证券法》	2006/1/1	人大常委会
法律	《中华人民共和国公司法》	2006/1/1	人大常委会
法规	《国务院关于全国中小企业股份转让系统有关问题的决定》	2013/12/13	国务院
法规	《国务院关于开展优先股试点的指导意见》	2014/10/27	国务院
部门规章	《全国中小企业股份转让系统有限责任公司管理暂行办法》	2013/1/31	证监会
部门规章	《非上市公众公司监督管理办法》	2013/1/4	证监会
部门规章	《非上市公众公司监管指引第 1 号——信息披露》	2013/1/4	证监会
部门规章	《非上市公众公司监管指引第 2 号——申请文件》	2013/1/4	证监会
部门规章	《非上市公众公司监管指引第 3 号——章程必备条款》	2013/1/4	证监会

续表

类型	名 称	实行日期	发文单位
部门规章	《非上市公众公司监管指引第4号——股东人数超过200人的未上市股份有限公司申请行政许可有关问题的审核指引》	2013/12/26	证监会
	《非上市公众公司信息披露内容与格式准则第1号——公开转让说明书》	2013/12/26	证监会
	《非上市公众公司信息披露内容与格式准则第2号——公开转让股票申请文件》	2013/12/26	证监会
	《非上市公众公司信息披露内容与格式准则第3号——定向发行说明书和发行情况报告书》	2013/12/26	证监会
	《非上市公众公司信息披露内容与格式准则第4号——定向发行申请文件》	2013/12/26	证监会
	《非上市公众公司信息披露内容与格式准则第5号——权益变动报告书、收购报告书、要约收购报告书》	2014/6/23	证监会
	《非上市公众公司信息披露内容与格式准则第6号——重大资产重组报告书》	2014/7/23	证监会
	《非上市公众公司信息披露内容与格式准则第7号——定向发行优先股说明书和发行情况报告书》	2014/9/19	证监会
	《非上市公众公司信息披露内容与格式准则第8号——定向发行优先股申请文件》	2014/9/19	证监会
	《非上市公众公司收购管理办法》	2014/6/23	证监会
	《关于加强非上市公众公司监管工作的指导意见》	2015/5/15	证监会
	《关于改革完善并严格实施上市公司退市制度的若干意见》	2014/10/15	证监会
	《公司债券发行与交易管理办法》	2015/1/15	证监会
	《关于进一步推进全国中小企业股份转让系统发展的若干意见》	2015/11/26	证监会

续表

类型	名 称	实行日期	发文单位
部门规章	《关于开展创新创业公司债券试点的指导意见》	2017/7/4	证监会
	《全国中小企业股份转让系统有限责任公司管理暂行办法》（2017 年 12 月 7 日修改）	2017/12/7	证监会

资料来源：全国中小企业股份转让系统有限责任公司官网。

与此同时，股转公司对原代办股份转让系统挂牌企业全部承接，对市场活动进行自律监管的组织也由证券业协会变成了股转公司。根据证监会下发的《管理暂行办法》，股转公司有权监督挂牌企业的股票转让及有关活动。2015 年证监会发布《指导意见》，对股转公司的监督管理职能进行了强化，在信息披露、挂牌公司治理、完善监管档案及诚信管理、组织企业及中介培训、投资者保护及接受媒体监管方面作出了规定。对于挂牌企业和中介机构违法违规行为采取自律措施，依据自律监管要求，不在监管范围内的移交证监会查处。

3. 监管措施密集出台期（2016 年之后）

2016 年是新三板市场的“监管元年”。2016 年起，股转公司颁布并实施了一系列强化市场监管的举措，根据监管对象的不同，主要分为以下几点：针对主办券商，实施券商执业质量评价办法，启动券商自查行动；对于挂牌公司，出台最严格的募集资金规定，设立企业挂牌准入负面清单，并要求创新层挂牌公司董秘持证上岗；针对投资者，大范围禁止挂牌公司与私募签署对赌条款，暂停私募挂牌，并出台私募挂牌新八条；为加强自律性监管，实施《自律监管措施和纪律处分实施办法（试行）》。

2017 年年末，新三板市场迎来了“深化改革”。12 月 22 日，股转系统发布了《全国中小企业股份转让系统挂牌公司分层管理办法》《全国中小企业股份转让系统挂牌公司信息披露细则》和《全国中小企业股份转让系统股票转让细则》，分别在分层制度、信息披露和交易制度三方面进行深化改革。分层制度方面，明确设立了创新层和基础层，制定了客观、公开的分层标准和维持标准，并据此定期调整挂牌公司所属市场层级。信息披露随之调整，尤其对创新层提出了更高的披露标准。交易方面，在原有做市与协议转让的基础上引入竞价转让方式，并对转让形式进行了具体的规定。2018 年改革落地以来，股转公司也持续跟踪市场动态，对相应的细则进行了不断的更新与完善，未来“严监管”已成大局。

二、新三板市场监管的原则、基本思路及意义

1. 监管原则

（1）明确监管主体。确立以证监会代表的行政监管为指引、以股转公司代表的自律监管为核心、以证券公司代表的日常监督为手段的新三板市场监管体系。明确各个监管层级的职责内容、边界与作用，避免监管交叉、缺位越权等有损监管效率的情况发生。

（2）强化市场监管。在股转公司、证券公司与证监会相互协作、积极配合的前提下，发动多方乃至公众力量，切实有效地对挂牌公司及其实际投资人、投资者等主体产生约束，鼓励市场化力量参与市场监管。

（3）建立健全事中事后监管机制。强化行政执法，坚决查处欺诈、虚假披露、内幕交易、操纵市场等违法违规行为。

2. 监管的总体思路

按照资本市场改革和监管转型的要求，坚持市场化、法治化方向，以信息披露为本，以公司自治和市场约束为基础，强化对市场主体的规范要求，增强自律组织权责，明确监管系统内部分工，构建职责明确、分工清晰、信息共享、协同高效的非上市公众公司监管体系，保护投资者的合法权益，提升资本市场服务实体经济的能力。

3. 监管意义

（1）规范挂牌公司行为准则。目前，新三板上市企业所有制主要为民营企业。而这些民营企业信息相对不透明、自身治理能力较差、内控机制不健全，控股股东极易利用控制地位优势谋取私人利益。通过强有力的监管可以进一步提高在板公司的质量，吸引更多的投资者活跃市场。

（2）保证中介机构信息披露的真实、完整、准确。在缺乏监管的情况下，中介机构极易被企业利诱，或是为了争抢业务资源与企业达成默契，采用故意错报、遗漏、误导等欺骗、隐瞒手段，对相关事项进行披露。监管层需要对中介机构业务活动的规范性进行监管，保证其出具真实、准确、完整的报告。

（3）在现行交易制度下规范做市商的行为。在缺乏监管的情况下，做市商极有可能为了谋取更高的收益，通过有意识地合谋或相互之间形成操纵市场的默契，采取诸如串通报价的手段，造成价格异常波动。

（4）保护中小投资者利益。目前，以证券投资基金、保险资金、合格境外机构投资者等为代表的机构投资者尚未将新三板股票纳入投资范围，以个人投资者为主的中小投资者是新三板市场的主要力量。然而，中小投资者们个体资金量较少、专业能力有限，利益最容易遭到侵害。对此，一套行之有效的监管体系可以为其构筑坚实堡垒，促进市场参与主体的共同发展。

三、证券市场监管结构

1. 组织机构体系

《证券法》是我国对证券市场行为进行规制和监管的基础法律，为场内场外交易市场监管提供了依据。2005 年的《证券法》中，我国授权证监会为有“集中统一监管”权力的政府监管主体，在此条件下，证券业协会对各个市场进行自律监管。因此，对于当前的新三板市场，行政监管的主体即经国务院授权形式监督管理之责的中国证券监督管理委员会及其派出机构。《证券法》还规定了证监会在场外市场的其他监管职责范围，主要包括：对新三板股票公开发行、交易等进行监管；对在新三板挂牌的非上市公众公司、中介机构的证券业务活动进行监督管理；对挂牌股票发行及转让的信息公开情况进行检查处理；对违反新三板市场监督管理有关法律及行政法规的行为进行检查处理。

2013 年之前，老三板市场及后来成立的代办股份转让系统的自律监管主体均为中国证券业协会。2013 年，股转系统承接原有对三板市场的自律监管，自律监管主体变为全国中小企业股份转让系统。根据《监管办法》，目前协会的主要职能包括：对于券商履行尽职调查和持续督导义务的监督；对于券商存在的违法、违规行为，一经发现即向证监会报告的义务。2015 年证监会发布的《指导意见》中对股转公司的监督管理职能进行了强化，在对原“两网公司”、主板退市公司的监管上提出了加强自律管理的要求，并且在信息披露、挂牌公司治理、完善监管档案及诚信管理、组织企业及中介培训、投资者保护及接受媒体监管方面作出了规定。对于挂牌企业和中介机构违法违规行为采取自律措施，事件性质超出自律监管范围的，移交证监会查处。

2. 监管准则与内容体系

新三板监管依据的法律规则主要包括三个层面，自上而下依次为法律法规、部门规章和业务规则，如表 5－1 所示。

法律法规包括《公司法》《证券法》《国务院关于全国中小企业股份转让系统有关问题的决定》（2014 年 10 月 27 日）和《国务院关于开展优先股试点的指导意见》（2014 年 10 月 27 日）。《证券法》和《公司法》为新三板的设立奠定了法律基础，《国务院关于全国中小企业股份转让系统有关问题的决定》从市场定位、市场体系建设、行政许可制度改革、投资者管理、投资者权益保护和监管协作六个方面作出了回答，正式确定将全国中小企业股份转让系统市场覆盖范围扩大至全国，被认为有利于发挥金融对经济转型的支撑作用，是我国多层次资本市场建设的实质性进展。

部门规章主要包括《全国中小企业股份转让系统有限责任公司管理暂行办法》《非上市公众公司监督管理办法》《非上市公众公司监管指引第 1 号——信息披露》《非上市公众公司监管指引第 2 号——申请文件》《非上市公众公司监管指引第 3 号——章程必备条款》《非上市公众公司监管指引第 4 号——股东人数超过 200 人的未上市股份有限公司申请行政许可有关问题的审核指引》《关于证券经营机构参与全国股转系统相关业务有关问题的通知》《关于加强非上市公众公司监管工作的指导意见》等 30 余条，均由中国证监会发布，也是公司具体业务规则和监管条例的直接基础。法律法规和部门规章共同构成了新三板市场行政监管的基础，也是自律监管规则的源头。

业务规则共包括综合类、挂牌业务类、公司业务类、交易监察类、机构业务类、投资者服务类、两网及退市公司类和登记结算类八大类，共有 50 多篇有效的业务细则，规定了新三板企业从申请挂牌到退市各项业务应遵守的规则，也包括对投资者和中介服务商的规范。涉及市场监管的业务规则规范的主要内容有市场准入条件、信息披露制度、做市商制度和相应的惩罚措施等，是新三板市场实施自律监管的主要依据。

四、新三板市场的违规与处罚

为了加强和规范新三板市场的自律监管措施和纪律处分工作，更好地维护市场交易秩序，保护投资者和其他市场参与者的合法权益，全国中小企业股份转让公司依据《全国中小企业股份转让系统业务规则（试行）》

和《证券法》《公司法》等其他法律法规，制定了《全国中小企业股份转让系统自律监管措施和纪律处分实施方法（试行）》（以下简称《自律监管措施和纪律处分实施方法》），此办法自2016年4月28日起实施。该方法包括5章，分别为总则、自律监管实施的种类及实施的程序、纪律处分的种类及实施程序、自律监管措施和纪律处分的复核程序和附则。此办法对于申请挂牌公司、挂牌公司及其董监高、股东、实际控制人、主办券商、会计师事务所、律师事务所、其他证券服务机构及其相关人员和投资者均适用，并且会在规定时间内在制定信息披露平台公布自律监管措施或处分决定。

针对申请挂牌公司和已挂牌公司及其董监高，自律监管措施的种类包括：①要求申请挂牌公司或挂牌公司的董监高对有关问题作出解释、说明和披露；②聘请中介机构对公司存在的问题进行核查并发表意见；③约见谈话；④要求提交书面承诺；⑤出具警示函；⑥责令改正；⑦向中国证监会报告有关违法违规行为；⑧其他自律监管措施。

针对主办券商和其他中介服务机构及其相关人员违反全国股转系统业务规则的，则采取以下自律监管措施：①要求主办券商、证券服务机构及其相关人员对有关问题作出解释、说明和披露；②约见谈话；③要求提交书面承诺；④出具警示函；⑤责令改正；⑥暂不受理相关主办券商、证券服务机构或其相关人员出具的文件；⑦限制证券账户交易等。

针对违反全国股转系统业务规则的投资者，全国股转公司有权实施以下自律监管措施：①口头警示；②要求提交书面承诺；③出具警示函；④限制证券账户交易；⑤向中国证监会报告有关违法违规行为；⑥其他自律监管措施。

针对不同程度的自律监管措施，全国股转公司设置了不同的实施程序。一些较轻的措施可采用口头或书面通知，无须发送自律监管决定书，如口头警示、要求对有关问题作出解释说明、要求聘请中介机构对存在的问题进行核查并发表意见；而实施要求提交书面承诺、出具警示函、责令改正、暂不受理相关文件、限制证券交易等措施，则须向自律监管对象发送自律监管措施决定书。口头通知与约谈均要求全程录音；要求提交书面承诺的，应在5个工作日内提交电子版与纸质版；对于交易、解除限售等做出时间限制的自律监管措施，应在决定书中注明限制时长。

除了可以对行为主体采取自律监管措施外，全国股转公司可视其情节轻重给予相应的处分，并记入证券期货市场诚信档案数据库。处分包括通报批评与公开谴责。此外，申请挂牌和挂牌公司的董监高违反业务规范情节严重的，股转公司可以认定其不适合担任公司董事、监事、高级管理人员，3年以上不适合担任挂牌公司董监高；对于严重违反业务细则的中介机构及其相关人员，可限制、暂停至终止其从事相关业务。当股转公司拟实施以上两项纪律处分时，应向自律监管对象发送纪律处分意向书，行为主体在收到后5个转让日内可提交书面申辩。对于未及时申辩或申辩后仍被给予纪律处分的主体，纪律处分委员会会对相关事项进行审议。在作出纪律处分决定后，向监管对象发送纪律处分决定书。

对于存在以下情形的监管对象，股转公司可以从轻实施自律监管措施和纪律处分，包括：①未对市场造成严重影响；②自查发现并主动报告；③已经实施有效措施消除不良影响；④初犯且认错态度较好；⑤积极配合全国股转公司。相反，若自律监管对象最近6个月内曾受到中国证监会行政监管措施或行政处罚或最近6个月内曾被全国股转公司实施自律监管措施或纪律处分，则会被从重实施自律监管措施和纪律处分。

第二节　新三板市场监管分析

一、行政监管

1. 新三板市场行政监管的概念

所谓新三板市场行政监管，是指政府及其监管部门以矫正和改善新三板市场问题为目的，通过法律、经济、行政等手段对证券发行、交易等活动和对证券经营机构等新三板市场参与主体及其行为所实施监督和管理的活动。

其含义包括三个方面：第一，新三板市场行政监管的主体是一国的证券市场监管机关，其行政监管权的行使实质是国家行政权力在证券业领域的运用和实施，具有强制性。在我国，无论是新三板市场还是广义的证券市场，行政监管的主体就是中国证券监督管理委员会。第二，行政监管的对象是证券发行、交易等活动和参与新三板市场活动的主体及其行为。第三，行政监管的目的在于维护新三板市场的秩序、保护投资者和社会公众的合法权益、促进新三板市场的健康稳步发展。

2. 新三板市场行政监管的方式和内容

2015年，证监会出台《关于加强非上市公众公司监管工作的指导意见》，进一步界定并明确了行政监管的主体与职责。

中国证监会按照证券集中统一监管体制的要求，负责新三板市场的宏观监管，指导、协调、督促、检查派出机构和全国股转系统的监管工作。主要包括：建立健全非上市公众公司监管制度体系，统筹监管制度与自律规则之间的衔接，评估监管制度实施效果并适时修订完善；规范派出机构监管执法的程序、标准和要求；指导全国股转系统根据挂牌公司特点制定差异化的信息披露标准；依据《全国中小企业股份转让系统有限责任公司管理暂行办法》对全国股转系统履行挂牌公司自律监管情况进行监督检查；完善挂牌公司并购重组中股票交易核查、立案即暂停的工作机制，防控内幕交易；组织协调挂牌公司重大监管行动、重大风险处置等工作；实现非上市公众公司行政许可的程序与内容全公开；统筹确定非上市公众公司、中介机构的培训政策和要求。

派出机构的监管职责主要为：对辖区挂牌公司进行日常非现场监管，依托中央监管信息系统、全国股转系统信息系统、诚信数据库、工商部门企业信息公示系统等平台，掌握辖区挂牌公司的基本情况和监管信息；对辖区挂牌公司不作例行现场检查，以问题和风险为导向，根据发现的涉嫌违法违规线索启动现场检查；检查中发现挂牌公司存在重大风险或涉嫌欺诈、虚假披露、内幕交易、操纵市场等违法违规行为的，采取监管措施或立案调查，实施行政处罚；检查中发现主办券商等中介机构涉嫌违法违规行为的，进行延伸检查，采取监管措施；检查中发现涉及自律监管范畴的问题，转全国股转系统处理；处理对辖区挂牌公司的投诉举报，属于违法违规线索的，启动行政执法程序。

证监会与其派出机构点面结合，共同构建了我国行政监管的构架。

3. 新三板市场行政监管的优势与局限

（1）优势

行政监管具有良好的国家强制力，对于预防并惩戒证券市场中的重大违法行为具有成本和执法优势。同时，因其行政监管部门的核心地位与强大影响力，更容易达到“敲山震虎”“杀鸡儆猴”的震慑与警示作用。

证监会作为全国唯一的证券监督管理机关，其监管考量将对整个新三板市场乃至整个证券市场起到大局方向性的把控，对市场参与主体的行为规范起到指引作用，一般更具有统领性和前瞻性。例如，近年来证监会逐渐将对新三板市场的监管权过渡给股转公司的举动，预示着自律监管制度在未来将成为新三板市场的核心。

（2）局限

新三板市场行政监管的最大问题在于监管效率。一方面，新三板市场作为年轻的市场，证监会的监管重心仍以更为传统的交易所市场为主。与此同时，证监会还要负责期货、基金等其他证券期货市场活动，使得本来有限的监管资源更加分散，导致证监会的监管范围极大而对各项事务的监管力度却很小，对新三板市场更是力有未逮，自然监管效率十分低下。另一方面，证监会作为高于自律监管的机构，与直接参与新三板市场的主体如发行人、主办券商、投资者之间始终隔层“纱”，只能起到间接的监管作用，终究无法达到直接监管的效果。以行政监管为主，将导致三板市场上信息双向传递机制的巨大阻碍，很多市场上的问题不能及时被发现、无法及时传达到监管层，监管层作出的反馈与意见也不能及时解决，最终导致监管出现时滞，监管效率难以得到保证。

二、自律监管

1. 新三板市场自律监管的概念

新三板实行的自律监管是在证监会实行统一行政监管前提下的自律监管，自律监管主体的监管规范必须符合《证券法》及证监会公布的各项部门规章。2013 年以前，三板市场的主体为证券业协会；2013 年以后，监管主体由证券业协会转变为全国股转系统。无论在哪一个时期，自律监管都要符合行政监管。

为了贯彻落实《非上市公众公司监督管理办法》，加强对非上市公众公司的监管、规范市场主体行为、明确各监管部门的分工，证监会公布了《关于加强非上市公众公司监管工作的指导意见》（以下简称《指导意见》），《指导意见》明确指出要明确行政监管与自律监管的边界，二者不得越位缺位。在明确自律监管与行政监管的关系的基础上，强调了公司自治、自律监管和事后监督。

2. 新三板市场自律监管的方式和内容

全国中小企业股份转让系统的自律监管方式主要是依据《证券法》《公司法》、国务院发文和证监会出台的一系列规章，针对股权交易过程中可能出现的各类环节制定详细的业务规则。目前新三板监管的主要内容包括市场准入、信息披露、主办券商制度等。

（1）市场准入

市场准入包括挂牌企业的准入、投资者的准入和中介机构特别是证券商的准入。

2013 年 2 月 8 日，全国中小企业股转公司发布《投资者适当性管理细则》，并于 2017 年 7 月 1 日完成第二次修订并施行。《投资者适当性管理细则》依据业务类别，分类规定了不同类投资者进入股转系统的门槛。主要分为机构投资者、个人投资者，业务类别包括股票公开转让、股票定向发行。投资者准入条件如表 5－2 所示。

表 5－2　投资者准入要求

	机构投资者	个人投资者
公开股票转让业务	1. 实收资本或实收股本总额 500 万元人民币以上的法人机构； 2. 实缴出资总额 500 万元人民币以上的合伙企业； 3.《办法》第八条第二款、第三款规定的证券公司资产管理产品、基金管理公司及其子公司产品、期货公司资产管理产品、银行理财产品、保险产品、信托产品、经行业协会备案的私募基金等理财产品，社会保障基金、企业年金等养老金，慈善基金等社会公益基金，合格境外机构投资者（QFII）、人民币合格境外机构投资者（RQFII）等机构投资者，可以申请参与挂牌公司股票公开转让	同时符合下列条件的自然人投资者可以申请参与挂牌公司股票公开转让： 1. 在签署协议之日前，投资者本人名下最近 10 个转让日的日均金融资产 500 万元人民币以上； 2. 具有 2 年以上证券、基金、期货投资经历，或者具有 2 年以上金融产品设计、投资、风险管理及相关工作经历，或者具有《办法》第八条第一款规定的证券公司、期货公司、基金管理公司及其子公司、商业银行、保险公司、信托公司、财务公司，以及经行业协会备案或者登记的证券公司子公司、期货公司子公司、私募基金管理人等金融机构的高级管理人员任职经历； 备注：若属于《证券法》第四十三条规定禁止参与股票交易的，不得申请参与挂牌公司股票公开转让
股票定向发行	1.《管理细则》第三十九条规定的公司股东、董事、监事、高级管理人员、核心员工，以及符合投资者适当性管理规定的自然人投资者、法人投资者及其他经济组织； 2. 符合参与挂牌公司股票公开转让条件的投资者； 3. 公司挂牌前的股东、通过定向发行持有公司股份的股东等，如不符合参与挂牌公司股票公开转让条件，只能买卖其持有的挂牌公司股票； 4. 已经参与挂牌公司股票买卖的投资者保持原有交易权限不变	

资料来源：依据《投资者适当性管理细则》整理。

想要申请在新三板挂牌的企业必须满足以下条件：①依法设立且存续期满两年；②业务明确且有持续经营能力；③具有健全的公司治理机制，能够合法规范经营；④具有明细的股权结构且股票发行与转让的行为合法合规；⑤具有主办券商推荐及持续督导。较为重要的是，主办券商需要对申请挂牌企业进行上市辅导，保证其股权结构能够达到新三板的要求，并且实现公司内控制度完善。

依据《主办券商管理细则》，主办券商在全国股转系统中可以从事的业务包括：推荐业务、经纪业务、做市业务及其他。依据不同的业务类型，股转系统对证券公司提出了不同的准入要求，具体如表5－3所示。

表5－3 券商市场准入要求

推荐业务	1. 具备证券承销与保荐业务资格； 2. 设立推荐业务专门部门，配备合格专业人员； 3. 建立尽职调查制度、工作底稿制度、内核工作制度、持续督导制度及其他推荐业务管理制度； 4. 证券公司的子公司具备证券承销与保荐业务资格的，证券公司可以申请从事推荐业务，但不得与子公司同时在全国股份转让系统从事推荐业务
经纪业务	1. 具备证券经纪业务资格； 2. 配备开展经纪业务必要人员； 3. 建立投资者适当性管理工作制度、交易结算管理制度及其他经纪业务管理制度
做市业务	1. 具备证券自营业务资格； 2. 设立做市业务专门部门，配备开展做市业务必要人员； 3. 建立做市股票报价管理制度、库存股管理制度、做市风险监控制度及其他做市业务管理制度； 4. 具备符合全国股份转让系统公司要求的做市交易技术系统

资料来源：依据《主办券商管理细则》整理。

（2）信息披露

《全国中小企业股份转让系统业务规则（试行）》第一章第五条第一款规定：申请挂牌公司、挂牌公司及其他信息披露义务人，主办券商应当真实、准确、完整和及时地披露信息，不得有虚假记载、误导性陈述或者重大遗漏。这是对所有信息披露的基本性要求。

目前新三板信息披露制度的框架主要由以下几个部分构成：一是《证券法》和《公司法》；二是由证监会发布的《非上市公众公司监督管理办法》《非上市公众公司监管指引第1号——信息披露》；三是由股转系统发布的自律规则，包括《全国中小企业股份转让系统挂牌公司信息披露细则》《全国中小企业股份转让系统两网公司及退市公司信息披露暂行办法》

和 7 部针对一些特殊行业申请挂牌企业的信息披露指引。

《信息披露细则》较为详细地规定了申请挂牌和已挂牌公司应该履行的信息披露义务，内容主要包括应当披露的内容、信息披露的时间和公司相关人员设置。依据《信息披露细则》，新三板挂牌公司信息披露包括挂牌前的信息披露和挂牌后的持续信息披露。

挂牌前信息披露是指依据《全国股转系统业务细则》，申请挂牌的公司应当在其股票挂牌前依照全国股份转让系统公司的规定披露公开转让说明书等文件。企业股东人数不同，对于申请文件有不同的要求。对于申请挂牌时股东人数不足 200 人的公司，向全国股转系统申请挂牌时需披露公开转让说明书、财务报告及审计报告、法律意见书、公司章程、主办券商推荐报告、股票发行情况报告书；对于申请挂牌时股东人数超过 200 人的公司，在申请挂牌时除须披露前述文件之外，还应当披露中国证监会的核准文件。而根据《全国中小企业股份转让系统公开转让说明书内容与格式指引》，公司披露的公开转让说明书的内容主要包括基本情况、公司业务、公司治理、公司财务四方面。

挂牌后的持续信息披露主要包括定期报告和临时报告。依据《业务细则》，挂牌公司需在主办券商指导下履行信息披露的业务，定期报告包括半年度报告和经审计的年度报告，未对季报的披露作强制要求。此外，当发生预期会对股票转让产生较大影响的“重大事项”时也需要及时披露。董事会决议涉及本细则规定的应当披露的重大信息，公司应当以临时公告的形式及时披露。

信息披露的方式主要是全国中小企业股份转让系统公司官网和中国证监会非上市公众公司信息披露网站[①]。

---

① http://nlpc.csrc.gov.cn/index.do.

（3）主办券商制度

申请挂牌公司进入新三板市场的要求之一是必须有至少两名主办券商推荐。这意味着主办券商在新三板市场中具有重要的地位。关于主办券商，新三板最具特色的制度之一就是主办券商持续督导制度。持续督导是指主办券商遵循勤勉尽责、诚实守信的原则，对与之签订《持续督导协议》的新三板挂牌公司的日常经营、持续运营特别是公司治理、信息披露等方面进行专业的规范、引导和督促，使之符合国家法规和监管部门的要求。

依据《全国中小企业股份转让系统主办券商持续督导工作指引（试行)》，股转系统对主办券商实行自律监管。主办券商应当履行以下职责：指导、督促挂牌公司完善公司治理机制，提高挂牌公司规范运作水平；指导、督促挂牌公司规范履行信息披露义务，事前审查挂牌公司信息披露文件，发布风险揭示公告；开展挂牌公司现场检查工作，督促挂牌公司进行整改；建立与挂牌公司的日常联系机制，对挂牌公司进行培训和业务指导；关注挂牌公司重大变化，向全国股份转让系统公司报告挂牌公司重大事项，调查或协助调查指定事项，并配合做好挂牌公司的日常监管。

主办券商职责履行得是否到位，对挂牌公司信息披露的质量有至关重要的影响。按照《主办券商持续督导工作指引》，主办券商需要督导公司建立健全信息披露事务管理制度；事前审查挂牌公司需要披露的文件；要求公司更正存在虚假记载、误导性陈述或重大遗漏的信息披露文件，挂牌公司不予配合的，主办券商应向全国股份转让系统公司报告并发布风险揭示公告。

为了更好地规范主办券商的行为、督促其积极履行持续督导义务，股转系统发布了《主办券商尽调工作指引》《内核工作指引》《执业质量评价方法》《执业质量负面行为清单》等，规定了主办券商在履行督导和推荐业务过程中关于尽职调查和内核等各项工作的要求，对主办券商的管理更加具体，也督促主办券商能够更好地落实自己的各项义务，尤其是监督申请挂牌和挂牌企业信息披露的责任。《执业质量评价方法》约定对主办券商要进行月度和年度的工作评价，其中，月度评价在全国股转系统指定信息披露平台（www. neeq. com. cn 或 www. neeq. cc）公示主办券商推荐挂牌、挂牌后督导、交易管理、综合管理四类业务执业质量情况，年度评价则按照综合点值、扣点原则和加点原则，确定主办券商上年的评价点值，按《执业质量评价方法》规定进行分档，在全国股转系统指定信息披露平台公示所有主办券商分档结果。评价指标包括执业质量负面行为记录、被采取自律监管措施、纪律处分、行政监管措施和行政处罚情况、对市场发展的贡献以及其他对评价有重要影响的事项。《执业质量负面行为清单》列明了主办券商在推荐挂牌、挂牌后督导、交易管理、综合管理等执业过程中因未勤勉尽责而出现的工作质量低或不规范但尚未被采取自律监管措施的记录。对主办券商行为评价办法的出台，进一步完善了主办券商的持续督导制度。

3. 新三板市场自律监管的优势与局限

新三板市场的自律监管主要有以下几方面的优势。

第一，自律监管具有专业性。证券监管需要投入大量的资金，包括完善监控的技术和设备、聘请大量专业人员。为达到监管目的，需要投入大量监管资源。而股转公司作为一线监管者，集中大量对于市场中的交易行为更加熟悉的人才，能够有效分担政府的监管成本，集约利用监管资源，实现资源配置的优化，更能够采取有效的措施监管这其中可能产生的违法行为。同时，由于更加贴近市场，对于市场中的交易行为，交易所能够更加迅速地获得信息，从而能够更为迅速地监控市场，从繁杂的数据中及时发现疑点，及时遏制各种违法违规行为。

第二，自律监管具有灵活性。交易所能够根据市场的变化制定和调整各种业务规则和相关风险控制指标，及时对市场可能产生的风险加以控制。同时，可以对法律规定中的监管盲点实施补充性的、有针对性的监管。根据《国务院关于全国中小企业股份转让系统有关问题的决定》对新三板市场的功能定位，新三板市场“主要为创新型、创业型、成长型中小微企业发展服务”，境内符合条件的股份公司都可以通过主办券商申请在新三板市场挂牌。在经过 2013 年、2016 年两次扩容之后，新三板市场的挂牌公司数量、市场规模都有大幅度增长。也正因如此，现阶段新三板市场监管架构与主板市场强调市场准入的事前监管模式迥然不同。在证监会的统一部署下，以自律监管为中心，以事中和事后监管为主，能更为有效地应对可能出现的各种风险。

第三，自律监管具有自发性和道德性。自律监管的法理基础是交易所和其他市场参与者（包括证券商和挂牌公司）之间契约性的法律关系。股转公司与其他市场参与者制定契约，加入即意味着参与者对这种契约的承认。这种监管与被监管的关系更多的是一种自发性的行为，因此，也就可以在不违反法律的基础上，制定比法律更加高的准入门槛和行为标准，给予市场参与者更加严厉的监管标准。同时，在走向全球化的今天，全球金融更加迈向一体化，自律也可以超越国界，避免跨国管辖上的争议和不便，交易所自律监管的自发性和道德性的优势体现得更加明显。正如 IOSCO 指出的那样，“SRO 和其监管的个人和机构之间的契约关系（Contractual Relationship）是强有力的，它可以覆盖全球，超越国家的界限，能够触及那些法定权力无法涉及的领域”①。因此，不管是过去还是现在，自

① Model for Effective Regulation. , Report of the SRO Consultative Committee of the IOSCO [R]. May 2000.

律始终是证券监管中重要的组成部分，甚至是证券监管的基石。

自律监管也存在一定的局限性。从自律监管的本质看，对于自律监管的核心讨论在于，营利性组织的商业压力或治理结构是否会损害交易所有效履行监管义务和公共利益职责的资源投入和能力。证券监管需要投入大量的资金，包括完善监控的技术和设备、聘请大量专业人员，这需要交易所支付巨大的成本。

此外，为了实现营利的目的，股转公司也可能放松对挂牌公司的监管。股转公司同时作为市场和监管者双重角色，尽管由于在竞争的环境下，出于实现交易量最大化的强烈动机，股转公司会为了避免投资者离开转而寻找其他满意的市场而尽可能为投资者提供保护，但是这方面的利益冲突仍然是交易所自律监管的核心议题，也是自律监管进一步发展和完善的讨论基础。在我国，与主板市场相比，新三板市场准入制度相对宽松，如何在严格自律监管与增强市场活力、提高市场效率中找到平衡，同样是交易所自律监管本身存在的核心议题。

目前，我国新三板监管的问题主要在于在以自律监管为主的监管体系下，并未完全厘清行政监管与自律监管的边界，现有的监管能力与新三板海量市场的特性和要求不相适应。

三、第三方监管

1. 第三方监管的基本理论

新三板市场传统意义上的监管是以证监会主导的行政监管和以全国中小企业股份转让系统所主导的自律监管。但是随着新三板市场的不断发展与创新，其运行过程中暴露出越来越多的问题。然而由于现有的监管体制并不完善，需要第三方的积极介入。

证券第三方监管指的是由证券市场和证券监管机构之外的第三方团体

来对包括证券机构、上市公司、证券监管机构、证券市场等方面进行监督，从而弥补行政监管和自律监管的不足，从而促进市场的良性发展的监管模式。第三方团体与证券市场交易双方不存在关联关系，从而保证了公开、公平和公正。

第三方监管的引入，不仅可以提高监管的公平性，促进监管创新，提高监管效率，还可以增强对监管机构的监管，减少监管空白。正如西方发达国家的证券市场，在法律监管体制健全的同时，第三方监督环境宽松而自由，法律制度为第三方的外部监督提供了保障，而第三方的积极参与也促进了原有监管体系的健全，两者良性互动、共促发展。

2. 新闻媒体与社会公众监督

新闻媒体具有快速的传播速度、畅通的传播渠道、广泛的受众对象，能够高效地沟通信息的发布人与接受者，成为信息披露的绝佳媒介。鉴于新闻媒体的以上特质，可以在监管制度设计上引入新闻媒体披露与举报机制，通过合理引导新闻媒体，让一线的市场信息充分暴露在阳光下，让更多的声音进入监管层的耳中，从而切实规范三板市场秩序，推进三板市场的健康、有序发展。

目前，我国新三板市场并没有对挂牌公司的新闻媒体与社会公众监督作出要求。但是在主板市场，早已经出现关于媒体披露的制度设计。1993年4月国务院就明文规定："上市公司应当将要求公布的消息刊登在证监会指定的全国性报刊上。"2006年5月，证监会也发布了《首次公开发行股票并上市管理办法》（以下简称《管理办法》）的部门规章，对媒体披露的要求进行了详细的阐述。该《管理办法》第五十八条要求，申请文件受理后、发行审核委员会审核前，发行人应当将招股说明书（申报稿）在中国证监会网站预先披露；第六十一、六十二条要求，发行人应当在发行前将招股说明书摘要刊登于至少一种中国证监会指定的报刊，同时将招股说明书全文以及保荐人出具的发行保荐书、证券服务机构出具的有关文件应当作为招股说明书的备查文件刊登于中国证监会指定的网站，并置备于发行人住所、拟上市证券交易所、保荐人、主承销商和其他承销机构的住所，以备公众查阅。其中，以《中国证券报》《上海证券报》《证券时报》三大报为代表的证券报刊逐渐成为主要媒体平台，为优化证券市场资源配置和促进市场长远发展做出了贡献。

主板市场的成功经验为新三板市场的第三方监管提供了一个未来展望的方向。一个良好的预先披露可以在很大程度上通过社会公众的参与，减少发行人粉饰业绩、财务造假的可能，避免成为监管机构的漏网之鱼。

3. 第三方调研机构监督

证券市场第三方调研机构，主要是针对上市公司进行专门调查的私人机构。这些私人机构常常选择有不利公开信息或有争议的上市公司为调查目标，利用自身专业人才，通过电话采访、实地调研或专家咨询等方式对这些上市公司进行调研，以发现问题并形成详细报告，而后或是向 SEC 等政府机构出售报告，或是做空该股、获取盈利。

目前，无论场内还是场外市场，我国均未曾出现该类第三方调研机构。但令人欣喜的是，一批富有正义感和社会责任感的优秀学者正慢慢涌现，为维护证券市场的有效有序运行发挥了重大作用。例如，知名学者刘姝威研究员发表了《应立即停止对蓝田股份发放贷款》，直指蓝田股份财务造假；再如，被投资者誉为“虚假信息披露杀手”的夏草在和讯发表《通化金马：又一个银广夏》，专职在上市公司财务领域“打黑”；上海国家会计学院成立“财务舞弊研究中心”，成为我国首家专门研究财务舞弊的机构，用以总结反舞弊技能，并将研究成果及案例用于培训注册会计师。总体上看，我国证券市场第三方调研机构的发展未来可期。

四、新三板市场监管效率分析

证券市场的监管效率，主要是指市场监管主体依据证券市场的相关法律法规、规章规则等，对市场实施监管后所达到的实际效果。以往的学者认为，考察证券市场的监管效率，主要从健康稳定和持续发展的情况、监管理念和目标的偏离程度、法律法规的执行情况、运作秩序与规范程度等方面重点把握。考虑到新三板市场的特性，对其监管效率的考察分为主体职责、监管模式、监管核心与违规处罚四个方面。

1. 主体职责与效率

目前，我国新三板市场的监管主体主要是证监会及股转公司。证监会作为国家行政单位执行行政监管、股转公司作为自律组织进行自律监管。然而，我国新三板的公开市场地位还未得到法律上的确立与界定，仅有国务院对三板市场与股转公司作出决定与指导。市场监管执法缺乏上位法依据，下位法的制定与执行也出现了无法可依、有机可乘的纰漏。这也导致了证监会与股转公司的权责划分虽有规定，但仍不明确。

在实际监管的过程中，哪些该管、该由谁管的问题时常发生，无人监管与重复监管的情况也层出不穷。这些问题都从根本上影响了新三板市场的监管效率，也影响了市场的可持续发展。这些问题都从根本性上制约了监管效率的提高，也是我国三板市场监管效率无法进一步突破的重要原因。

2. 监管模式与效率

纵观国际证券市场，一个强有力的监管机构固然重要，但想要实现市场的可持续发展，市场自律是重中之重。例如美国的 NASD 与 FINRA、英国的 FCA 和 PRA，国际证券市场三百多年的历史与经验表明，自律监管模式是提高监管效率的有效方式。自律组织作为更为贴近市场的主体，能够交流市场各方参与者、及时把握市场一线动向、对发生的问题及时反馈与处理，大大地提高了监管水平与监管效率。

从前，在我国政府强力主导的格局下，证监会处于绝对领导和控制的地位，包括交易所在内的自律机构常常成为贯彻政府方针政策、实现市场控制的工具，并未执行自律管理之责。目前，我国新三板市场正逐渐从行政监管模式向自律监管模式过渡，证监会授予了股转公司更多的权限。

3. 监管核心与效率

我国的证券市场监管主要在于事后监管，新三板市场也不例外。只有当公司财务造假、业绩下滑等情况彻底爆发，严重影响到投资者利益时，监管机构才对其加以相应的行政处罚，这不仅加大了实际监管成本，极大地影响了监管效率，还严重损害了投资者的信心，不利于市场的长期稳定发展。所以，除加强事前监管外，事中监督必不可少。而事中监督的核心在于信息披露制度的建立与完善。

对于投资者，公开透明的信息披露避免了信息不对称造成的恶性竞争，有助于投资者开展公平有序的投资活动；对于挂牌公司，规范有序的信息披露有助于引导公司提高管理层专业素质、加强公司治理能力；对于主办券商，合规尽职的信息披露有助于切实履行尽职义务、减小自身业务风险；对于新三板市场，规范有序的信息披露制度有助于真实的价格形成、优化资源配置、减小监管成本，有利于市场的长期可持续发展。

近年来，我国新三板市场的监管核心慢慢向信息披露机制转移。2016年10月21日，股转系统发布《全国中小企业股份转让系统挂牌公司股票终止挂牌实施细则（征求意见稿）》，其中第十三条将信息披露与强制摘牌挂钩，对信息披露的形式与内容都作出了更严格的监管标准，例如“未能披露定期报告”“信息披露不可信”都会直接导致挂牌公司的清退。据统计，截至2017年6月30日，共有108家公司未能按照规定时间披露2016

年年度报告。未披露年报的 18 家新三板挂牌公司在 7 月 3 日开始强制退市，另外 90 家公司则暂缓摘牌。① 此举进一步加强了对挂牌公司信息披露的要求，成为监管层建立健全信息披露制度的重要节点，未来以信息披露为核心的监管体系将逐渐展开。

4. 违规处罚与效率

自股转公司成立以来，我国新三板市场违规现象层出不穷，尤其是 2016 年监管趋严，股转公司频频运用自律监管手段对市场违规行为进行惩处。证监会监管信息公布栏公告显示，2014 年至 2018 年 5 月，共有处罚 1745 例，如表 5 – 4 所示。从监管对象上看，针对挂牌公司共 1493 例，占比为 85. 56%，2017 年和 2018 年处罚案例数量激增是因为对未按时披露年报与半年报的公司均采取了监管措施，其中未按时披露 2016 年年报、2017 年半年报、2017 年年报的公司数分别为 480 家、47 家、459 家；针对证券公司共 152 例，占比为 8. 71%；针对会计师事务所、律师事务所等中介机构共 10 例，占比为 1. 72%；针对投资者 70 例，占比为 4. 01%。由此可见，我国三板市场当前监管的重点仍在于挂牌公司，挂牌公司治理混乱已经成为阻碍市场发展的关键因素。

表 5 – 4　2014—2017 我国新三板市场违规行为统计

年份	挂牌企业	券商	事务所	投资者	合计
2014	13	5	1	/	19
2015	73	36	1	/	110
2016	145	61	8	2	216
2017	696	50	19	24	789
2018 *	566	0	1	44	611

① 王建鑫. 108 家企业排队摘牌，新三板惊现史上最大退市潮[N]. 时代周报，http://www.wabei.cn/p/201707/2160180.html.

续表

年份	挂牌企业	券商	事务所	投资者	合计
各类合计	1493	152	30	70	1745
各类占比	85.56%	8.71%	1.72%	4.01%	100.00%

注：* 数据截至 2018 年 1 月 5 日。

数据来源：依据证监会已披露信息整理。

从自律监管措施的类型上看，目前股转公司常以出具警示函、要求提出书面承诺、责令整改的方式进行自律监管。如表 5－5 所示，截至 2018 年 5 月末，上述三种监管方式占比分别为 46.29%，15.50% 及 25.83%。值得注意的是，自 2017 年以来，股转公司自律监管手段升级，除一般监管措施外，对特定违规行为增加了限制账户交易与转让、纪律处分（包括通报批评、公开谴责、纪律处分并记入诚信档案）、暂停解除股票限售 12 个月等措施。这表明股转公司作为自律监管组织，正逐渐坚定惩处决心、加大处罚力度、创新处罚方式，自律监管效率有较大的提高。

表 5－5　2014—2017 股转公司自律监管措施统计

年份	出具警示函	要求提交书面承诺	责令整改	约见谈话	限制账户交易与转让	纪律处分	向中国证监会报告	其他自律监管措施	年度合计
2014	5	6		12					23
2015	49	28	1	40					118
2016	57	95	12	92				7	263
2017	646	121	7	22	8	18	4	3	829
2018*	103	38	460		20	3		1	625
各类共计	860	288	480	166	28	21	4	11	1858
各类占比	46.29%	15.50%	25.83%	8.93%	1.51%	1.13%	0.22%	0.59%	100.00%

注：数据截至 2018 年 1 月。

从违规行为上看，挂牌公司的主要违规行为有信息披露违规、提前使用募集资金造成发行违规、重大资产重组暂停转让违规、减持违规、违规占用资金等，其中信息披露违规占比最大。证券公司的主要违规行为有未能履行发行与持续督导期间勤勉尽责义务、未执行投资者适当性管理要求、自营账户与做市账户同时持有同一只做市股票等。会计师事务所、律师事务所等中介机构的主要违规行为是发行与年报披露等环节未能勤勉尽责。

虽然目前我国新三板市场以发行为主，交易为辅，协议转让与做市交易均远远落后于交易所市场。但股转系统仍对市场股票交易制定了严格的监控措施，对异常报价、操纵市场的违法违规行为仍有较为严格的处理。例如，2015 年 3 月 12 日至 23 日期间共计 8 个交易日，中海阳第一大股东薛黎明控制使用“薛黎明”“孙某桂”“薛某杰”等 8 个账户，通过连续申报、以高于做市商报价的价格大笔申报的方式，将“中海阳”每个交易日的收盘价均维持在 8 元以上，借此非法牟利 545800 元。鉴于其构成了《证券法》操纵证券市场行为，严重扰乱了市场秩序、损害了广大投资者的利益。对此，证监会于 2015 年 12 月 30 日出具行政处罚决定书，对其实施行政处罚：没收薛黎明违法所得 545800 元，并处以 545800 元罚款。

第三节 场外市场监管的国际经验与启示

一、美国的场外市场结构与监管

(一) 市场结构

目前，美国证券市场层级划分明确，呈现出一个宽厚塔基的金字塔形结构，如图5-1所示。塔顶是纽约证券交易所（NYSE）、NASDAQ以及部分地方性证券交易所。塔基由场外交易市场构成，分为OTCBB，OTC Markets（粉单市场）及灰色股票市场。值得注意的是，NASDAQ于2006年1月13日正式获得美国证监会授予的证券交易所牌照，实现场内化。

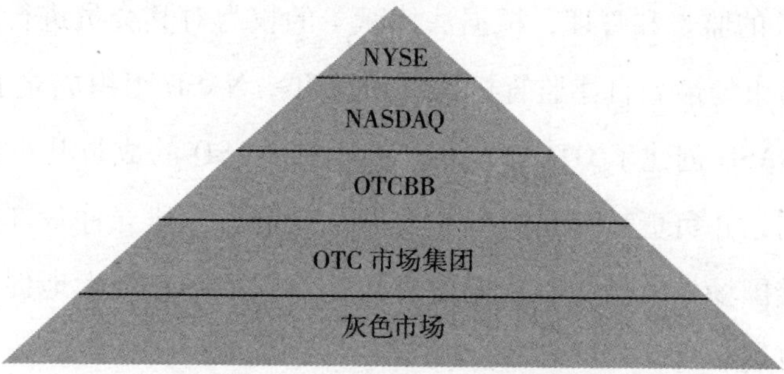

图5-1 美国资本市场结构

（二）监管主体

目前，美国场外市场的监管主体是美国证券交易委员会（SEC）和美国金融行业管理局（FINRA）。SEC作为行政监管的主体，担任着最终监管者的角色；FINRA由全美证券交易商协会（NASD）演变而来，作为自律监管的主体，担任着直接监管的角色；二者共同构筑起了美国场外市场的基本监管架构。

美国证券交易委员会（SEC）因《1933证券法》和《1934证券交易法》而诞生。《证券交易法》专门就SEC的设立作出了具体规定，并赋予了SEC广泛的权力。SEC享有一定的立法权与执法权，表现在有权解释联邦证券法、拥有规则的制定与修改权、有权执行联邦证券法处罚不当行为。在监督管理职能上，有权代表美国政府对市场参与主体行为进行直接干预，这些主体为包括交易所在内的自律监管组织，证券公司、经纪人、投资顾问及评级机构，以及有价证券、会计、审计领域的私人监管组织等。1938年美国国会通过了《马罗尼法》（Maloney Act），该法将“店头市场”即场外交易市场纳入法律范围，并将其划入SEC的监管领域。此后，美国场外市场的运行终于有法可依。

鉴于《马罗尼法》为场外市场自律监管组织的功能设置和行使提供了法律依据，全美证券交易商协会（NASD）由此成立。NASD在SEC注册，并接受SEC的监督和管理，根据法律赋予的权力对其会员进行监管，是全美场外交易市场最高自律监管机构。1971年，NASD组织成立了NASDAQ，1990年，NASD创建了OTCBB。鼎盛时期，NASD的成员几乎涵盖了所有的证券公司，并负责教育业内专业人士及投资者、建立仲裁部门与调停安排、监察美国场外市场的所有交易及某些外国市场，极大地促进了美国场外市场的发展。

NASD和纽约证券交易所（NYSE）并存导致了两个自律组织在监管方

面的重复，2007年7月30日，在SEC的协调下，NASD和纽约证券交易所监管局（NYSE Regulation，Inc）的会员监管执行和仲裁职能合并，成立了美国金融行业管理局（FINRA），成为美国和全球市场最大的证券行业自律管理组织。SEC授予FINRA充分的自主权限，主要有：制定场外交易自律规则；检查监督会员的日常经营活动，对违反联邦证券法或自律规则的会员公司及注册的雇员采取罚款、停业或取消资格的方式进行惩罚；通过报价系统的管理与交易规则的制定来监管交易；通过调解、仲裁解决证券纠纷；等等。

（三）监管核心

1. 监管制度核心

美国场外市场监管制度的核心是集中监管制。在监管层级上形成了金字塔结构，自上而下分别为国会、SEC、FINRA和交易所等自律组织，券商内部自律部门。总体上形成以证券立法为基础，以SEC为核心、FINRA为主、多主体共同参与的监管体系，如表5－6所示。

表5－6　不同监管主体的监管资源与监管分工①

监管主体	执行能力	信息能力	监管特点	监管内容
行政监管机构	最强	较弱	最终监管；再监管；间接监管	立法：对相关联邦政权法律进行解释与细化； 行政：通过注册制对证券发行以及协会、交易所、结算公司等市场中介组织进行资格管理； 司法：违规行为调查与处罚
自律监管组织	较强	较强	直接监管；自律监管	立法：制定自律规则，对参与者进行约束与指导； 自律：对会员进行培训、考核与资格管理；对违规行为进行调查处理；对会员证券交易活动进行实时监控

① 孟勤国，刘俊红．美国场外交易市场监管模式及对中国的启示[J]．社会科学家，2014(9)：101－105.

续表

监管主体	执行能力	信息能力	监管特点	监管内容
市场参与主体	较弱	最强	接受监管；配合监管	接受监管：遵守监管规则，维持行为的合法与合规； 配合监管：有市场监控与报告的义务

2. 监管内容核心

美国场外市场监管的核心内容是信息披露制度。OTBCC 市场不再设置对挂牌公司财务情况的限制，转而对信息披露制度制定了严格的要求。粉单市场更是按照信息披露的程度将市场分为三大层六小层，进行分别监管。

与此同时，市场分层也是美国场外市场的特色之一。按照不同层级的要求进行针对性的监管，能够更加有效地保护投资者。

（四）监管基础

1. 投资者保护机制

1970 年美国专门制定了《证券投资者保护法》，确认将“证券监管的首要目标是保护投资者”作为证券监管的首要原则。美国的投资者保护措施主要体现在以下两个方面：集体诉讼制度的构建与投资者保护基金的设立。

（1）集体诉讼制度

证券市场民事诉讼案件的特殊性在于个人投资者巨大的诉讼成本与有限的个人收益，这就导致个人投资者往往采取集体行动来保护自己的合法权益。为此，美国建立了集体诉讼制度，通过大量小额诉讼集聚与共同基金偿付诉讼费用机制，在经济层面实现个人投资者们集体诉讼的可行性。

早在 19 世纪中期，美国就确立了代表人诉讼模式。1963 年 Chemer v. Transitron 案以后，证券集体诉讼真正起步，尤其是在 Basic 案正式确立了市场欺诈理论后，美国证券集体诉讼获得了进一步的发展。《联邦民事诉讼规则》1966 年的修订堪称里程碑式跨越，其第 23 条直接奠定了美国集体诉讼的基本制度，自此以后，集体诉讼在美国得到了广泛应用。

与此同时，集体诉讼制下“胜诉酬金”（Contingent Fee）与对违规者的“惩罚性赔偿”吸引了更多的律师承接证券维权案，使之充分运用专业能力帮助中小投资者。为了防止日益猖獗的证券滥诉，美国又进一步颁布了1995年的《证券私人诉讼改革法》（简称PSLRA），从程序和实体上对证券集体诉讼进行了一定的限制。至此，美国的集体诉讼制度获得了深厚而全面的法律根基①。

（2）投资者保护基金

美国在建立集体诉讼制度的同时，也加快了证券投资者赔偿制度的建立。区别于加拿大、澳大利亚等国的附属模式，即由证券交易所或证券商协会等自律性组织发起成立并负责运作证券投资者保护基金，美国采取了独立模式，即成立独立的证券投资者保护公司，专门从事投资者权益保护工作。

在1970年《证券投资者保护法》（Securities Investor Protection Act，SIPA）的指导下，证券投资者保护公司（Securities Investor's Protection Corporation，缩写为SIPC）成立。SIPC作为非营利机构，受SEC直接监管，其职责是为证券经纪商和自营商的客户提供保险保护，在它们出现财务问题而失去偿付能力时对投资者先行赔付。SIPC详细地规定了赔偿的对象、范围和限额，以及实施赔偿的程序，极大地增强了投资者信心，有助于维持证券市场的稳定②。

2. 惩罚制度

针对证券市场的违法违规问题，美国早已做出了相应的立法顶层设计，《内幕交易制裁法》《内幕交易和证券欺诈法》相继出台。在此基础上，美国也形成了完善的证券监管行政处罚体系。

---

① 吕成龙．投保机构在证券民事诉讼中的角色定位[J]．北方法学，2017，11(6)：28－39.

② 荣亮．论中国证券投资者保护基金法律制度的完善[D]．北京：对外经济贸易大学，2006.

SEC的行政执法程序处于核心地位。国会授予其包括立法权、行政权和司法权在内的全能职权，使SEC成为执行美国联邦证券法体系的独立机构、直属美国联邦的准司法机构，能够最大限度地发挥其职能，监管美国证券市场，维持其长期稳定发展①。

SEC逐步形成了包括线索发现、调查、追溯及裁决等基本环节的一整套执法流程。SEC协同自律监管组织、联邦或州政府部门、公众投诉平台等组织获得违法发现渠道；SEC执行局可立即展开调查，一般先采用非正式调查，若违法情况属实或对方不配合，则可启动正式调查；SEC通过审查调查报告，有权行使追诉权和裁决权，对当事人加以行政制裁。

SEC的执法措施主要分为民事制裁措施、行政制裁措施与其他制裁。民事制裁包括罚款、返还非法所得、禁止未来违法行为等；行政制裁措施包括将会计师、律师、公司高管等专业人士限制在证券行业继续执业，也包括禁止令即行政审裁程序（由行政法官执行，效仿司法上无陪审团程序）；其他制裁主要是配合司法部门，提供刑事制裁的证据②。

值得关注的是，SEC行政执法方式不断创新，奖励机制与行政和解的引入，使SEC监管效率大大提高。

随着金融市场不断向纵深发展，有限的监管资源难以覆盖市场上日渐增长的违法行为。为此，美国出台了《多德－弗兰克法案》，引入向合格举报者提供10%～30%罚没所得的激励机制，建立了“公私协同，罚没款分成”的违法查处模式。该法案一方面显著提高了违法成本；另一方面将大量市场主体转化成私人监督者，监管效能得到极大提高③。

为避免过度执法，SEC监管引入以柔克刚、以退为进的执法方式——

---

① 马晓鹏．我国证券监管行政处罚法律问题研究[D]．北京：北京交通大学，2014.

② 章武生．美国证券市场监管的分析与借鉴[J]．东方法学，2017(2)：42－55.

③ 李虹．美国证券违法举报者“罚没款分成”机制及借鉴[J]．证券市场导报，2012(12)：4－9.

行政和解（Settlement）。行政和解是指对当事人予以相对性的惩罚，无须当事人承认或否认是否违规，要求其纠正该行为并履行一定的义务以恢复被损害的市场秩序，如缴纳和解金、整顿内控等。2013 年 6 月，SEC 对行政和解进行了改进，在特定情形下要求当事人应当承认所犯事实并对外公开。此项执法方式，不仅更能体现执法的惩罚和威慑，还有利于问题的及时解决，有助于维护证券市场的和谐稳定关系。

（五）具体监管结构与模式

1. OTCBB 的监管结构与模式

（1）市场结构

OTCBB 是指布告栏市场，于 1990 年由 NASDAQ 设立，为未能在 NASDAQ 上市的公司股票提供自动报价。也是 SEC 实施低价股（Penny Stock）改革方案的试点，是有一定财产基础而又喜欢冒险的投资者的集聚地。

在市场层级上，OTCBB 是场外市场中的最高层级，也是连接更高层级（NYSE，NASDAQ）与更低层级（粉单市场）的桥梁。一方面，OTCBB 市场上优质的股票有机会转至 NASDAQ 或者纽约证券交易所上流通，也可以接收 NASDAQ 与纽约证券交易所退市的股票。另一方面，粉单市场尤其是 OTCQX 市场中优质的股票有机会转板至 OTCBB 市场上挂牌流通转让，OTCBB 市场上不达标的企业也可退板至粉单市场上。良好的转板机制使 OTCBB 成为股票市场的中坚力量。

（2）监管结构与模式

1）行政监管。美国证券交易委员会（SEC）负责对 OTCBB 市场的行政监管。其监管内容主要来源于 SEC 的 4 条规则，分别是 15c2 - 11 不具备特定信息时的初始报价及重新估价、15g - 9 对某些低价证券的销售实务要求、10b - 17 登记日的不及时披露、3b - 4 关于“外国政府”“外国发行人”“外国私人发行人”的界定。

除上述提及的4个规则外，1999年SEC专门推出了《OTCBB资格规则》(Eligibility Rule)。该规则不仅对OTCBB市场的公司资格提出了进一步的要求，还进一步确立了更为严格的信息披露标准。一方面，在OTCBB报价交易的公司向SEC注册成为“报告公司”。另一方面，这些公司还需按照1934年《证券交易法》的要求定期向SEC或有关银行保险监管机构提交财务报告，对逾期不报送财务报告的给予30~60天的宽限期，宽限期后仍不按要求报送的公司将被OTCBB除名。该规则进一步提高了OTCBB市场的透明度，并减少了市场欺诈行为。

2）自律监管。OTCBB的自律监管者是美国金融业监管局（FINRA）。目前，OTCBB市场主要受到6400与6500系列规则的约束。

6400系列规则主要对场外市场的报价与交易作出规定，如证券报价要求（最小报价单位、最小股价变动、报价撤回等）、暂停交易与报价机制、交易费用的限制、客户限购的设置等。6500系列规则对OTCBB市场挂牌公司、做市商、交易报告作出规定，如要求做市商必须是FINRA的会员公司、订阅由FINRA指定的服务、拥有两个及以上的交易地点、通过连续的净结算系统进行结算等。

（3）监管制度

1）准入门槛。OTCBB发行人必须在SEC注册，但对其没有财务及规模上的要求，只有一些最为基础的门槛设置。在FINRA第6530条规则中，对意图在OTCBB挂牌上市的本国公司、外国证券或美国存托凭证(ADR)，以及从NASDAQ降板的证券作出了相应的说明。例如，本国发行人不能在美国的任何一家证券交易所上市（在一家及以上的区域股票交易所上市等情况除外），并提供符合《证券交易法》相关条例的报告即可。

2）披露要求。挂牌证券的发行者需要按期提交完整的年度或季度报告，如果没有在该报告的截至日期前提交，或是在过去的两年中有两次证券发行人未能在宽限期前补报，满足前述条件之一将从 OTCBB 市场中移除。

3）转板制度。由 OTCBB 转板至纳斯达克资本市场（NASDAQ - CM），只要符合资产标准、上市股票市值标准、净收益标准三个标准其中之一即可。此外，转板企业还需在股权分散、股东人数、公众持股量、做市商家数等方面达到 NASDAQ - CM 的要求，其中，上市股票市值标准是专门针对转板企业而设立的标准①。

2. 粉单市场的监管结构与模式

（1）市场结构

粉单市场是美国场外市场中最基本的组成部分。粉单市场的产生和发展远早于美国场内市场即证券交易所市场，从 1913 年成立之初的“全国报价局”（National Quotation Bureau，NQB），到如今的 OTC 市场集团（OTC Markets Group），粉单市场见证着美国场外市场的兴起、成长与成熟。

目前，粉单市场已经发展成为一个门类齐全、梯级清晰、全新的多层次市场。按照公司信息披露的数量和质量，可以划分为三大层级：最上层的 OTCQX、中间层的 OTCQB 以及第三层的 OTC Pink，如表 5 - 7 所示。

1）OTCQX（the Best Market）

粉单市场的第一层级是 OTCQX 市场，是面向美国和国际公司而建立的透明且高效的交易市场（the Best Market）。作为粉单市场的最高层级，OTCQX 对公司质量形成了有效的控制，在公司挂牌资格、治理能力、财务状况、信息披露等方面都制定了最为严格的标准。例如，公司必须披露年度财务报告、季度财务报告和年度信息等内容，财务报表采用美国通用会计制度，但不需要符合 SEC 的第 404 条规定。

---

① 关于该标准的详细介绍，参考第六章中对应的内容。

其中，OTCQX 还可具体细分为国际市场、美国市场和银行市场，各个市场内部按照财务情况的不同分为普通与高级类别（Premier）。国际市场（OTCQX International）主要面向国外规模较大公司；美国市场（OTCQX U. S）主要针对本国成长性较高的公司；而银行市场（OTCQX Banks）是传统 OTCQX 的延伸，主要用来满足美国金融机构的独特需求。

2）OTCQB（the Venture Market）

粉单市场的第二层级是 OTCQB 市场，是专门为初创期或发展期的公司设计的风险投资市场（the Venture Market）。与最高层的 OTCQX 相比，该市场删减了对挂牌公司财务状况的限制，新增了年度核查和管理认证程序。作为中间层级，其在挂牌资格、治理能力、信息披露等方面仍保留了一定的要求，同样需要按照美国标准会计制度向监管机构提交财务报表。

3）OTC Pink（the Open Market）

粉单市场的第三层是 OTC Pink 市场，也是最早期、最传统的粉单市场，属于投机交易市场。该市场包括许多带有限制披露、低价股票与壳的外国公司，也包括许多不愿意或根本无法提供足够信息的不良公司。作为粉单市场的最低层级，OTC Pink 没有任何最低财务标准的限制，需要投资者仔细甄别、谨慎投资。

OTC Pink 市场根据挂牌公司向投资者提供的信息的数量和质量进一步细分为当前信息披露层、有限信息披露层和无信息披露层。

当前信息披露层（Current Information）的公司能够遵守国际报告标准或选择性报告标准，披露具有公开性的信息。这类公司主要由壳公司、初创公司、没有经过审计的财务公司以及应当被认定为极具投机性的机构组成。

有限信息披露层（Limited Information）的公司主要分为两类：第一类是陷入经济困境或破产情况的公司，第二类是没有陷入困境，但不愿意提供符合《OTC 市场集团关于提供合适正确的信息指引文件》要求的信息的公司。这两类公司均只能提供非常有限的信息，所以 OTC Pink 要求它们需要在 OTC 信息披露和新闻服务平台提供六个月以内的财务信息，或是在 SEC 的 Edgar System 中填写符合要求的信息。

无信息披露层（No Information）主要是不愿意或不能够提供公开信息的公司，且没有按照要求在 OTC 信息披露和新闻服务平台提供六个月以内的财务信息，或是在 SEC 的 Edgar System 中填写符合要求的信息。这些公司或是已经停止运营或是在信息披露方面有重大问题，OTC Pink 对其标注有“Stop”标识，以示投资者谨慎投资。

（2）监管结构与模式

一方面，OTC 市场集团只是运营粉单市场的私人公司，是个证券场外市场的信息服务商，本身并不规范下属的 OTCQX，OTCQB 及 OTC Pink 市场，也无权监管市场中的交易经纪商和做市商。另一方面，OTC 市场集团既不是一个证券交易所，也不是一个自我监管组织，所以它本身也不受 FINRA 和 SEC 的监督管理。

但是所有在粉单市场的 OTCQX，OTCQB 及 OTC Pink 市场交易的证券经纪人与做市商都是在 SEC 注册的 FINRA 的成员，并受到各种州级证券管理机构的管制。此外，部分挂牌公司在 SEC 注册，也在 SEC 的监管范围之内。由此可知，FINRA，SEC 和各州证券监督管理机构仍旧参与到粉单市场各个层级的监督和管理中，只是方式更为间接。

1）行政监管

除对虚假披露、内幕交易等违法行为的执法监管外，SEC 对粉单市场的行政监管还包含以下内容：

对于粉单市场信息披露的监管。尽管粉单市场各层级的信息披露要求较低，但信息披露仍是粉单市场分层的依据，也是粉单市场监管制度的核心与原则。

对粉单市场所有证券经纪人与做市商的监管。粉单市场各个层级证券经纪人与做市商均须在SEC注册，受到SEC和各州的证券监管部门的共同监管。

对部分挂牌公司的监管。粉单市场允许挂牌公司在SEC注册。注册的公司则要接受SEC的管理，相关的投诉可以直接向SEC提起。

通过对FINRA直接监管实现对粉单市场的间接监管。SEC将具体的监管责任赋予FINRA，自己保留了监管的权力。若FINRA监管失当或失效，SEC可直接监管粉单市场。

2）自律监管

一方面，粉单市场各层级的证券经纪人和做市商均为FINRA的会员，受其监督。FINRA监度管理会员的方式是注册管理、定期检查和违规调查。其中，注册管理和定期检查是对会员资质的要求，经纪商与做市商必须在资金与专业能力方面满足一定的标准，并定期接受FINRA关于会员财务和运行情况是否可以持续经营的检查。同时，FINRA会对发现不正常情况、可能有违规行为的会员进行调查，并根据调查的结果进行处罚。

另一方面，FINRA对粉单市场各个层级的交易行为进行监控。尽管粉单市场对申请挂牌公司的准入门槛较低，不构成实质上的监管。但在交易层面，FINRA通过对粉单市场管理报价系统的设计与交易规则的制定，对各层级的交易情况进行实行监控。如有出现不合理报价、异常交易等情况，FINRA会及时调查处理。

（3）监管制度

1）准入门槛、信息披露、财务指标等要求

表 5－7　粉单市场相关要求

市场分层	OTCQX			OTCQB	OTC Pink		
	International Companies	U. S. Companies	U. S. Community Banks		Current Information	Limited Information	No Information
资格标准	在合格境外交易所上市或在 SEC 报告之列	必须是适时地组织、有效存续和存在的法律管辖的公司组织或业务	必须是一家美国银行、美国银行控股公司、美国储蓄银行、美国储蓄控股银行，或者由美国银行监管机构监管的美国金融机构	美国公司必须拥有经 PCAOB 审计年度财务报告（监管 A 级公司可免除最初要求）； 0.01 美元的最低收购价格； 不存在破产情况； 跨国公司必须在合格境外交易所上市（或在 SEC 报告之列），并提交一封 OTCQB 赞助商批准的介绍信			
	不是一个空壳公司或无偿公司； 不受任何破产或重组程序的限制； 提交一封来自 OTCQX 赞助商的介绍信						
公司治理标准		成立董事会，且包括至少 2 个独立董事； 成立审计委员会，且大多数成员为独立董事； 开展年度股东大会，并至少提前 15 日向股东提供年度财务报告	成立董事会，且包括至少 2 个独立董事； 成立审计委员会，且大多数成员为独立董事				

续表

市场分层	OTCQX			OTCQB	OTC Pink		
	International Companies	U. S. Companies	U. S. Community Banks		Current Information	Limited Information	No Information
信息披露标准	符合以下的报告标准之一： 国际报告标准、SEC 报告标准	满足下列报告标准之一： SEC 报告标准、监管 A 级报告标准（Regulation A Reporting Standard）、替代报告标准； 依照美国公认会计准则 GAAP 要求编制的、经 PCAOB 的审计师审计的年度财务报告和未经审计的临时财务报告； 及时披露重大新闻发布	信息披露标准符合下列报告标准之一： 美国银行报告标准、SEC 报告标准； 经 PCAOB 的审计师审计的年度财务报告和未经审计的季度财务报表； 及时披露重大新闻发布	满足以下报告标准之一： SEC 报告标准、监管 A 级报告标准、美国银行报告标准、国际报告标准、替代报告标准； 及时披露重大新闻	根据替代报告标准的准入资格： 签署场外信息披露与新闻服务，发布财务报告和材料新闻财务报告（财务报告必须按照美国公认会计准则编制，必须包括资产负债表、损益表、现金流量表和财务报表附注，但不要求审计）； 如果财务报告未被 PCAOB 注册会计师事务所审计；需要提交一份签署的律师协议书或一封律师信	市场准入要求： 签署场外信息披露与新闻服务，发布财务报告和材料新闻； 在前 6 个月内完成一个季度报告或年度报告，包含资产负债表、利润表、发行和发行股票的总数，财务报表必须按照美国公认会计准则编制，但不要求被审计。（现金流量表不要求符合粉色有限的信息）	可以不披露
					持续的信息披露义务： 在季度结束后 45 天内，上传一份季度报告； 在财政年度结束后 90 天内上传年度报告； 如果 PCAOB 注册的审计公司未对年度财务报表进行审计，则应在会计年度结束后 120 天内上传律师函		
验证需求				维护一个经过验证的公司简介，初始和年度 OTCQB 认证			

资料来源：根据美国证券场外交易集团官网（https://www.otcmarkets.com/）相关内容翻译并整理。

值得注意的是，OTCQX 对挂牌公司的财务情况有一定的门槛，如表5－8所示。国际市场、美国市场和银行市场各自的高级类别（Premier）的也有不同的财务要求，详细内容可见 OTC Market 官方网站。

表5－8　OTCQX 国际市场、美国市场和银行市场挂牌公司财务要求

	挂牌要求	持续期要求
低价股规则 （Penny Stock Rule）	以下是豁免条款之一： （1）有形资产净额：500 万美元且少于 3 年的运营／200 万美元且 3 年的运营； （2）收益：过去 3 年的平均 600 万美元； （3）出价：5 美元并且以下之一：净收入 50 万美元，有形资产净额 100 万美元；收入 200 万美元，总资产 500 万美元	
买价	$0.25	$0.10
市值	$10 million	$5 million
场外交易市场的定价报价	1	2（90 天内）
股东	50 名受益股东每人至少持有 100 股	

资料来源：根据美国证券场外交易集团官网（https：//www.otcmarkets.com/）相关内容翻译并整理。

2）转板制度

粉单市场升板至 OTCBB 的条件是：公司净资产不少于 200 万美元，公司最近 12 个月的营业收入不少于 1000 万美元，净利润不少于 200 万美元，公司在过去两年的收入及盈余年增长率不低于 20%。同时，按照 SEC 的要求需要聘用注册会计师对公司进行审计，挂牌后的企业需要按季度向 SEC 提交经审计的财务报表①。

二、英国的场外市场结构与监管

英国股票市场是目前欧洲最大的股票交易市场，也是世界上国际化程

① 潘玉军．我国新三板转板机制及对国际经验的借鉴研究［J］．商品与质量，2011（S7）：106－107.

度较高的市场。不同于美国场外市场的发展路径，英国的场外市场是在自律监管的模式下逐步发展壮大的，市场参与主体较为明确，监管适用的法律也相对统一。

1. 市场结构

英国现有的资本市场体系主要包括四部分：全国性集中市场、全国性二板市场 AIM、全国性三板市场 OFEX 以及区域性市场。

全国性集中市场是英国的主板市场，即通常所说的伦敦证券交易所市场。伦敦证券交易所（London Stock Exchange，LSE）成立于 1773 年，作为世界四大证券交易所之一，受理超过一半以上的国际股票承销业务，大部分大银行和证券商是伦敦国际股票交易所的会员。

AIM 全称为英国另类投资市场（Alternative Investment Market），由伦敦证券交易所于 1995 年 6 月设立，是欧洲第一家二板市场，其主要服务对象是未达到主板上市要求的中小企业。AIM 对上市企业的行业没有限制，其中高技术企业占据了较为主要的地位。在 AIM 市场上市的企业，在达到主板要求后，可申请在主板上市。AIM 市场还为不同规模的企业设立了不同的标准，企业可以依据自身情况进行选择，进行上市融资。

OFEX（Off－exchange）又称全国性三板市场，也被称为 Plus Markets，属于英国股票市场体系中的非正式市场。其创始人 JP Jenkins 是一家在伦敦证券交易所登记在册的、具有良好经营记录和信誉的做市商。OFEX 成立于 1995 年 10 月，其成立的目的是为那些无法在伦敦证券交易所——包括主板市场和 AIM 市场挂牌转让的公司股票建立一个股权转让、募集资金的电子网络交易系统。一些在 AIM 交易的公司股票及以前在 1996 年年底关闭的“未上市证券市场”交易的公司股票均可以在 OFEX 进行交易。该市场相对灵活的规则有助于新型企业的早期扩张，同时又由于对上市公司运营有一定的要求，也有利于企业形成优良的经营模式，使其最终可能进入 AIM 市场或主板市场。公司由 OFEX 市场升级到 AIM 市场主要有自荐和私下募集两种方式。

2. 监管主体

在 2002 年之前，OFEX 的监管主要由 JP Jenkins 公司实施，监管标准参考英国法律和伦敦证券交易所。自 2002 年起，由于该市场的日益壮大，逐步成为英国股票市场的重要组成部分，英国金融监管服务局（FSA）正式将其纳入自己的监管范围。英国金融服务管理局由英国证券投资委员会改制而成，其目的是成为英国金融市场统一的监管机构。其宗旨是对金融服务行业进行监管，保证高效、有序、廉洁的金融市场，帮助中小消费者取得公平交易的机会。2012 年，受金融危机的影响，FSA 拆分为 FCA（Financial Conduct Authority，金融行为监管局）和 PRA（Prudential Regulation Authority，审慎监管局）。

3. 监管结构与模式

2011 年 6 月 16 日，英国政府正式发布《金融监管新方法：改革蓝图》的白皮书，全面阐述了政府改革金融监管的设想。该《白皮书》终结了英国的三方监管体系，开始了“准双峰”监管模式。英格兰银行新设金融政策委员会（Financial Policy Committee，FPC），作为宏观审慎监管机构，负责监控和应对系统风险。原先 FSA 的审慎监管职能和行为监管职能则分别由拆分后设立的 PRA 和 FCA 继承，这两者在与宏观审慎监管有关的方面都将接受金融政策委员会的指导。

改革后的金融监管体系中，OFEX 市场在 FCA 和 PRA 的指导下施行自律监管。相对于主板市场和 AIM 较为宽松的要求，OFEX 市场适用的是一种以信息披露为核心、以监管从业券商为主要手段、以会员制为主要形式、已自律为基础的监管模式。

4. 监管核心

OFEX 市场基本上取消了主板市场和 AIM 市场上对挂牌公司的规模、盈利水平等的要求。在这个市场上，市场监管的核心从对企业实行较为严格的监管转变到了信息披露。

5. 监管制度

OFEX 的上市条件较交易所市场极为宽松。主要包括以下几点：企业应为合法企业；在上市的过程中必须有一个上市顾问和一个终身保荐人；公司必须保证股票能够自由转让；公司必须能为股票在电子网络上交易进行合理的安排；必须确保有足够的公众持股以保证市场正常交易；确保准确、有效的信息披露。

为了保证上市企业的规范运转和投资者的利益，OFEX 市场要求企业在上市前后必须指定一名经注册的企业顾问，包括经注册的股票经纪人、金融顾问、会计师事务所或律师事务所。

保荐人制度要求所有上市企业必须在上市前后所有过程中聘请一家拥有英国金融监管局和伦敦证券交易所批准资格的证券公司作为自己的保荐人，以保证企业能够持续遵守市场规则，提升投资者信心。若保荐人因辞职或被解雇而导致出现缺位，对应企业的股票交易将被立即停止，直至新的保荐人正式履行职责。如果在一个月内无新的保荐人补位，该企业股票将被摘牌。

总体来看，英国场外市场监管呈现出三个显著特点：法律法规约束、原则导向性监管和监管外包，其中，原则导向型监管是指在场外交易市场的监管中，对原则的依赖高于细则；监管者对客户、机构和市场的监管重于对机构运营的监管。监管外包的产生源于英国金融监管所奉行的“自律监管”原则，具体包括保荐人制度，实际上是监管机构将监管职能委托给了保荐人，采取“终身保荐人”制度。

三、中国台湾的场外市场结构与监管

1. 市场结构

中国台湾资本市场的层次和结构也比较完整，主要由集中市场和柜台买卖市场组成。集中市场的交易场所为台湾证券交易所，为台湾资本市场的主板。柜台买卖市场的交易场所为柜台买卖中心，在柜买中心挂牌的股票主要分为两类：第一类是上柜股票，功能和企业类型类似于深交所创业板；第二类是兴柜股票，与目前的新三板较为相似。

在兴柜股票市场设立之前，未上市或上柜的股票主要通过盘商中介交易。盘商是指专门从事为上市股票交易经纪业务的证券商，在台湾一直未获得合法地位，针对盘商交易的统计也不完全。盘商中介交易弊端丛生，内部操纵现象时有发生且缺乏效率。为了将未上市上柜股票交易纳入制度化管理，为投资者提供一个合法、安全、透明的交易市场，2001 年，台湾行政当局决议通过了“建立未上市/柜股票买卖交易制度”，将场外交易纳入证券管理体系。2002 年 1 月，以柜买中心为主体主导的兴柜股票市场正式交易，首批挂牌公司 108 家，到 2016 年，约有 280 家公司在兴柜市场挂牌交易。

兴柜市场定位为上市、上柜公司的预备市场，参考美国 OTCBB，目的是给未上市/柜公司提供一个合法的筹资和交易平台。其预备市场的功能来源于台湾当局“强制上柜”的规定。自 2003 年 1 月 1 日起，台湾规定除公益事业外，初次申请上市、上柜的台湾岛内股票都必须先在兴柜股票市场挂牌交易 3 个月（2004 年年底延长为 6 个月），然后经过一定的、相对简便的审批程序，方可上市或上柜。

兴柜市场实现了较低层次的盘商交易市场与较高层次的柜买中心市场两级场外市场之间的衔接与互补，为台湾多层次资本市场的安全与完善奠定了基础。

2. 监管主体

1994 年以前，台湾没有专门针对场外市场的监管机构和监管制度。1994 年，成立了台湾证券柜台买卖中心，专门管理店头市场。柜买中心以推动场外交易市场发展为宗旨，主要任务是扩大台湾场外交易市场规模、健全交易制度，从而吸引更多的企业上柜。2000 年以后，开始整合“财政部”下属的“金融局”“保险局”“证期会”，“中央银行”下属的“金融业务监察局”以及“中央存款保险公司”下属的检查处等机构，并于 2004 年 7 月设立直属于“行政院”的“金融监督管理委员会”，将场外交易市场的监管也纳入其监管范围。在统一监管后，台湾资本市场的监管漏洞和各层次市场间的摩擦大大减少，整个资本市场的运行和监管效率大大提高。在此基础上，柜买中心成为兴柜市场的直接监管人。

3. 监管结构与模式

兴柜市场采用“宽入严督”的方式对挂牌公司进行监管。宽入是指公司准入的条件非常宽松，除了营业年限和推荐券商的数量要求，在其他方面几乎没有要求；严督是指柜买中心对兴柜市场的监管实行较为严格的监管政策。柜买中心监管的重点是对保荐人的监管。要求保荐人对被保荐人的经营、信息发布和交易行为负有监督责任，需对被保荐人的违规行为承担连带责任；同时，挂牌企业必须按时、及时披露年度报告、半年度报告、交易信息和重大投资决策；实行“反黑”条例，严禁黑道介入公司经营。

4. 监管制度

（1）准入制度

兴柜市场的挂牌交易条件相较上市和上柜的标准更为宽松，以注册制为主。台湾证券管理当局颁布的“证券商营业处所买卖有价证券管理办法”第七条制定的“证券商营业处所买卖有价证券业务规则”中指出，“申请参加柜台买卖之证券商应填送申请书并申请登记”。台湾兴柜交易市场要求申请挂牌企业满足以下几点即可提出申请：①公开发行公司；②至少连续经营3年；③至少两家推荐券商推荐等，未对公司的财务指标、规模、股权分散、股份流通等作出硬性要求。挂牌公司多为规模较小的新兴行业公司。

针对个人投资者，兴柜市场并未提出明确的资本金和专业素养要求，进入门槛较低。但投资者主要为机构投资者，包括企业法人和证券商。

由于在兴柜市场挂牌交易的公司需要获得至少两家推荐券商的推荐，台湾监管当局也对推荐券商设立了入市条件。“柜台买卖中心证券商营业处所买卖兴柜股票审查准则”规定，推荐证券商应具备证券承销商、证券经纪商及证券自营商的资格，同时满足以下几点：为台湾证券商业同业公会登记的会员；符合“证券商管理规则”第23条；最近六个月自有资本充足率月均达到150%；现已与挂牌企业签订辅导协议。目前，辅导推荐证券交易商与一般推荐证券交易商是推荐证券交易商的两种基本形式。针对辅导推荐证券交易商，“兴柜股票审查准则”要求其最近三年内曾担任股票初次申请上市或上柜，或办理现金增资、发行可转债公司的主办券商，且已被核准、挂牌交易的申请达到三件以上；或其部门主管/至少3名业务人员具有前述资历。

（2）信息披露制度

“兴柜股票买卖办法”对挂牌公司主要交易信息的披露进行了规定。为了更好地保障投资者的利益，该办法要求企业必须披露半年度和年度财务报告，但对季度财务报告和财务预测公布不作强制性要求。每月需要公布营业收入、背书保证金、资金贷方金额及衍生性商品交易等信息。重大事件必须及时公布。

信息披露途径为柜台中心股市观测站，推荐证券商须在券商网站上及时披露相关信息。

（3）转板与下柜机制

兴柜市场是企业上市、上柜前的热身场所。若兴柜公司交易不如上市、上柜公司，在挂牌运行6个月之后，可根据公司情况向台湾证券交易所提出上市和上柜请求，台湾证券交易所和柜买中心将会根据申请内容进行实质性审核。

当挂牌公司在财务指标达到上市、上柜标准后，若挂牌时间满6个月，即可向交易所或上柜市场提出转板申请。获得主管机关出具的统一意见书后，即可实现升板。

升板或转板没有强制要求。挂牌企业可以选择一直在兴柜市场进行股票交易。

当挂牌公司出现推荐证券商少于两家，或未按规定披露年度或半年度年报，或未按规定披露重大事项且在限期内未作修改者等，将被作下柜处理。

四、境外场外市场的比较

通过对美国、英国和中国台湾三个国家和地区场外市场的市场结构、监管体系、监管主体和监管制度的具体分析，我们可以发现，美国场外市场监管体系的设立是一个自下而上的过程，民间的发展和规范推动了立法和上层监管机构的进步；英国始终保持着“行业自律监管”的主体地位；中国台湾的监管完善进程则是由上至下，整个场外市场的兴衰与上层监管机构的监管动态有较为密切的关系。OTCBB和OFEX市场随着其不断壮大而被纳入了整个资本市场的监管范围之内，兴柜市场由柜买中心设立，其监管在设立之初就被纳入了整体资本市场的监管。

从监管模式来看，目前三地市场均实行行政监管与自律监管相结合的混合监管模式；而在交易制度方面，美国的 OTCBB 执行传统的做市商交易制度，OFEX 和兴柜市场都使用与竞价制度相结合的竞价做市商制度。

三地市场在宽松的市场准入条件、信息披露的重视程度上具有相似性。在市场准入方面，更加注重企业的续存能力，没有对财务指标和公司规模作出硬性要求。在英国，信息披露被列为自律监管的核心；中国台湾兴柜市场对信息披露的内容和时点作出了严格要求；粉红单市场则按照 SEC 对信息披露的规定要求公司履行信息披露义务；而 SEC 专门推出了《OTCBB 资格规则》，进一步确立了更为严格的信息披露标准。

OFEX 和兴柜市场还分别设立了“终身保荐人”制度和推荐证券商制度，通过证券商的力量规范企业的信息披露和市场行为，这实际上是一种市场将自己的监管责任“外包”给第三方的行为，市场则由直接监管企业向监管更为规范的券商转变，能够有效地提高监管效率。

除此之外，我们还发现三地的资本市场拥有较为完整的体系，既有适合治理较完善的企业的高层次的场内市场，也有适合中小企业的低层次的场外市场，且在市场内部又有分层，能够满足不同发展程度的企业的融资需求。

第四节 新三板面临的监管挑战

一、行政监管层面

1. 尽快完善法律制度

我国资本市场的监管模式和发展趋向和世界上主要的资本市场具有相似性，都正在向行政监管与自律监管并进的复合式监管模式发展，并且自律监管的力度和作用正在逐渐加强，行政监管主要为自律监管提供法律法规依据，促进自律监管更加完整有效、有法可依。在这样的发展趋势下，完善我国相关的法律法规制度将成为提升监管主体能力与效率的重要途径。

法律监管应当为场外市场整体的监管提供监管的指导思想、原则和目标等，是一种顶层设计。到目前为止，我国还没有专门适用于场外市场的法律制度，自律制度的制定主要以《证券法》和《公司法》为基础，2005年后修改的《证券法》明确规定证券交易可以在依法设立的证券交易所上市交易和在国务院批准的其他证券交易场所转让，而这两部法律并没有明确界定场外市场和非上市公众公司的合法地位与功能，使得新三板监管规定只能依据两法中对整体市场的规定来制定。虽然在新三板市场成立前后，证监会陆续发布了《全国中小企业股份转让系统有限责任公司管理暂行办法》《非上市公众公司监督管理办法》和一系列监管指引文件，但没有从法律层面约定场外市场设立的条件和程序，也还未对场外市场信息披露、投资者保护等方面作出明确规定，使得场外市场目前各方面的监管在法律层面上只能参考交易所市场。

由于各项监管措施的制定没有针对性的法律法规作为依据，我国现有各层次的资本市场在信息披露等方面适用同样的标准，不利于多层次资本市场的建设与发展。

随着经济改革的不断深入，场外市场成为解决中小企业融资问题的一个主要途径。法律界定模糊不仅影响到新三板市场的发展，也影响到地方股权市场的发展，成为我国场外市场扩大、发展、充分支持及培育中小企业的阻碍。为了更好地实现我国多层次资本市场的建设，完善法律制度不容忽视。

2. 厘清行政监管的职责边界

自律监管与行政监管两者不得相互替代，不得缺位越位。行政监管机构和自律组织均应依照法律法规对非上市公众公司履行行政执法和自律监管职责。为了提高监管效率，全国股转公司近来针对主办券商和挂牌公司及其大股东等参与主体持续加大规范力度，加强自律监管势在必行。作为市场的运行者，股转公司对新三板内部的问题更了解、更敏感、更专业。厘清职责边界，强化自律监管，明确行政监管边界，以自律监管为主体的新三板市场监管制度将逐步完善。

二、自律监管层面

1. 监管方式的升级

券商的持续督导制一直以来都是新三板市场日常监管的核心制度。日常监管主要是指“以信息披露为核心”、依托主办券商持续督导的自律监管。

目前，从股转公司到主办券商，从主办券商到三板企业，仍然采取的是“人盯人”的监管制度安排。股转系统内部设置专门的“监管员”，对接主办券商。每个监管员负责几家主办券商推荐的挂牌公司的日常监管工作，对挂牌公司信息披露文件进行事后审查等工作。而在主办券商内部设置“督导员”，对接每一家新三板挂牌企业。每个督导员分别负责多家新三板企业，建立与挂牌公司日常联系机制，检查挂牌公司三会规范运作情况，事前审查挂牌公司信息披露文件，督导挂牌公司规范履行信息披露义务，并在出现特殊情形时对挂牌公司进行现场检查等。

但是，随着新三板市场规模爆发式增长，挂牌公司数量已经突破万家，未来进一步的增长可以预期。同时，新三板挂牌公司在规范程度、股权集中度等方面差别非常大，依靠“人盯人”的方式必然只会导致监管效率的低下。所以，尽早建立相应的大数据监管平台、实现制度升级成为必要之举。①

2. 信息披露制度的建设

信息披露是自律监管的重要手段，是保护投资者利益、保障市场稳定和有效性的重要制度。公平、高效、有序的场外市场需要与之特点相适应的信息披露制度。

信息披露制度应当体现差异性。发展多层次资本市场是为了向不同发展程度的企业提供金融市场服务，这些企业在规模、盈利能力、公司治理的完整程度等方面有较大差异。新三板不同于交易所市场，定位于服务广大不能满足交易所上市条件的中小企业，这些企业不具有可以匹敌上市企

① 全国中小企业股份转让系统主办券商持续督导工作指引（试行），http://stock. eastmoney. com/news/1614，20170605744029034. htmlhttps://baijia. baidu. com/s? old_id = 327181.

业的公司治理能力和发展规模，因此在信息披露的管理上应有差异。过于严苛的信息披露制度会加大企业的信息披露成本，也会使一部分发展中的企业失去在私有信息上的竞争力。

在信息披露监管的过程中，可以考虑加强对企业持续经营能力的关注，弱化对公司治理规范化的要求，这也更有利于发挥新三板的培育、扶持中小企业发展的“土壤”作用。要充分发挥市场的力量，加强包括做市商、会计师事务所、律师事务所等中介服务机构和第三方媒体的监督作用。在强调信息披露及时性的同时，要简化信息披露的流程，可以采用并发展信息披露成本较低的互联网信息披露途径，对于企业保密信息的披露采用“汇总披露”或者不披露的方式。

除了可以约束企业自身的信息披露行为，还可以加强对主办券商的要求。目前新三板实施主办券商持续督导制度，主办券商有义务对自己所负债的挂牌企业执行监督职责，确保其披露的信息准确、及时。目前，我国还未约定主办券商负责的挂牌企业未按规定履行信息披露义务时的惩罚措施。可以参考中国台湾兴柜市场对推荐证券商的要求，加强对主办券商的监管力度，更好地督促其履行持续督导职责，提高监管效率。

3. 建立双向转板制度和退市制度

资本市场不是各自独立的，而是互相承接、相互补充的，应该为企业提供一个能够根据自身资本实力和融资需求实现转板和退市的平台。在转板机制上，中国台湾资本市场为新三板提供了一种参考模式。当在兴柜市场挂牌的企业达到上柜或上市的要求时，可以直接向柜买中心或者台湾证券交易所提出升板请求，在通过审核后即可实现上柜或上市。转板机制的设置应是“双向的”，不仅包括升板机制，还应包括退板机制。对于目前在主板或者中小板、创业板上市的企业，若出现严重的问题致使要被退市时，可以考虑将其降板至新三板。降板制度可以增强高等级市场优胜劣汰的功能，对高层次市场中的企业起到监督作用。同时也能为新三板引入具有较好基础的企业。降板企业通过在新三板市场的发展，达到一定要求后，也可以申请转回交易所市场。

当在新三板市场挂牌的企业认为自己不能在该市场获得预期的服务，或者挂牌企业严重违反规章制度，或者达不到新三板市场要求时，新三板应当设置自愿退市或者强制退市机制。

4. 加大惩罚力度

目前股转公司对申请挂牌公司及已挂牌公司的管理层和主办券商及其他中介服务机构的相关人员采取的自律措施主要包括：要求提供解释说明或书面承诺、出具警示函、约见谈话、责令整改等，惩罚力度较弱，警示力不足。对于较为严重的违法违规行为，自律监管主体可以提高通告的范围。目前关于自律监管措施的信息披露主要集中在中国证监会非上市公众公司信息披露系统（http：//nlpc. csrc. gov. cn/index. do），可以考虑依据违规行为的程度扩大监管信息披露范围。市场也缺乏相应罚款、限制交易或者退市机制，难以对挂牌企业和个人产生威慑。此外，可以考虑将企业行为与诚信系统挂钩并加大违规对其诚信记录的影响程度。

有力的惩罚机制能够有效地促进企业遵守市场规则，提高监管主体的监管效率，增强市场的公平和有效性。

5. 加强对“三类股东”的监管

“三类股东”是指在企业申请 IPO 时股东中的资产管理计划、契约型基金和信托计划持股，它们的共同特点是都为基于契约关系建立起来的资金组织形式，“三类股东”的现象在交易所市场和新三板中都具有普遍性。这三类资金组织形式在法律上不被视为民事主体，因此在工商登记中无法被登记为非上市公司的股东，股东只能登记为投资协议管理人的名称，这导致股份的名义投资人与实际投资人存在差异，可能滋生股份代持、利益输送现象。“三类股东”存在的问题主要有三点：①导致企业股权结构不明晰，在法律上属于代持结构，较难实现穿透式审查；②部分“三类股东”可能利用资金池进行期限错配的资产投资，一旦资金链断裂被要求刚兑，投资计划可能会受到影响，造成股权的不稳定；③由于资金计划难以核查资金来源、关联关系、实际出资人身份，可能会导致实际出资人超过“200 人股东”的限制。

目前，证监会已经加强对主板市场 IPO 过程中“三类股东”的审查，预期新三板也有此趋势。2017 年 3 月，上交所官方微信平台发布《企业改制上市 30 问之二十三：新三板挂牌企业 IPO 需要注意什么问题》一文，文中提到“对于信托计划、契约型基金和资产管理计划等持股平台为拟上市公司股东的，在 IPO 审核过程中，可能会因存续期到期而造成股权变动，影响股权稳定性。因此拟上市公司引入该类平台股东时应在考虑股权清晰和稳定性的基础上审慎决策”。但需要注意的是，“三类股东”的存在对新三板市场的市场扩容和活跃交易具有重大积极意义。且“三类股东”占比较大，强硬清退会对市场产生较大影响：可能会影响具有挂牌意愿企业的挂牌进程；对新三板二级市场的流动性产生影响，致使做市商指数下行；使得“集邮行情”走向平淡，对投资者的吸引力减弱。对企业的影响可能有：已被停牌的企业将进退两难；对于正在申请挂牌的企业，又多了清理“三类股东”这样一项繁重的任务，企业可能需要支付较高的成本完成股权的回购；拟挂牌企业为了日后申请挂牌不敢轻易引进“三类股东”的投资，加剧了挂牌前的融资难度。对于普通投资者来说，原本通过持有投资拟挂牌公司的资金计划，有可能在企业日后成功挂牌甚至实现上市后，退出投资获利，若“三类股东”被明令禁止，此投资渠道将消失。

鉴于“三类股东”产生的不利影响和强制清理带来的弊端，监管主体应当联合主板市场制定合理的清理“三类股东”的制度，并在此之前，加强对“三类股东”的监管，避免其大举退出市场带来股市的震荡，尽最大可能削弱严格挂牌要求带来的不利影响。

三、第三方监管层面

1. 构建中小投资者保护体系

终止挂牌将会成为未来新三板市场的常态。自2016年10月21日《全国中小企业股份转让系统挂牌公司股票终止挂牌实施细则（征求意见稿）》发布以来，股转系统中始终存在大量的挂牌股票退市现象。2017年，股转系统共有709家挂牌企业退市，退市比例为6.10%。退市原因主要包括：强制摘牌、转板、因自身发展需要申请摘牌以及被上市公司吸收合并。一方面，在新三板市场监管趋严的大背景下，强制摘牌的数量将会进一步增加；另一方面，随着三板企业的发展，未来将有一大批优质的新三板企业谋求更大的发展，被上市公司兼并、转向主板创业板、奔赴海外资本市场。可以预见，未来终止挂牌的节奏将越来越快。

然而，个人投资者仍然是新三板市场的主体。尽管股转系统《投资者适当性管理细则》要求个人投资者除最近10个转让日的日均金融资产500万元人民币以上外，还需具有2年以上证券、基金、期货投资经历，但依照往年各类新三板账户数量来看，个人投资者数量仍然呈增长趋势。2017年年底新三板上的投资者数量共计40.86万户，相比上年的33.42万户增加了22.26%。其中，机构投资者数量由3.85万户增加至5.12万户，增幅为32.99%；个人投资者数量由29.57万户增加至35.74万户，增幅为20.87%。

如何切实有效地保护新三板市场的中小投资者成为新三板市场发展中不可忽视的问题。以2016年被实施了强制摘牌的朗顿教育、中成新星、众益达和森东电力为例，上述四家公司均未披露对小股东股份的处理或安排措施，其中，朗顿教育的小股东在公司被摘牌之后向媒体爆料公司或存在财务造假情况，但已无济于事。这在一定程度上反映了股转系统有必要更加重视终止挂牌对中小投资者的影响。

（1）细化终止挂牌中投资者权益保护的具体措施

2016 年 10 月 21 日，股转公司发布了《全国中小企业股份转让系统挂牌公司股票终止挂牌实施细则（征求意见稿）》，要求终止挂牌公司应当对股东的诉求作出安排并披露，公司控股股东及主办券商可以设立专项赔偿基金，具体细则如下，如表 5－9 所示。

表 5－9　新三板公司终止挂牌相关细则

条　款	内　容
第二十一条 【股东保护】	主动申请终止挂牌的挂牌公司应当在董事会决议和股东大会决议中对异议股东的保护措施作出相关安排
第二十二条 【股东补偿】	股票被强制终止挂牌的挂牌公司及相关责任主体应当对股东的诉求作出安排并披露。挂牌公司或者挂牌公司的控股股东、实际控制人，以及挂牌公司的主办券商可以设立专门基金，对股东进行补偿
第二十三条 【网络投票】	挂牌公司股东大会可通过网络投票等方式，为股东参与审议、表决股票终止挂牌事项提供便利
第二十四条 【主办券商职责】	主办券商应当督促挂牌公司及时披露终止挂牌相关公告，协助挂牌公司对主动终止挂牌时的异议股东，或者对强制终止挂牌时的股东作出妥善安排

资料来源：《全国中小企业股份转让系统挂牌公司股票终止挂牌实施细则》。

但上述细则只是对申请终止挂牌的挂牌公司作出框架性的指引，实质上并没有提及具体的处置标准。事实上，如果三板公司被强制摘牌了，挂牌公司也很难拿出合理的安排方案。因此，细化终止挂牌对投资者权益保护的具体措施迫在眉睫，应当成为股转公司下一步完善监管的重点。

（2）建立我国证券市场集体诉讼制度

个人投资者作为我国新三板市场的中坚力量，面对挂牌公司的违规行为如何合法维权也是一个重要的问题。以2016年被强制摘牌的朗顿教育为例，其小股东向媒体爆料公司或存在财务造假情况，要求获得合理解释，但因小股东人微言轻，最终结果不了了之，朗顿教育是否作出赔偿也无从知晓。鉴于个人投资者巨大的诉讼成本、有限的个人收益，以及专业知识的不足，集体诉讼制度显得尤为重要。

目前我国《证券法》还没有制定对侵权责任诉讼的集体诉讼制度，而重要的辩方举证规则也没有被写进证券法体系之中。此处可以借鉴美国的集体诉讼制度，引入其中的有利元素，同时配合其他诉讼方式对市场违规者以惩戒，对受害者尤其是中小投资者以补偿，从而形成具有中国特色的集体诉讼制度。

相关学者对此提出以下建议：恢复人数不确定的代表人诉讼，使原告人数能容纳更多的权利主张者，增加判决效力的扩张性；利用最高院的判例指导，采用示范性判决方式，运用于更多相似的中小投资者维权案件中；律师费用采用美国式的“胜诉酬金制”与对违规者的“惩罚性赔偿”，通过可能的丰厚报酬吸引律师，使之充分运用专业能力帮助中小投资者；施行多元化纠纷解决机制，鉴于我国证券市场与政府间联系的微妙性，仲裁、调解甚至是谈判和解都可以成为诉讼的替代，而且能够更为妥帖地在保护中小投资者与培育市场之间寻找到平衡①。

2. 引入媒体信息披露机制

目前，新三板市场尚未引入媒体信息披露制度。但主板市场首次公开发行股票已有此先例。证监会发布的《首次公开发行股票并上市管理办法》中明确表示，发行人应当在发行前将招股说明书摘要刊登于至少一种中国证监会指定的报刊，将保荐人出具的发行保荐书、证券服务机构出具

① 李伟群，吴丹青．论我国中小投资者对证券市场的信心构建——以证券民事赔偿诉讼方式的选择为视角[J]．政法学刊，2013，30(3)：77－82.

的有关文件等刊登于中国证监会指定的网站，并置备于发行人住所、拟上市证券交易所、保荐人、主承销商和其他承销机构的住所，以备公众查阅。

目前，新三板市场仍以中小企业为主，挂牌公司大多处于初创期及成长期，公司管理层治理水平较低、财务制度不健全，管理混乱、财务造假、法律不达标的可能性较高。如果将媒体信息披露与举报机制引入监管制度，可以让更多真实的信息暴露在阳光下，让更多的声音进入监管层的耳中，把不合规的企业拦在市场门槛外，从源头降低市场风险，对切实规范三板市场秩序、推进三板市场的健康有序发展大有裨益。

第六章

新三板展望：借鉴与思考

第一节 美国经验：多层次场外市场的协调发展

一、美国 OTC 市场的发展与演进

美国 OTC 市场是股票数量和市值巨大的市场，包括五个相对独立的子市场——纳斯达克股票市场、OTCBB 市场、粉红单市场、OTC 灰色股票市场和交易所场外大宗交易市场（第三市场）。纳斯达克股票市场、OTC 电子公告栏市场（OTCBB）和粉红单市场是三个相对独立的 OTC 股票电子报价系统，那些没有在上述三个报价系统中报价的股票统统归入 OTC 灰色股票市场。由此美国的股票市场构成了一个多元化的、相对独立的、多层次的资本市场体系，如图 6－1 所示。

美国的资本市场可以分为四个层次。

第一层次由纳斯达克全球精选市场（Global Select Market）和纽约证券交易所（NYSE）构成，上市标准高，主要为全球大企业提供股权融资，属于全国性市场。

纳斯达克市场内部分为三个层次：纳斯达克全球精选市场、全球市场和资本市场，分层的目的之一就是要在纳斯达克市场中建立一个最高上市

标准的市场层次——全球精选市场，与纽约证券交易所竞争。

第二层次由纳斯达克全球市场（Global Market）（原为全国市场）、纳斯达克资本市场（Capital Market）（前身为纳斯达克小型股市场）和美国证券交易所（AMEX）构成，其中很重要的一个功能是为中小企业提供股权融资，属于全国性市场。

纳斯达克全国市场和纳斯达克资本市场在一个报价系统中进行报价，都属于全国性市场。但是，纳斯达克资本市场的上市标准明显低于纳斯达克全国市场，如果某只在纳斯达克全国市场上市的股票已不能满足这个市场的上市条件，它可以被移到纳斯达克资本市场中，两个市场可以双向转板。如果纳斯达克资本市场上的股票不能满足其上市条件，将会被摘牌，并转移到 OTCBB 系统中去，同样，两市场也可以双向转板。

第三层次是由波士顿证券交易所、芝加哥证券交易所、太平洋证券交易所、费城证券交易所和辛辛那提证券交易所等十余家地方性交易所构成的区域性交易所市场，主要为地方性中小企业证券提供服务。随着资本全球化程度的加深，资本的流动速度不断加快，美国区域性股证券市场难以与全国性证券市场竞争，各区域的交易所纷纷关闭、被收购，或由分散走向联合。在区域性交易所市场上市的证券数量较少。

第四层次由 OTCBB 市场、粉红单市场、OTC 灰色股票市场和场外大宗交易市场构成。OTCBB 市场、粉单市场和 OTC 灰色股票市场主要为中小企业提供股权融资服务。

与纳斯达克相比，OTCBB 进入门槛低，对企业没有规模或盈利上的要求，只要有三名以上的做市商愿为该证券做市，企业股票就可以在 OTCBB 市场上交易了。那些达不到第一和第二层次市场挂牌上市要求的公司股票，或者从纳斯达克资本市场摘牌的股票，往往转到 OTCBB 市场进行交易。

OTCBB 报价系统比粉红单报价系统有更严格的信息披露要求，所有在 OTCBB 挂牌交易的公司都必须按季度向公众披露其当前财务状况，年报必须经由 SEC 核准的会计师事务所审计。粉红单市场的功能就是为那些选择不在交易所或 NASDAQ 挂牌上市，或者不满足挂牌上市条件的股票，或者为避免“披露要求”而从 OTCBB 退到粉红单市场的证券等提供交易流通的报价服务。

在粉红单市场报价没有进入门槛，没有财务要求，不需要发行人进行定期和不定期的信息披露，只要做市商填写一份真实反映发行人当前最新状况的 211 表格提交市场审核即可。公司可以同时在其他市场和粉红单市场接受报价服务，只要满足其他市场上市条件的证券不用经粉红单市场的批准就可以在该市场兼容报价。可见，OTCBB 报价系统与粉红单报价系统是两个独立的报价系统，进入门槛并不构成这两个报价系统层级上的差异，企业可以自主选择在其中之一或两个系统接受报价服务。但粉红单市场要求的报价条件很低，且没有信息披露要求，投资风险很大，因此参与

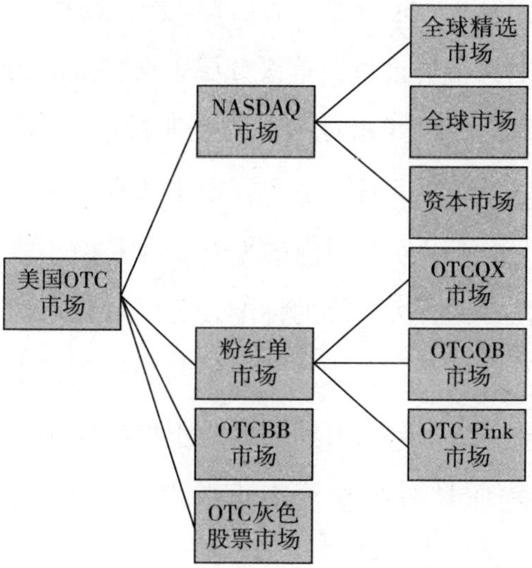

图 6－1　美国 OTC 市场结构图

粉红单市场的主要是那些喜欢冒险的激进投资者及风险投资人。但粉红单市场也不是零监管，监管当局会对粉红单市场上证券的所有做市商进行严格的监管，并对投资者和投诉予以回应等。

对于没有在 NASDAQ，OTCBB 和 OTC Markets（即粉红单市场）中报价的 OTC 股票，都被归为灰色股票市场（OTC Grey Market）。

二、纳斯达克市场的发展与演进

纳斯达克的创建最初是为了解决 OTC 市场分割的问题。1971 年 2 月 8 日，美国全国证券经纪商自动报价协会（NASDAQ）开始运作，按规模、业绩和成长性排序，从 OTC 市场中筛选出 2500 多家企业，由做市商为这些股票提供报价。NASDAQ 实现了自动撮合场外证券市场交易，是世界上第一个电子股票市场。

1975 年，纳斯达克提出了第一套挂牌标准，只有达到标准的股票才可以申请在纳斯达克挂牌交易。通过设置挂牌标准，纳斯达克将自己与其他 OTC 市场区别开，成为一个完全独立的场外证券交易所。

1982 年，纳斯达克市场进行了首次分层，交易量最为活跃的股票被纳入纳斯达克全国市场，活跃度相对不足的企业被纳入纳斯达克常规市场，即后来的纳斯达克小型资本市场。小型资本市场定位于新兴的高成长中小型企业，全国市场定位于世界范围内的大型企业和由小型资本市场升级的企业。纳斯达克共有三套层次划分的标准，分别从做市商数量、公众持股量、股东人数的角度来确立，企业只要满足其中一种标准，即可在纳斯达克全国市场挂牌。纳斯达克全国市场的设立不仅能让优势企业的估值和社会影响力得到提升，而且对小型资本市场上的企业产生了正向的激励作用。

纳斯达克市场的发展过程并非一帆风顺。1987 年美国股灾爆发，很多做市商在股市下跌时退出了这个市场，导致市场成交量萎缩。在这样的背景下，美国证监会要求纳斯达克市场上的做市商必须加入小额指令执行系统，并且不允许做市商自行退出该系统。

2006 年 2 月，纳斯达克注册成为交易所。2006 年 7 月，纳斯达克进行了第二次分层，推出了全球精选市场和相应的分层标准（见后文）。把符合该标准的一千多家公司纳入了全球精选市场，而把全国市场和小型资本市场分别更名为全球市场和资本市场，其中，全球精选市场对应最大规模的蓝筹企业；全国市场对应中等规模企业；资本市场对应小规模企业。这次的分层标准出现了财务方面的要求，在税前营业收入、资产、股东权益和现金流等指标上有明确的差异化要求，同时，对做市商家数、公众持股及其市值等也设置了不同的门槛。

第二次分层之后不久，2008 年全球次贷危机爆发。纳斯达克市场交易量和换手率在金融危机的冲击下迅速跌落，很多竞争力弱的企业被迫退市，而竞争力强的企业则在这次大危机中存活下来。经过本轮危机的洗礼，纳斯达克上市企业的质量得到检验和提升，经受了洗礼的纳斯达克开始吸引越来越多世界各地的投资者和优质企业。

三、OTCBB 和 OTC Markets 的发展与演进

OTCBB（Over – The – Counter Bulletin Board）是场外柜台交易系统，属于非 NASDAQ 市场，专门为未能在全国性市场上市的公司股票提供报价和交易市场。OTCBB 是由美国金融监管局 FINRA（Financial Industry Regulatory Authority）为其签约会员经营的报价平台。

1990 年美国推出《廉价股票改革法》，旨在提高场外市场的透明度。当时美国证券交易委员会（SEC）要求美国纳斯达克市场创建和管理一个场外柜台交易系统，给予小型企业一个更好的融资渠道。

建立之初，在 OTCBB 上交易的公司并不需要向 SEC 提交任何财务信息报告，且公司的股票也无须满足任何条件。直至 1999 年 1 月，SEC 允许纳斯达克要求在 OTCBB 进行交易的公司依据 SEC 的 1934 年法案提交相关报告，包括提交审计后的季报和年报数据给美国政府。这样就大大增加了 OTC 股票的透明度，投资者可以像查询大型上市公司一样，通过 SEC 的 EDGAR 在线数据库查询小型上市公司的财务数据。接下来的 2000—2001 年，互联网公司开始崩溃。2000 年年初，金融条例 FD（Regulation FD）的发布和塞班斯法案（Sarbanes－OxleyAct）的推行，使得信息披露的标准越来越高，所需的成本也越来越大，尤其是对一些小公司而言，信息披露的成本更是超过了其承受能力。2007 年金融危机爆发，越来越多的股票从纳斯达克退至 OTCBB，再从 OTCBB 离开，进入粉单市场。

2010 年，FINRA 引入了报价撮合系统。在此系统之下，FINRA 要求股票经销商报告所有的报价，而不管他们最初的市场价格。这也使得 FINRA 有权限去查询所有的报价并监管其全部的市场。

OTC Markets 起始于 1904 年的粉单交易（Pink Sheet），是因为当时美国国家报价机构在粉色纸上打印交易商之间的报价。20 世纪 70 年代至 90 年代，美国国家报价机构并不愿意开发更加精确的电子报价系统。因此，粉单交易依旧使用纸质报价系统来服务相对较小、不稳定的和无流动性的公司。1997 年粉单交易系统被私人收购，并于 1999 年正式更名为“粉单交易市场”，从此变成了一个与 OTCBB 相对独立的交易市场。2003 年，电子消息传送服务被引进，这极大地促进了股票交易和提升了粉单交易市场的透明度。

2007 年，管理层将其之前在粉单交易市场上交易的股票重新组织，并基于公司披露信息质量高低进行划分，分层为三个单独的市场——OTC-QX，OTCQB 和 OTC Pink。通过市场分层使投资者能够更加容易地去分析这些公司并作出明智的交易决策。其中，OTCQX 定位于投资者关注的美国公司和全球公司，在 OTCQX 上有交易资格的公司必须满足一定的财务标准，持续进行信息披露，同时接受了专业的第三方咨询服务；OTCQ 定位于创业级别的、处于发展早期阶段的，且无法满足 OTCQX 交易资格的美国公司和国际公司，在 OTCQB 获得挂牌资格的公司必须进行持续的报告信息披露并且进行管理资格认证；OTC Pink 定位于需要依靠股票经纪人进行股票交易的“报价公司”，在该市场进行交易更多地要依赖于经纪公司的判断力和诚信。该市场不要求发行者满足任何资质或向 SEC 报送财务报表，该子市场处于粉单市场的最低层级。2008 年，粉单交易市场更名为 Pink OTC Markets，2010 年更名为 OTC Markets Group。

在粉单市场挂牌的公司可以在粉单市场的三个层次的市场间实现转板，在市场认可时，OTCQX 的挂牌公司也可升级转板至 OTCBB。

四、美国 OTC 市场的管理制度：以 NASDAQ 为例

（一）纳斯达克市场的内部分层机制及其演变

（1）1971—1982 年的单一层次阶段。1975 年，纳斯达克市场只是设立了市场的第一套上市标准以与 OTC 市场分开，成为一个独立的上市场所。有些学者将 1975 年的“分开”视作一次不完善的分层。在此阶段，纳斯达克市场只是电子报价系统，交易是在券商终端上完成的。

（2）1982 年，成立纳斯达克全国市场，形成两个市场层次。纳斯达克设置了一套更高的上市标准，从已上市企业中选择部分规模大、交易活跃的股票划入全国市场，余下的股票在纳斯达克常规市场。1992 年 7 月，常规市场正式更名为纳斯达克小型资本市场。两个层次市场都能够提供股票的实时交易信息。

（3）2006 年，成立全球精选市场，形成三个市场层次。2006 年，纳

斯达克首创了世界上最高的初次上市标准，设置了纳斯达克全球精选市场，同时，纳斯达克全国市场更名为“纳斯达克全球市场”，纳斯达克小型资本市场更名为“纳斯达克资本市场”，自此，纳斯达克市场内部形成三个层次。三个层次市场之间的差异主要体现在上市标准方面，包括初始上市标准的差异和持续上市标准的差异。

（二）纳斯达克的市场分层及准入制度

2006 年后，纳斯达克市场分为三个层次，三个层次的市场的主要差异体现在上市标准上。

1. 纳斯达克全球精选市场

这是全球首次上市标准最高的市场。对于首次公开发行，公司需要满足相应的财务条件、流动性要求，如表 6－1、表 6－2、表 6－3 所示，同时还规定有维持上市资格的要求。这是纳斯达克最高级别层次的上市要求，不拘泥于收入和利润，只要符合其中一个标准就可以申请 IPO。

表 6－1　纳斯达克全球精选市场首次公开发行的财务条件

	标准一	标准二	标准三
税前利润/收入	前三个会计年度累积大于等于 1100 万美元，并且要两个会计年度每年大于等于 220 万美元，并且前三个会计年度每年的税前收入均为正值	无	无
现金流	无	前三个会计年度累积大于等于 2750 万美元，并且前三个会计年度每年现金流均为正值	无
公司市值	无	前 12 个月平均大于等于 5.5 亿美元	前 12 个月平均大于等于 8.5 亿美元
收益	无	前一个会计年度大于等于 1.1 亿美元	前一个会计年度大于等于 9000 万美元
股价	4 美元	4 美元	4 美元

续表

	标准一	标准二	标准三
做市商	3或4个	3或4个	3或4个
公司治理要求	符合	符合	符合

表6-2 纳斯达克全球精选市场首次公开发行的流动性要求

	首次公开发行和剥离公司	成熟公司：目前存在普通股或类似交易的公司
持有100股以上股份的股东数量/股东总数/股东总数，并且过去12个月里平均每月的交易量	450以上/股东总数在2200以上/无	450以上/2200以上/股东总数在550以上，并且过去12个月里平均每月的交易量在110万以上
公众持股的股份数	1250000	1250000
公众持股股份的市场价值/公众持股股份的市场价值与股东利益	7000万美元以上/无	1.1亿美元以上/公众持股股份的市场价值在1亿美元以上，同时股东权益在1.1亿美元以上

表6-3 纳斯达克全球精选市场维持上市资格要求

要求	权益标准	市值标准	总资产/总收益标准
股东权益	1000万美元	无	无
已发行证券市值	无	5000万	无
总资产和总收益（最近一个会计年度，或最近三个会计年度中的两年）	无	无	5000万美元和5000万美元
公众持股数	75万	110万	110万
公众持股股份市值	500万	1500万	1500万
发行价	1	1	1
总股东数	400	400	400
做市商数量	2	4	4
公司治理要求	要求	要求	要求

2. 纳斯达克全球市场

要想在纳斯达克全球市场首次发行，必须满足严格的财务、资本额和共同管理等指标的要求，公司在如下所述（见表6－4）的四个标准中应至少满足一项。在该市场中有一些全球知名的大公司。

表6－4　纳斯达克全球市场首次发行条件

	收入标准	权益标准	市值标准	总资产/总收益标准
缴纳所得税之前基于持续经营而产生的收入（最近一个会计年度或最近三个会计年度中的两年）	100万美元	无	无	无
股东权益	1500万美元	3000万美元	无	无
上市证券市值	无	无	7500万	无
总资产和总收益（最近一个会计年度或最近三个会计年度中的两年）	无	无	无	7500万美元和7500万美元
公众持股数	110万	110万	110万	110万
公众持股的股票的市值	800万美元	1800万美元	2000万美元	2000万美元
发行价	4	4	4	4
股东数（持有100股以上股份的股东）	400	400	400	400
做市商数量	3	3	4	4
运营历史	无	2年以上	无	无
公司治理要求	符合	符合	符合	符合

3. 纳斯达克资本市场

资本市场层是纳斯达克要求最宽松的层次。从表6－5、表6－6中我们可以看到“所有者权益标准”和“市值标准”，但没有利润和收入要求。虽然说几乎任何公司似乎都可以在这里上市，但是为了满足纳斯达克这些严格监管的要求，实际上一家没有持续现金流的企业是难以为继的。如果企业主营业务不能持续地创造足够的现金流，即使登陆了纳斯达克，之后的维持上市所需的费用以及时间成本也会给企业带来沉重的压力。

表 6－5 纳斯达克资本市场首次发行条件

要求	权益标准	已发行证券市值标准	净收入标准
股东权益	500 万美元	400 万美元	400 万美元
公众持有股份的市值	1500 万美元	1500 万美元	500 万美元
运营历史	2 年	无	无
发行证券的市值	无	5000 万美元	无
基于持续经营而产生的净收入（最近一个会计年度或最近三个会计年度中的两年）	无	无	75 万
发行价	4	4	4
公众持有股份数	100 万	100 万	100 万
股东（持有 100 股以上股份的股东）	300	300	300
做市商	3	3	3
公司治理要求	要求	要求	要求

表 6－6 纳斯达克资本市场维持上市资格要求

要求	权益标准	已发行证券的市值标准	净收入标准
股东权益	250 万美元	无	无
已发行证券市值	无	3500 万美元	无
基于持续经营而产生的净收入（最近一个会计年度，或最近三个会计年度中的两年）	无	无	无
公众持股数	50 万	50 万	50 万
公众持股股份市值	100 万美元	100 万美元	100 万美元
发行价	1	1	1
总股东数	300	300	300
做市商数量	2	2	2
公司治理要求	要求	要求	要求

纳斯达克对公司设置了多种不同的上市标准，给予公司更多的选择权；但是，纳斯达克要求上市公司有严格的公司治理制度和架构。该公司

治理标准不仅适用于纳斯达克资本市场，也适用于纳斯达克全球精选市场和纳斯达克全球市场。包括年报或半年报的定期披露、独立董事制度、审计委员会、薪酬委员会、董事的提名、行为准则、年度股东大会、表决权代理征集制度、法定最低人数、利益冲突、股东批准制度、投票制度等。作为证券交易市场的管理者，纳斯达克负责制定规则以及监督参与交易的各方严格遵守规则，保护小投资者的利益。

（三）纳斯达克市场的交易制度

在第三章中详细介绍了 NASDAQ 的交易制度，NASDAQ 交易制度沿两条线索发生进化：一是引入先进的电脑网络和通信技术，改善交易容量、交易规模和指令处理速度；二是通过及时修正交易规则，引入新的市场竞争者以促进公平竞争和保护投资者利益。1997 年以前，NASDAQ 以小额指令执行系统（SOES）和选择网系统（SelectNet）两个交易系统为支柱，实行的是纯粹的做市商制度，采用的是报价驱动型交易模式。此时，市场的流动性、交易成本和投资者利益依赖于做市商的诚信义务，而做市商的目的是获得利润而不是维持市场流动性。1994—1996 年，SCE 和司法部对此展开了调查，并重罚了某些不合规的做市商。1997 年，NASDAQ 采取了新的委托处理规则（OHR），并将电子交易网络（ECNs）引入 NASDAQ 的报价和交易系统中。ECNs 市场的出现弥补了场外市场缺乏大规模集中交易撮合功能的缺陷，找准了市场定位，对于场外交易市场产生了极大的冲击。ECNs 市场把“分散成交”过渡到了“集中成交”，摒弃了做市商作为中间人的交易模式，实现了客户交易订单直接撮合交易，不仅大大节省了交易成本，同时也摆脱了做市商对交易的人为干预，使股票交易更加公平、合理。此时，纳斯达克市场是混合模式的交易制度，开始引入订单驱动型交易模式。

纳斯达克采用竞争性的做市商制度，同一只交易的股票会有几个做市商同时在交易时段内对证券进行买卖报价并在该价格接受交易。由于多个做市商之间的竞争性，从而降低了最优买卖报价之间的价差，减少了交易成本。美国纳斯达克做市商库存股票的来源有直接从发行方获得和从市场获得两种。通过 IPO 从证券发行方获得证券的做市商，承销差价是它们盈利的主要手段。从市场中获取是直接在做市过程中获取并累积做市库存股票，其成本随市场价变动。

相对于垄断性的做市商制度，采用竞争性做市商制度的买卖价差更小，其执行速度也更快。大部分研究都认为，竞争性做市商制度更有利于市场微观机构的完善及效率的提高。

（四）纳斯达克市场的转板制度

转板机制包括升级转板、降级转板、平级转板和内部转板。升级转板是从场外市场升级转到 SEC 批准的交易所上市交易。平级转板是在不同交易所之间的转板。内部转板是在纳斯达克内部各层次市场之间，以及 OTC 市场内部各层次之间的转板。2011 年 11 月 9 日，SEC 批准纽交所、美国证交所和纳斯达克三大交易所更新上市规则，对反向收购公司提出了更严格的上市标准。改革后的转板上市与 IPO 的监管尺度基本趋同，纳斯达克市场建立了不同市场层次之间灵活、便捷的转移机制，只要满足相应的规定，就可以选择以下转移方式来实现转板。

（1）主动申请转板。在纳斯达克全球市场和纳斯达克资本市场上市的公司，如果能够满足纳斯达克全球精选市场的首次上市标准，可以随时申请到纳斯达克全球精选市场上市。在纳斯达克资本市场上市的公司，如果可以满足纳斯达克全球市场的首次上市标准，可以选择到纳斯达克全球市场上市。如果在纳斯达克全球精选市场和纳斯达克全球市场上市的公司在一段时间内（最长整改期为 180 天）不能满足纳斯达克全球市场持续上市标准，但满足纳斯达克资本市场持续上市标准，可以申请到纳斯达克资本市场上市。

（2）自动转移。2014 年以前，纳斯达克市场部会在每年的 11 月和 12 月份在纳斯达克全球市场审查满足全球精选市场初次上升标准的公司，并于次年 1 月将其转至纳斯达克全球精选市场。2014 年取消了这个规则。

（五）纳斯达克市场的退市制度

退市分为两种：一种是主动退市；另一种是强制退市。主动退市分为公司转板、私有化和被兼并。纳斯达克没有统一的主动退市标准，公司提出自愿退市申请，符合法定程序，且没有侵犯中小股东利益，无须退市理由即可退市。强制退市指不再符合交易所规定的持续上市要求，而被交易所和监管当局勒令退市。企业在纳斯达克上市后，要满足上市层次的持续上市要求，否则会被摘牌。纳斯达克的退市制度从投资者角度出发设计退市标准，强调市值、公众持股数等，但弱化了盈利标准。以"一美元退市规则"为例，按照规定，若上市公司的股票价格连续 30 个交易日跌破面值 1 美元，则交易所会发出亏损警告，上市公司收到警告后要在 90 个工作日内提升股票价格，若没有采取措施补救，或是补救措施没有起到应有的效果，则上市公司会面临退市。

退市采用聆讯制，上市公司在接到退市通知后 45 天内，如有异议，有权逐级提出上诉：先是将申诉提交至纳斯达克市场上市资格审查部门，接着是聆讯小组，然后是上市与听证审查委员会，继而是纳斯达克董事会，最后 SEC 将进行最终裁决。

（六）纳斯达克市场的信息披露制度

纳斯达克信息披露制度体系有三个层次：第一个层次是美国国会颁布的法律（包括 1933 年的《证券法》和 1934 年的《证券交易法》）规定了信息披露体系中的首次发行披露和持续信息披露的立法规制，奠定了美国信息披露的主要框架。第二层次是由美国 SEC 制定的有关证券市场信息披露的具体规制和办法，其中具体规定了财务信息披露的内容和格式条例，以及非财务信息披露的内容和格式条例等。第三层次是由纳斯达克制定的相关市场规则，包括首次发行披露和持续披露要求，以及信息披露的渠道、责任和违规处罚。首次发行披露是证券发行人在公开发行时，主要以招股说明书的形式披露的；持续信息披露是披露一切与证券交易证券价格相关的重大信息。纳斯达克对交易信息进行实时披露，极大地强化了对信息披露的完整性和及时性。

（七）纳斯达克市场的监管制度

纳斯达克市场受到一整套专门的证券法律和法规的监管。主要包括：①证券市场的基本法，如1993年的《证券法》、1934年的《证券交易法》以及历年的《证券法修改案》，构成了证券监管的基本法律框架；②与证券基本法配套的证券相关立法规制；③各州制定了《蓝天法》以遏制证券欺诈；④美国证券交易委员会制定的关于证券市场信息披露的各种原则和规定。

纳斯达克市场的监管主体分为三个层次：美国政府设立的全国性证券监管机构——证券交易协会（SEC）、自律组织——金融业监管局（FINRA）和纳斯达克交易所的监管。纳斯达克市场的监管主要依靠政府的集中监管，同时充分发挥自律组织的自律监管功能。SEC是美国证券业的最高管理机构，SEC行使职权不受其他政府部门的干预。SEC根据市场的情况制定证券交易市场规则，对违规行为进行调查，对违法行为实施制裁等。美国金融监管局是美国最大的非政府证券业自律监管机构，FINRA的监管范围涉及证券行业几乎所有方面，也赋予其最大的自律监管权限。纳斯达克交易所的监管旨在实现“预防性监管”，把可能出现的违法扰乱市场秩序的行为扼杀在摇篮中。交易所成立了独立的监管部，注重发挥交易所作为第一道防线的功能。

美国NASDAQ市场能够有今天的辉煌，很大程度上归功于其优越的市场制度、监管制度和明确的市场定位，不同类型的投资者都能在这个市场上找到适合自己的投资标的。我国在发展新三板市场的时候，也应该借鉴美国 OTC 市场的发展经验，注重制度建设，结合本国的国情发展自己的场外市场。完善新三板市场制度，给广大中小微企业肥沃的生长土壤，给投资者一个选择投资标的的机会，切实保护好中小投资者的权益，发挥好市场的资源配置和定价功能。根据市场发展水平、投资者的需求来调整市场的定位，丰富市场层次。

第二节　关于新三板市场发展的几点思考

一、关于新三板市场的定位与发展方向

（一）新三板定位的争议

目前对新三板功能定位的争议主要在于：新三板到底应该发展成为主板的预备板，还是发展成为中国的纳斯达克。如果是预备市场，导向是培育，类似于中国台湾的兴柜市场，即主要为非上市公司提供融资和股份转让服务，同时为主板市场和创业板市场培育上市公司。如果是独立市场设计，就要建立完善的市场功能，与沪深交易所市场为并列关系。有研究者认为，应当将上市公司进入主板的 IPO 模式改成从新三板转板到主板的模式，这一提议是把新三板定位于主板的预备板市场。有业界人士也表示，新三板市场是一个机构投资者市场，经过机构投资者检验三年以上的企业再转到 A 股上市，有利于提高上市公司的质量。2016 年 12 月 19 日，国务院印发《“十三五”国家战略性新兴产业发展规划》（以下简称《规则》），《规划》提出要研究推出新三板向创业板转板试点。

关于新三板的功能定位，《国务院关于全国中小企业股份转让系统有

关问题的决定》明确了新三板是依据证券法设立的全国性证券交易场所。对未来的发展方向，股转系统高层早已明确，新三板要在坚持法制化、市场化与独立市场设计原则的基础上，构建一套符合中小微企业特性的持续融资机制，实现金融支持实体经济发展的目的。业内人士指出，应该以“二次创业”的心态，来重塑新三板市场定位。某大型券商投行部的主管认为，如果把新三板作为主板的预备版，虽然短期看来比较吻合目前的市场能力，但是从长期看，新三板的发展空间将被锁死。

在实际中，一方面，新三板似乎独立发展，与A股市场间并无双向对接的通道；另一方面，新三板的制度没有建立独立发展市场所应具备的融资、定价、交易的功能。新三板的市场定位正逐渐转向预备板。首先，挂牌企业的选择使新三板短期内成为预备板的定位坐实。越来越多的企业进入IPO申报队伍，从新三板企业IPO的数量来看，新三板实际上扮演了A股培育市场的角色。再加上2017年上半年以来以新三板挂牌企业作为交易买方的并购事件大幅增加，更进一步推动了预备板预期。其次，新三板的市场交易功能弱化，更凸显了转板预备队功能。新三板市场流动性缺失导致定价功能弱化，新三板市场投资者的退出还得依赖于跨越至场内市场，通过IPO或被A股公司并购等。再次，投资者门槛明降暗升增加投资人的预期被打破，流动性缺失在一定程度上是高门槛下投资者结构单一的结果。市场挂牌公司的低标准和投资者的高门槛始终是人们讨论关注的问题。股转公司于2017年6月28日发布了《全国中小企业股份转让系统投资者适当性管理细则》，修改后的细则是在保持原有门槛不变的基础上，进行标准的完善和细化，释放了新三板定位于专业投资者和高净值投资者、不会贸然降低投资者门槛的信号，体现了监管机构更倾向于支持机构投资者参与新三板的态度。最后，市场分层后差异化制度供给缺位阻碍了市场流动性的提高。分层之后应该匹配差异化的交易制度，引导资源流向层级更高的企业。但目前创新层和基础层在交易制度方面没有什么实质的区别。新三板改革推进缓慢，如创新层制度红利无法兑现，也加速了预备板角色的形成。

但是，如果将新三板定位于 IPO 预备板，也面临着许多问题。第一，有悖于新三板的创设初衷。如果仅仅是为主板输送优质公司，丧失了大量优质公司的市场肯定是无法长期健康发展。新三板市场将不再具备融资、投资和交易功能。第二，新三板作为主板预备板意味着新三板整个体制机制应该与主板互相衔接，否则很难实现新三板和主板无缝对接，新三板和主板内部的一些机制都不尽相同，新三板设立初期的整套机制体系都是以独立的市场定位设计的。如果新三板要发展成主板的预备板，改革的成本比较高，丧失了未来的发展空间。第三，新三板作为主板预备板不能解决 IPO 的实质性问题。预备板的设计意在减缓目前市场的 IPO 压力，同时增加这些企业信息披露的透明度，有利于提高新上市公司的质量。但是，从根本上讲，开设预备板不能医治 IPO 的根本问题，两年后会在新三板形成又一个 IPO 的“堰塞湖”。

（二）新三板应继续坚持独立市场设计

新三板处于上承交易所、下接区域性股权市场的中间环节，只有自身增强实力才能对整个多层次资本市场形成重要的支撑，发挥更大的作用。把新三板市场定位为预备板在很大程度上是一种短视行为。定位是市场发展的核心，投资者的投资逻辑和企业对市场的选择都与定位问题有关。

对新三板的功能定位，宏观上较为明确。《国务院关于全国中小企业股份转让系统有关问题的决定》说得很明确，对新三板未来发展方向，股转系统高层也有明确说法，就是市场化方向不变、法制化方向不变、独立市场设计方向不变。因此，从宏观上讲，新三板要在坚持市场化、法制化与独立市场设计的原则下，致力于为创新型、创业型、成长型中小微企业服务，构建一套符合中小微企业特性的持续融资机制，建立起以机构投资者为主体的投资市场，实现金融支持实体经济发展的目的。

但是具体到制度设计和运行层面，新三板的定位还需要明确几个问题。首先，需要进一步明确新三板独立的市场地位的判断标准和依据。基于当前的制度设计，新三板目前的功能定位存在严重的缺位，也就是说，新三板在功能定位上过多地强调了中小微企业的融资功能，而忽视了市场微观结构中的投资、退出等功能的满足，投资功能的缺位进而导致了定价功能、交易功能和退出功能的弱化。一直以来，新三板一级市场的定增情况尚好，但二级市场交易日趋清淡，一、二级市场割裂的局面始终没有得到缓解，甚至有不断扩大的趋势。其次，新三板服务对象的确定需要与时俱进、谋划长远。新三板定位于服务国内的中小微企业，这样的定位从某种意义上说，把规模较大的优质企业排除在外了。而这些优质资源可能包括拟回归的中概股、暂时在A股无法上市的独角兽和规模较大的科技型企业。未来在上市资源上一定会形成主板、创业板、中小板、新三板和区域股权市场之间的竞争，而这种竞争对多层次资本市场的建设有利无害。目前新三板规模较大的公司数量偏少，不足以带动新三板市场整体快速发展。最后，新三板缺少必要的法律地位。新三板上位法缺失，导致监管依据不足，将阻碍新三板市场的建设及未来发展。尽管全国股份转让系统在2013年12月被认定为全国性证券交易场所，面向全国接受企业挂牌申请，但证券法对其地位并没有明确规定。《证券法》中对证券发行上市、交易与证券交易所的运行等作出了制度安排。但是，这套制度安排主要是针对沪深交易所和成熟规范的企业设置的，新三板市场并不在其立法规范之中。《证券法》修订草案的二审增加了关于多层次资本市场的原则规定，标志着其全国性证券交易场所地位即将进入“有法可依”的时代，值得期待。

二、新三板需要在独立市场定位原则下实现制度重构

（一）来自中国港交所和美国纳斯达克的经验

中国香港证券市场包括主板与创业板。香港创业板成立于1999年11月25日，旨在为不同行业及规模的增长性公司，即那些具有良好增长潜力的公司提供集资机会。香港创业板创立时独立于主板市场，与主板市场具有同等的地位，由此形成了"一所二板"的平行模式。在上市条件、交易方式、监管方法和内容上都与主板市场有很大的差别。参与创业板的投资人是专业投资者和充分了解市场的散户投资者。香港创业板市场的发展经历坎坷。香港创业板在经历了互联网泡沫破灭的剧烈冲击之后，股价暴跌、流动性枯竭。2004年联交所放宽上市条件，不少在创业板上市的企业选择撤市并转板。2006年香港创业板被重新定位为升主板的"预备板"，此后，香港创业板的地位和状况大幅下降。由于香港创业板上市公司结构单一，早期极端追捧网络科技股，股权高度集中，投资者结构错位，市场投机过度，股价受操纵波动剧烈，所以，无论是"造血"还是"输血"，香港创业板都没有很好地发挥出其功能与作用。

在过去的几年中，世界经济发生了天翻地覆的变化，由金融科技、生物科技以及新的互联网经济引导的新经济不断发展，也迫使港交所不得不作出改变。香港交易所2017年6月16日发布《有关建议设立创新板的框架咨询文件》和《有关检讨创业板及修订〈创业板规则〉及〈主板规则〉的咨询文件》，就一系列拓宽香港资本市场上市渠道及完善香港上市机制的建议方案征求公众意见。此次改革的主要内容是在香港设立创新板和改革创业板，创新板将分为创新主板和创新初板，并根据每个板块的不同风险水平设定相应的股东保障标准；其中，创新主板对散户开放，监管类似于港交所主板，而创新初板只对专业投资者开放，上市要求相对宽松。二

者均设快速除牌机制。港交所设立创新板以及修改创业板规则来吸引“新经济”公司赴港上市，对非盈利、同股不同权、在香港作第二上市的三大类公司予以容纳。

可见，港交所意识到了市场定位和制度建设方面的问题，一方面，从创业板制度改革和完善入手，解决上市制度安排与创新性经济体的需求之间的矛盾；另一方面，推出一个独立于主板及创业板的创新板，明确市场分层制度和针对不同层级的差异化安排。这是一种新的尝试和布局，以此吸引“新经济”公司赴港上市，特别是未来代表中国发展方向的战略新兴产业的公司去香港挂牌上市。创新板无疑为创业者提供了新的融资渠道，在给投资人提供退出渠道的同时也搭建了一个范围涉及全球的项目库。创新板的优势在于灵活的上市制度、有吸引力的分层机制、大量海外投资者以及完善的市场机制。

（二）新三板市场的制度重建

从香港市场当年的创业板到内地的新三板，我们可以看到，如果一个市场没有流动性，没有估值的合理性，它就是一个没有生命力的市场。国家层面必须重新审视资本市场的交易基础设施，塑造多个交易市场之间的良性竞争关系。让良性竞争成为优化资源配置、避免垄断、改善资本市场运转机制的一个重要途径。香港创新板定位的制度设计无疑会对创新型企业产生巨大的吸引力，更是与新三板构成了比较直接的竞争关系，也可能会引起新三板优质企业流失与资金分流。所以，我国的新三板市场需要的是在独立市场定位原则下完善新三板基础性制度建设，特别是在新三板定位、市场再分层、竞价交易、投资者门槛和差异化的监管和服务等方面出台快速而有力的政策，建立更加灵活有效的市场机制，重新活跃市场交易。通过制度重建，夯实新三板在中国多层次资本市场体系中的地位，并为提升新三板在未来全球资本市场体系中的竞争力奠定基础。

1. 在坚持独立市场定位的基础上打造中国版的OTC市场

新三板市场要坚持独立的市场定位，并基于这一根本定位完善市场基础设施和监管体系。第一，做好顶层设计，进一步完善独立于主板和中小板的组织管理体系、交易制度体系和监管体系。第二，服务对象的定位要多元化，从微观市场结构新需求出发，服务对象定位要多层次。新三板的服务对象不仅要定位于服务中小微企业，还应吸引更多样化的创新型企业。新三板的服务定位不应以企业规模作为市场定位依据，也要“包容”成长型、有发展潜力的大企业。新三板的定位要与我国的供给侧结构改革相契合，包容更广泛的行业领域中的具有创新和成长潜力的企业，包括针对中概股和一些难以在A股上市的行业龙头进行相关的制度设计，可能会为新三板带来更加优质的企业，提升新三板挂牌企业的质量。第三，投资主体定位要多层次。新三板门槛的设计必须要充分考量投资者适当性的问题。投资者适当性标准可随着市场交易制度的优化而逐步放松。投资者门槛降低并非一定导致散户市场形成。参考国外成功市场的做法，在设定合格投资者门槛时，应当采取定性和定量相结合的界定标准，考量因素主要包括投资者的性质、资产状况、收入等多个维度。同时，投资者的专业知识、专业能力、相关经验、风险识别能力和风险承受能力也可作为参考。投资者定位不是绝对的，要以市场分层为基础进行投资者定位。

2. 通过新三板分层制度的完善提升新三板市场的竞争力

全国股转公司于2016年5月27日发布了《分层管理办法（试行）》，实施新三板市场内部分层，先分为基础层和创新层，旨在完善市场层次结构。新三板市场进行分层管理，有利于降低投资人的信息收集成本，降低了对挂牌企业的投资风险；对于企业来说，进入创新层会吸引投资者的关注，增强市场流动性，同时，创新层公司将被要求更加公开、规范的信息披露，这对公司运营和治理是一种激励和督促。更重要的是，市场分层制度是市场制度建设的基础，是发行制度、交易制度、信息披露要求和监管制度的基础性制度安排。2016 年《分层管理办法》确定的分层标准的确存在优化调整的空间，如过分强调了盈利性标准，导致一批有潜质挂牌公司无缘创新层；营收规模要求偏低，导致一批财务稳定性偏弱、经营风险较高的公司进入创新层；共同准入标准缺少对股东人数等指标的要求，导致创新层公司的公众化水平参差不齐。分层设计显示出明显的传统思维，新三板创新层实施与创业板类似的企业准入标准和监管尺度。2017 年 12 月 22 日，“一揽子”制度改革方案落地，其中新修订的《分层管理办法》降低了创新层的盈利要求和维持标准，提高了营收和公众化要求。新三板的顶层设计不会止于创新层，一方面，通过分层调整，增加创新层的稳定性，为后续的差异化制度安排奠定了基础；另一方面，分层制度的深化，有利于通过市场化的定价手段，对创新层内部以及创新层与基础层企业进行价值区分。分层制度本身就蕴含了实行差异化管理与服务的内在要求。分层的本质在于对新三板挂牌公司风险进行分层管理，而差异化的制度安排则是实现这种分层管理的方式和路径。

纳斯达克从 1975 年开始实施分层以来，经历三次分层，不断探索具有区别性的上市标准，最终形成了纳斯达克全球精选市场、纳斯达克全球市场和纳斯达克资本市场组成的三个层次的市场结构，这一制度调整的时间跨度长达 30 年。

我国新三板市场的发展才刚刚起步，未来一定会在现有基础上继续分层。未来在创新层进一步设置更高的挂牌标准，升级形成类似于纳斯达克全球精选市场那样的市场层次，这种设计会形成与主板市场的部分功能的重叠，但是也会在更大程度上形成良性竞争，以提升各市场的竞争力。在此基础上，讨论投资者进入门槛的问题，以及交易制度的衔接和配套。在新三板分层制度运行稳定后，可以进一步改革交易制度，如引入 T+0 证券交易制度；实现产品创新，如设计和开发创新层指数型产品等。2017 年 12 月 22 日，全国股转公司宣布了新三板分层、交易制度和信息披露制度改革方案，此次统筹推出的市场分层、交易和信息披露制度的差异化安排，其重要意义在于为新三板市场的未来发展明确了中长期定位，监管层致力于把新三板打造成中国纳斯达克的目标则更加明确。

3. *以市场分层制度为基础，有针对性地实现差异化监管*

新三板市场挂牌公司数量众多，所属行业范围广泛，采取“一刀切”式的监管模式无法适应新三板市场的监管要求。分层制度契合了新三板海量市场的特点，分层的目的在于更好地满足中小微企业差异化管理与服务的需求，更加合理地分配监管资源。差异化监管则是决定分层制改革能否取得预期成效的关键。

股转系统已经开启了差异化监管的尝试。2016 年 9 月 5 日，股转系统公布了银行、券商、私募机构等六类金融机构的信息披露指引，这是新三板在金融类企业内率先实行差异化监管的一项具体措施。而分行业审查则是另一项颇受期待的差异化监管举措，分行业审查旨在根据挂牌公司所属层次、行业、发展阶段以及自身特征等，采取因地制宜、分而治之的准入标准，改变新三板“一刀切”式的市场准入标准，通过实施差异化监管更好地服务于挂牌企业。

此外，股转系统还推出了挂牌准入负面清单，旨在对科技创新类公司和非科技创新类公司实施差异化的准入条件。另外，股转系统发布管理办法，对创新层挂牌公司董事会秘书的任职及资格作出了明确规定。未来几年是新三板实施差异化监管的一个重要的制度形成期。所谓差异化监管，是在新三板内部分层的基础上，形成信息披露监管的差异化、市场交易监管的差异化和公司治理监管的差异化，以整合有限的监管资源，提高新三板市场的监管效率。

首先，区分创新层和基础层，采取不同的监管理念、监管架构、监管方式。对基础层的监管应侧重于引导、服务和培育，引导其规范公司治理，优化信息披露，加强监管规则等方面的培训，有针对性地为基础层企业提供培育孵化以及融资对接和并购服务。对创新层的监管重点应落在推动挂牌企业公司治理的规范性，加强挂牌公司在信息披露、发行融资以及并购重组方面的监管，提高创新层挂牌公司整体规范化水平的提升。未来随着市场分层的不断成熟，有必要在两个层次的市场实行差别化的投资者准入标准，以体现创新层和基础层对投资者资质的不同要求。

其次，在分层制度基础上实施差异化信披规则。信息披露监管的差异化是指对处于新三板不同层次的挂牌公司、同一层次不同类型以及不同发展时期的同一类型挂牌公司，采取差异化的信息披露标准与要求，对信息披露的内容和方式进行差异化的制度安排。2017 年 12 月 22 日，全国中小企业股份转让系统有限责任公司发布《全国中小企业股份转让系统挂牌公司信息披露细则》，信息披露规则是新三板市场的基础性规则，主要是针对基础层和创新层挂牌公司制定差异化的信息披露规则，包括对创新层实施分行业信息披露；要求披露年度报告、半年度报告，增加披露创新层公司季度报告；对创新层公司新增“业绩快报”与“业绩预告”制度，强化创新层公司信息披露的及时性；对创新层公司的财务报告审计作了进一步指导和规范。分层标准应充分发挥信息披露的监管导向作用，上述差异化的信息披露规定还需要在实践中进一步规范和完善。

再次，以大数据监管为切入点，提升监管效率。依托大数据的技术手段，建立整个挂牌公司信息披露的大数据的监管系统，加强事中监管。实现电子验证云端储存，实现随时核查，落实事后监管。

最后，强化监管不等同于提高监管标准，放宽上市标准或降低投资者准入门槛等不等同于放宽监管标准，差异化监管根本的是监管制度和规则的差异化。基础层和创新层可以有不同的监管标准和规则，但监管力度不能放松，不能按监管严格程度区分，要严格按标准进行监督。

第三节　新三板展望：服务实体经济，助力新兴产业发展

持续多年高速增长的中国经济给低迷中的世界经济注入了新的活力，但是经济增长背后的结构失衡问题也在不断地暴露和显现。党的十九大报告明确提出深化供给侧结构性改革的同时，也强调要深化金融体制改革，增强金融服务实体经济的能力，提高直接融资比重，促进多层次资本市场健康发展。全国金融工作会议要求把发展直接融资放在更重要的位置，形成融资功能完备、基础制度扎实、市场监管有效、投资者合法权益得到有效保护的多层次资本市场体系。新三板作为经国务院批准设立的全国性证券交易场所，其目的是缓解中小微企业融资难、融资贵的问题，提高服务实体经济尤其是服务中小微企业的能力。这既是国家对新三板市场的功能定位，也为新三板在新时代的改革发展指明了方向，规划了道路，提供了新机遇。

一、资本市场与新兴产业发展

经济结构调整中最重要的是产业结构调整，而资源及其能否在产业间实现有效配置是完成产业结构调整升级的基本前提。各国工业化进程的实

践已经表明，产业资本与金融资本的密切配合是完成结构转换不可缺少的条件。没有金融资本的支持，规模经济、技术手段的大规模更新等很难完成，产业结构的优化和升级也无法顺利实现。

任何主导产业都是由新兴产业逐步发展壮大形成的，但并不是所有的新兴产业都能够最终发展成为主导产业。产业发展本身也存在动态优化的过程，即在实践中不断调整自身的发展方向。而在这一过程中，资本市场以其所具有的连接技术、资金和市场的基础资源配置功能，能够通过市场化的判断评价机制确定产业发展的方向，并且通过其内在的“优胜劣汰”机制，引导资金支持具有增长潜力的新兴产业，分散其市场风险，从而降低新兴产业发展的不确定性所带来的社会成本。

资本市场为技术创新提供的市场导入和资金支持，进一步为新兴产业的技术创新以及逐步向主导产业过渡创造了有利条件，从而实现了主导部门引导的经济持续增长。新兴产业从萌芽到形成，除了需要产业本身符合市场需要、具有发展的条件和潜力外，还需要外部为其提供的资本、劳动和其他物质资源，其中资本是决定性因素。在产业发展初期阶段，由于市场前景不明确、投资风险较大，资金来源往往受到较大限制。资金供给在很大程度上制约着新兴产业的形成和发展，而且其所需资金很难通过信贷关系来提供，只能以投资方式加以确定。之所以如此，主要是由于新兴产业所具有的高风险、高不确定性，意味着投资者的投资回报不仅体现在所获的投资利润上，还体现在产业发展潜力和产业的知识产权上，而只有通过股权投资才能确定其产权价值。此外，相对于信贷资本，股权投资能够保证投资资金的长期性和连续性，从而为新兴产业的形成和扩张提供可靠的保障。

二、资本市场助推新兴产业发展——美国的证据

自20世纪70年代开始，西方发达国家在经历了二十多年的战后经济

快速繁荣之后纷纷陷入“滞胀”局面。受制于金融制度改革的滞后以及金融体系缺乏弹性，许多国家如德国、日本出现了持续性经济衰退。而美国通过发展高新技术产业，使其率先走出经济困境，并成功实现了经济转型。纽交所和纳斯达克在美国经济不同发展阶段，紧跟产业政策调整，主动适应企业融资需求，适时调整上市制度和市场板块，着力于多层次资本市场的发展，有效满足了不同类型企业的多元化融资需求，有力地推动了美国新兴产业的发展。纽交所和纳斯达克的上市制度共经历了三次重大变革。第一次发生在1980—2000年，美国大力发展新兴产业，交易所通过增设上市标准、降低上市门槛等方式支持新兴产业发展。第二次是2001—2005年，随着互联网泡沫的破灭，美国加强了证券市场监管，交易所通过提高上市门槛、完善退市制度等方式提升上市公司质量，恢复市场信心。第三次是2006年至今，受交易所行业竞争加剧的影响，交易所通过增设上市标准、丰富市场层次等方式，提升市场服务能力，增强核心竞争力。总体而言，纽交所和纳斯达克通过变革上市制度、调整市场内部层次，优化了上市公司行业结构，提升了服务实体经济能力，有效地配合了美国经济结构的调整。

对美国经济发展中数次重大转型的回顾不难发现，资本市场在其中扮演了十分重要的角色，特别是1971年纳斯达克（NASDAQ）证券市场的设立，为大批中小科技型企业开辟了新的融资渠道，有力地推动了创业资本与创新思想的有机结合，对于美国新兴产业的发展以及经济转型升级发挥了不可替代的作用。这种作用至少体现在两个方面。

(1) 推动了创业资本与技术创新的有机结合

高新技术产业的发展，除了拥有先进技术之外，创业投资和资本市场缺一不可，特别是在创业初期，创业投资是其主要的资金支持。而良好的退出机制是其能否实现价值增值的决定因素。纳斯达克的设立恰恰为那些支持中小科技型公司的创业资本顺利退出提供了宝贵渠道，在很大程度上推动了创业资本的快速发展。自20世纪80年代以来，美国创业资本的增长速度远高于其他发达国家和地区，1984年美国创业资本达到241亿美元，而同期欧洲为89.5亿美元，日本为32.6亿美元，韩国仅为4.5亿美元；在此之后，美国的创业资本呈现出逐年增加态势，1990年达到350亿美元，始终处于全球领先地位。创业资本规模的不断扩大为美国高新技术企业的快速崛起奠定了坚实的基础，约有90%的高新技术企业都是由创业资本支持建立的。

（2）为中小科技型公司提供了积极的融资支持

在推动风险投资快速发展的同时，纳斯达克为美国高新技术产业的发展特别是中小科技型企业的快速崛起提供了契机。依托先进的电子化交易设施、相对宽松的上市标准以及竞争性的做市商制度，纳斯达克吸引了大批中小科技型企业，并为其发展提供了坚实的融资支持。20世纪90年代，纳斯达克经历了空前的发展，上市公司数量和市值规模逐渐扩大。1990年，纳斯达克上市公司达到4132家，市值约3108亿美元，而同期纽交所（NYSE）上市公司为1774家，市值约2.69万亿美元，是纳斯达克的8.7倍；到1999年，纳斯达克上市公司达到4829家，市值上升至5.2万亿美元，同期纽交所上市公司3025家，市值为11.4亿美元，二者的差距大幅缩小。

高新技术产业的兴起打破了传统产业的成长模式，以超常规的速度快速扩张。高新技术产业对土地、生产资料等要素投入的要求降低，对人力资本、技术的要求提高，也为中小企业的发展提供了机遇。20世纪90年代，纳斯达克上市公司增长速度远远高于纽交所的上市公司，如纳斯达克增长最快的戴尔公司，十年间增长超过687倍，而纽交所上市公司中增长最快的沃尔玛仅为7.5倍。

此外，借助于资本市场的融资保障，通过龙头企业的示范效应，带动计算机、互联网、生物医药等新兴高新技术产业的快速发展，这进一步加快了科学技术的更新速度。1996—1999 年互联网产业 IPO 融资在美国高科技产业中的占比逐年提升，由 1996 年的 14% 增加至 1999 年的 81%，年均增速高达 32.5%。即便是互联网泡沫的破灭也没有阻挡美国高新技术产业前进的步伐；相反，在资本市场和创业资本的支持下，不断涌现出更多门类的高新技术产业，如生物科技、金融服务、新能源等，产业结构也不断趋于优化。

三、我国资本市场助力产业结构调整

（一）我国产业结构的现状与资本市场发展

2015 年以来，我国经济进入了一个新阶段，主要经济指标之间的联动性出现背离，表现出经济增长持续下行与 CPI 持续低位运行、居民收入有所增加而企业利润率下降、消费上升而投资下降等现象。按照传统经济学理论，当前我国出现的这种情况既不是传统意义上的滞胀，也非标准形态的通缩。与此同时，宏观调控层面货币政策持续加大力度而效果不彰，投资拉动上急而下徐，旧经济疲态显露而以“互联网+”为依托的新经济生机勃勃，东北经济危机加重而一些原来缺乏优势的西部省区异军突起。中国经济的结构性分化正趋于明显。其中，产业结构问题突出表现在低附加值产业、高消耗、高污染、高排放产业的比重偏高，而高附加值产业、绿色低碳产业、具有国际竞争力产业的比重偏低。急需促进高技术含量、高附加值产业的发展，而且金融体制的改革有利于资源配置，资本助力产业调整和升级。

而经过近四十年的改革和发展，我国资本市场从无到有、从小到大，已经成为社会主义市场经济体系的重要组成部分。随着市场化进程的不断推进，企业的融资需求日趋多样化，资本市场规模不断扩大，制度不断完善，多层次资本市场体系逐步健全。资本市场在国民经济中发挥作用的范围和程度也日益扩大和提高，对于优化我国资源配置方式、改善企业融资结构、推动现代企业制度的确立以及促进产业结构的优化升级和经济发展方式的转变发挥了越来越重要的作用。

资本市场在我国的快速发展，在扩大企业融资渠道、改善公司治理结构的同时，还通过示范和带动效应，积极扶持和培育了大批如信息技术、生物医药等具有高附加值的技术、资本密集型的新兴产业。但就目前而言，受制于自身整体规模偏小以及内部结构失衡等不足，资本市场对于新兴产业的支持力度还远远不够。新兴产业上市公司比重仍然较低，中小企业板和创业板虽已成为培育和扶持新兴产业的重要平台，但尚无法满足新兴产业庞大的融资需求。

（二）新三板有效支持实体经济，有利于中小企业的融资

新三板市场服务创新型、创业型、成长型中小微企业，助力供给侧结构性改革和经济转型升级等国家战略初见成效。新三板自设立以来，遵循监管部门的顶层设计思路，坚持服务创新型、创业型、成长型中小微企业发展，积极推进各项改革措施，严格市场监管，维护市场秩序，实现了市场的快速、平稳发展，其服务实体经济的积极效应正在得到逐步释放，助力供给侧结构性改革和经济转型升级等国家战略初见成效。

（1）挂牌公司数量大幅增长，以创新创业成长型企业为主。截至 2017 年年末，新三板挂牌公司已达 11630 家，比 2016 年年末增加 1467 家，增幅为 14.4%。总市值约 5 万亿元。覆盖了所有 89 个非综合类大类行业，其中，中小微企业占比为 94%，高新技术企业占比为 65%，战略新兴产业和先进制造业占比为 63%。

（2）融资规模逐年增长，融资结构不断改善。5 年间，新三板市场单

股权融资总额已突破4000亿元，帮助超过5000家企业解决了发展中至关重要的资金问题。2016年共有2603家挂牌公司完成2940次股票发行，融资1390.80亿元，较2015年增长14.37%；2017年共计5540家挂牌公司累计完成8620次股票发行，融资4087.42亿元，平均市盈率保持在20倍以上，还有1109家尚未盈利的公司成功实现股票融资；挂牌公司披露重大资产重组和收购1002次，交易总额1526亿元，其中七成以上属现代服务业和战略新兴产业公司进行产业整合或传统制造业公司转型升级。根据2016年年报，2016年进行过股权融资的公司平均资产负债率为47.6%，较2015年下降7.65个百分点，企业杠杆率降低，资产结构进一步优化。2017年，新三板累计成交金额2271.80亿元，超过2015年和2016年，是2014年的17倍；累计成交数量433.22亿股，同样超过了过去两年。

（3）业绩向好，发展新动能在增强。从2016年年报数据看，新三板挂牌公司实现营业收入合计1.74万亿元，同比增长17%；净利润合计1161亿元，同比增长7%，市场连续3年整体高速增长。非金融企业增速更高，实现营业收入和净利润分别为1.68万亿元和1026亿元，同比分别增长18%、17%。八成公司实现盈利，净利润合计1423亿元。

新三板市场的发展，扩展了我国多层次资本市场对企业服务的覆盖面，使更多的中小微企业进入资本市场，实现了直接融资，优化了融资结构，切实服务了实体经济的发展，为我国经济发展增添了新的动力。

四、新三板未来展望

作为一个新兴的证券交易场所，新三板定位于服务创新型、创业型、成长型中小微企业；新三板根据所服务对象的特点和需求，构建了高度包容的挂牌准入制度、市场化的融资并购制度、多元化的交易方式安排，初步形成了以机构投资者和高净值客户为主体的投资者结构。新三板市场特有的制度安排，既将融资的选择权和投资的决策权真正交还给市场，又守住了不发生系统性、区域性风险的底线。

2018 年是贯彻党的十九大精神的开局之年，也是改革开放 40 周年。对新三板市场而言，同样站在了深化改革的新起点。

新三板虽然为中小企业的融资提供了很大帮助，但流动性不足、内部制度欠缺等一系列“短板”一直存在，从长期来看，严重影响了新三板服务实体经济、助力产业结构转型的服务宗旨。以市场分层和交易制度改革为突破口，新三板市场迎来了市场发展的新阶段，前行的道路上既有新机遇，也面临过去不曾遇到的新挑战。“何以解忧，唯有改革。”

新三板作为前景可期但急需培育的新兴市场，可以借鉴类似于成熟市场的制度经验而补足自身“短板”，更好地发挥“苗圃”“土壤”的功能，在不断改革中实现更加深远的发展。

索　引